沟通与口才

主　编◎王锦坤　黄碧云

副主编◎秦晓梅　唐亚琴

参　编◎宁　波　谢茂如

重庆大学出版社

图书在版编目(CIP)数据

沟通与口才 / 王锦坤, 黄碧云主编. -- 重庆 : 重庆大学出版社, 2025.8. -- ISBN 978-7-5689-5450-1

Ⅰ. C912.13

中国国家版本馆 CIP 数据核字第 202508Y5Z6 号

沟通与口才

GOUTONG YU KOUCAI

主　编:王锦坤　黄碧云
策划编辑:唐启秀

责任编辑:黄菊香　　　版式设计:唐启秀
责任校对:谢　芳　　　责任印制:张　策
*
重庆大学出版社出版发行
社址:重庆市沙坪坝区大学城西路 21 号
邮编:401331
电话:(023)88617190　88617185(中小学)
传真:(023)88617186　88617166
网址:http://www.cqup.com.cn
邮箱:fxk@cqup.com.cn(营销中心)
全国新华书店经销
重庆长虹印务有限公司印刷
*
开本:787mm×1092mm　1/16　印张:16.5　字数:362 千
2025 年 8 月第 1 版　　2025 年 8 月第 1 次印刷
ISBN 978-7-5689-5450-1　定价:45.00 元

沟通的艺术：心灵与语言的交响曲（前言）

当今社会快速发展，沟通能力已成为学生人文素质构成的重要组成部分，也是学生未来事业成功和职业发展的关键因素之一。无论是在职场中，还是在日常生活中，良好的沟通能力不仅能够帮助我们有效传递信息、表达情感，还能促进人际关系的建立与维护。基于此，我们编写了这本《沟通与口才》教材，旨在为学生提供系统的沟通理论与实践指导，帮助他们在未来的职业生涯中脱颖而出。

本教材的编写背景源于对现代社会沟通需求的深刻理解。随着信息技术的飞速发展，尤其是互联网的普及和AI技术的广泛应用，沟通的方式和渠道发生了翻天覆地的变化。传统的面对面交流仍然存在，多样化的数字沟通方式所占的比例明显上升，这不仅改变了人们获取信息的方式，也对沟通的技巧和艺术提出了新的挑战。因此，我们在教材中将教学环境置于数字化背景之下，利用互联网媒体作为重要的沟通渠道，创新沟通的方法和途径，充分体现互联网思维。

创新性是教材的重要特色，我们的"新"体现在以下几个方面：

第一，编写理念新。在教学目标及沟通价值体系中，我们融入了党的二十大精神、习近平总书记关于教育的重要论述，秉承公共关系的理念，将课程思政理念融入课程设计，避免沟通技巧的滥用。在培养方法上，我们强调讲授与训练的同步进行，项目训练不可或缺。此外，我们还增加了对沟通与口才基本问题的深层次思考，引导学生探讨更深邃的沟通哲学问题。

第二，编写体例新。本书侧重于学生沟通能力和人际交往能力的培养和提高，设计了12个项目，每个项目分为三大任务，每个任务下设"理论知识""案例""知识链接""实训""自测题"等环节，构成"项目导向，任务驱动"的模式。同时，增加了数字资源，包括和教材配套的电子课件以及知识链接拓展阅读，将纸质教材与数字资源有机整合，为老师教学和学生自学提供更加丰富的网络资源。

第三，内容设计新。在教材的内容设计上，我们不仅关注沟通的技巧，更注重其内涵与艺术性。我们认为，沟通不仅仅是信息的传递，也是文化的交流与情感的共鸣。在"三全育人"的背景下，我们立足于公共关系的基本价值和沟通理念，强调在竞争关系中追求合作与共赢，倡导信息的双向交流，关注主体的社会责任，避免沟通工具的负面效应。这种思想性使得我们的教材区别于市面上流行的沟通技巧教材，力求为学生提供更为深刻的理解与思考。

第四，任务设置新。我们通过切合现代企业工作实际的具体的项目任务训练，使学生在实践中获得可见的成果和可迁移的能力。训练的设计不在于数量的多，而在于提高项目的吸引力和承载力,即对知识的引导和职业能力的综合培养。我们相信,只有通过实践,学生才能真正掌握沟通的艺术,提升自身的综合素质。

总之,《沟通与口才》教材的编写旨在为学生提供一个全面、系统的沟通学习平台,帮助他们在未来的职业生涯中,能够自信、有效地进行沟通与表达。希望本教材能够成为学生成长道路上的一盏明灯,照亮他们前行的方向。

本书是"校企双元"合作开发教材。编写团队成员既有来自职业院校、普通本科院校长期从事相关课程教学工作的老师,也有来自企业的行政高管,大家在理论和实践方面都积累了较为丰富的经验。本书的结构框架由黄碧云、秦晓梅拟定,书稿由王锦坤、黄碧云、秦晓梅、唐亚琴、宁波、谢茂如共同编写。全书由王锦坤、黄碧云统稿并审核。

本书在编写过程中,参考了多位专家学者的教材、著作、论文,同时书中借鉴、援引了国内网站的一些有益资料,在此一并致谢!由于编者水平有限,不足之处,敬请同行、专家和广大读者批评指正,在此谨致以诚挚的谢意!

编　者

2024年9月

目 录

项目一
沟通概述

知识目标

- 理解沟通的内涵、过程和基本类型。
- 了解沟通障碍及其形成因素。
- 掌握有效沟通的步骤和方法。

能力目标

- 能区别沟通的类型,并根据实际情况选择恰当的沟通方式。
- 能在与人交流的过程中有效避免沟通障碍。
- 能运用有效沟通的步骤和方法提高沟通效果。

素质目标

- 培养海纳百川、和而不同的情怀。
- 与人沟通遵循包容、理解、平等、互利的原则。
- 感受有效沟通带来的快乐和喜悦。

案例导入

A集团科技开发公司研发部自从李经理调入以来，一些重要的项目有了明显的进展。李经理工作雷厉风行，从不拖延。他认真敬业的工作态度，让大家赞赏有加。

部门主管刘副总发现，李经理工作一直非常投入，经常加班处理业务，几乎每天都是最晚离开公司的人。有时第二天上班他看到李经理电子邮件的发送时间是前一日晚上10点多，有时候，用微信发送工作信息的时间是晚上11点多。但平时很少见到李经理和他的下属或其他同事面对面交流。

刘副总开始留心观察李经理到底如何和同事、下属沟通。原来，李经理大多数时候习惯在自己的独立办公室工作并以电子邮件安排下属工作。他的下属也大都以电子邮件回复工作情况，很少走出办公室和他面对面交流。不仅如此，电子邮件也成了李经理和其他同事沟通的最佳工具。

但是，最近大家似乎开始对李经理这样的沟通方式表现出懈怠。李经理的下属对工作逐渐缺乏主动性，只满足于完成指定的任务，不太主动思考和提出部门发展和规划问题。而其他部门主管，也不再主动到他的办公室聊天，大家见了面，只是礼貌地点点头。这天，刘副总刚好经过李经理门口，听到他好像在通过电话和销售部的张经理讨论工作。明明两人的办公室紧挨着，为什么不直接推开门沟通，而竟然一直用电话交流呢！

于是刘副总敲开了李经理的办公室大门。交谈中得知，在李经理看来，效率应该是公司最需要追求的目标，他想用自认为最节约时间的方式完成工作交流。刘副总听了后诚恳地提醒李经理：工作效率确实重要，但根据不同的情况和需求选择恰当的沟通方式会让工作顺畅许多；有时候，面对面的交流或会议研讨还是必不可少的。

问题讨论：

1.什么是沟通，沟通的基本类型有哪些？

2.李经理在处理日常工作时和同事采用了哪些沟通方式？效果如何？

3.沟通障碍是怎么形成的？

4.有效沟通的方法有哪些？

> 假如人际沟通能力也是同糖或咖啡一样的商品的话，我愿意付出比太阳底下任何东西都珍贵的价格购买这种能力。
> ——约翰·戴维森·洛克菲勒

现代散文家朱自清说："人生不外言动，除了动就只有言，所谓人情世故，一半儿是在说话里。"人们每天大约有60%—80%的时间用在"听、说、读、写"等沟通活动上。毋庸置疑，沟通在人际交往中无处不在。尤其是随着社会政治、经济和文化的发展，人与人之间的交往日益频繁，沟通和交流如影随形，成为人们工作和生活中一种最为普遍的社会活动。

沟通是一门学问，也是一门艺术。但并不是每个人都能对它运用自如。在日常生活中你会发现,有些人说话"妙语连珠""口吐莲花",而有些人却经常"词不达意""张口结舌",这两种沟通方式造成的差距是显而易见的,后者往往会因为沟通不畅而产生种种矛盾和困难。美国著名演说家戴尔·卡耐基研究一万名成功者发现:一个人的智慧、专业技术以及工作经验只占其事业成功因素的15%,其余85%取决于其拥有良好的人际关系和人际沟通能力。因此,学习如何进行有效的沟通,是我们在现代生活中必须掌握的技能。

在职场中,良好的沟通对企业和组织的有效运作也是必不可少的。调查显示,现代企业中有70%以上的问题来自沟通不畅。也就是说给企业运作造成最大损失的,往往不是人员不充足、设备不先进或技术不成熟等原因,而更多的是因为企业与企业之间、企业内部跨部门之间、上级与下级或同事与同事之间的沟通不通畅。因此,现在很多国内外的知名公司都非常重视员工之间的交流与合作,积极为员工营造一个开放、自由、平等的工作环境,这是促进公司团队合作和提高工作效率的关键,有利于在公司内部形成良好的人际关系。

所以,良好的沟通是企业良性发展的润滑剂,也是个人获得成功的核心能力。

任务一 掌握沟通的内涵及类型

一、沟通的内涵

(一)沟通的定义

"沟通"一词的本义是"开沟以使两水相通",《说文解字》里记载:"沟,水渎,广四尺,深四尺。""通,达也。"这里的沟通,即人际沟通,是指为了一个设定的目标,把信息、思想和情感等通过语言或非语言的方式在个体或群体之间进行传递,并且达成共识的双向互动过程。管理学认为,沟通实际就是社会中人与人之间的联系过程,是人与人之间传递信息、沟通思想和交流情感的过程。

沟通不是毫无目的的"说话",也不是单方面的信息输出,它是心、神、意的交流,是要把特定的信息、思想和情感向特定的某一个人或群体间传递,是当事人之间通过沟通促成了解、信任和共识的过程。因此,沟通不仅仅是为了交流信息,更是双方心灵的互通,是连接人们心与心之间的纽带;真正的沟通,是建立在参与者双方彼此接纳、理解、包容和尊重的基础之上的。

(二)沟通的要素

要进行有效的沟通,需要掌握以下三个沟通的要素。

1.一个明确的目标

即以寻求信息准确传递、思想达成一致或感情畅通为目标,这是沟通最重要的前提。有了清晰明确的目标,才能有针对性地选择沟通的方式和内容,才能更有效地组织和传递你的想法,从而提高沟通效果。例如,有时候领导找下属约谈的第一句话就是"今天,我找你来的目的主要是……";客户打来咨询电话说"我就想和你确认一下,关于发货时间……"。这样开门见山,直入主题,也是进行高效沟通、降低沟通成本的技巧。

2.沟通的内容

沟通的内容包括:信息、思想和情感。在人际交往过程中,沟通的内容除了信息,还有思想和情感。那么,这三者哪一个更容易沟通呢? 当然是信息。信息通常是指涉及的知识或具体内容,它可以通过文字或语言等多种形式进行传递,比如:"咱们什么时候开会?""这个邀请函是通过邮件还是微信的方式发送给对方?"这样的信息是比较容易沟通的。但思想和情感的交流则涉及个人的主观感受和认知,难以通过单一的方式进行传递,更多地依赖于个体的认知水平、思维能力和生活阅历,因此在沟通时可能需要更多的互动和时间成本。

3.双方达成共识

只有沟通双方真正理解了对方表达的内容并达成共识才算沟通成功,因此,双方达成共识是沟通成功的标志。为了达成共识,一方往往会通过洞察对方的需求,来尽量提供满足对方的价值或方案;或者,针对某一话题,双方如能形成一致意见,通常会在沟通结束前进行总结和确认。例如,在座谈会议结束时,一方往往会做总结,"今天我们应该说实现了重要的推进,在……方面达成了共识,您看是这样吗? 那么接下来我们双方在共建共享、深化合作方面可以……",这样来进行梳理,对方再做确认和适当补充,可以避免一方对沟通内容理解的偏差,彼此凝聚共识,实现有效沟通。

【案例1-1】

"救火! 救火! 赶紧来,十万火急!"消防队的热线电话里传来一位女士紧急而慌乱的呼救声。

"女士您好,请问您是在哪里?"消防队的值班电话接线员连忙问。

"在我家!"

"我是说失火的地点在哪里?"接线员以为自己说错了。

"在我家厨房,赶紧呀!"

"我知道,可是我们该怎样去你家呀?"接线员更迷糊了。

"你们不是有消防车吗?"

问题讨论:俗话说,心急水不沸,人们一旦心急紧张就容易思维混乱,说话语无伦次。请从沟通的三要素角度分析一下上面的沟通存在什么问题?

二、沟通的过程

沟通是一个信息双向传递的过程。一个完整的沟通过程包括信息发送者、信息内容、沟通渠道、信息的反馈、噪声以及信息接收者等构成要素,具体模型如图1-1所示。一个沟通活动能否成功取决于整个过程,任何一个环节都有可能影响沟通活动的效果。

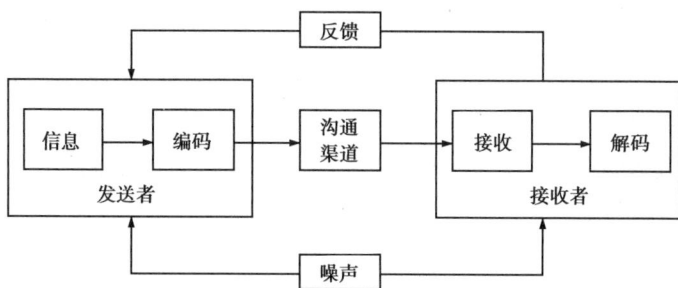

图1-1 沟通过程模型图

(一)编码

发送者即沟通主体根据沟通目的,通过某种形式将信息、思想或情感等转化为语言、文字、符号等进行传递,如将信息内容表现为口头语言、肢体语言、计算机语言等。当你去参加一个面试活动时,面试官的眼睛并没有专注地看着你,而是时不时地望向墙上的时钟,同时身体不经意地前后移动,这些都是他在用肢体语言传递信息,很可能他已对你的表现不太满意。

(二)沟通渠道

信息传输的媒介,用于将信息从发送者传输到接收者。常见的沟通渠道有面谈、会议沟通、文书沟通以及电话沟通等。随着现代信息技术的发展,传播信息的媒介也变得更加丰富起来,从传统的以有声语言为媒介的听觉沟通渠道,扩展到以电子图文及音视频为媒介的视听觉沟通渠道。选择的沟通渠道不同,传递的效果也不一样,而要达成沟通目标,就要选对有利于增强沟通效果的媒介。

(三)解码

解码是指信息接收者即沟通客体对接收到的符号信息做出理解和解释的过程。只有当信息接收者对信息的理解与信息发送者传递的信息相同或相近时,才能实现有效沟通;否则可能导致信息在传递过程中失去真实性,造成沟通障碍。例如公司的一位老职员已经在一个岗位上工作了近十年,积累了较为丰富的经验,过去一直深得领导信任。突然有一天,单位新来了一个年轻人,领导便将这位职员调离原岗位,给他安排了一份更有挑战性的工作,领导本意是想让他能熟悉不同岗位的工作,以便进一步提升其综合管理能力;但这位员工误解为领导是对他的工作业绩不满意而调换其工作,因而心生不悦。

(四)噪声

噪声是指包括噪音在内的阻碍信息沟通的所有干扰因素,如外部噪音、内部噪音和语义噪音等。当你正在一个咖啡厅和朋友促膝交谈时,大厅里突然传来一阵嘈杂的吵闹声,你们的谈话不得不暂时停止,这是受外部噪音的干扰,它来自外部环境;当一个小孩正在认真地问妈妈自己搭的积木是否好看时,妈妈因为在考虑工作中的一个问题而没有及时回应,这是受内部噪音的干扰,它来自信息发送者或接收者的头脑中;而语义噪音则是由人们对词语情感上的主观成见带来的,如现代文学家鲁迅的《阿Q正传》中的阿Q因为忌讳说"癞",以及与"癞"同音的字,进而忌讳说"光""亮""灯""烛"等,一听到这些就开始发怒,见对方口讷的便骂,力气小的便打,这是受语义噪音的干扰。

(五)反馈

接收者会给发送者传递反馈信息内容,这种反馈可以是口头语言的应答、肢体语言的回应或书面回复等。它也是沟通的重要环节,能够检验沟通效果并促进双方的交流。如当一个人站在台上演讲时,他看到的听众反馈情况可能会不一样,有时听众可能是眼神专注、注意力集中、及时应答;有时则是心不在焉、在打瞌睡或左顾右盼。通过接收者的反馈,发送者可以及时了解到传递的信息是否被准确理解,并及时进行调整和修正,从而帮助双方改善信息沟通的效果。

三、沟通的类型

沟通的分类是多元化的,基于不同的场合、人员层级和沟通目的,沟通可以分为不同的类型。在不同场合下,要因人而异灵活地选取不同的沟通模式。

(一)语言沟通和非语言沟通

根据沟通所使用的媒介不同,可以分为语言沟通和非语言沟通。

语言沟通:是指以语言文字为媒介的一种沟通形式,包括口头沟通、书面沟通和电子沟通等,这是一种人类区别于其他生物所特有的沟通形式。例如,面谈、电话沟通、会议研讨、演说等侧重于口头沟通,这种方式简便易行,直接高效;书信、便笺、文书材料等则是书面沟通,这种方式比较权威正式,不受时间和地点限制,信息可以长期留存和查阅;电子邮件、短视频、QQ、微信、网络社区等则属于电子沟通,这种方式可以节约沟通成本,提高传递速度,使工作更快捷便利。

非语言沟通:是指使用语言符号以外的各种符号系统来传递信息的沟通形式,包括肢体动作、面部表情、眼神、副语言、空间距离等。例如,眉目传情、闭口结舌等皆是沟通。现代管理学之父彼得·德鲁克认为,人绝不是靠一句话来沟通,而是依托整个人进行沟通。因此,非语言沟通是语言沟通的补充,有时甚至会比语言沟通获得更高明的效果。

(二)正式沟通和非正式沟通

根据沟通的规范化程度划分,沟通分为正式沟通和非正式沟通。

正式沟通,是指按照组织规定的程序进行信息传递和交流,通常用于正式场合,如组织内部的上传下达、组织间的文书往来、定期会议沟通、例行汇报等。它具有严谨、稳定和规范的特点,通常对双方具有较强的约束力,参与人员一般具有较强的责任心和使命感。但其缺乏灵活性,信息传播范围受限,传播速度较慢。

非正式沟通,是指在组织正式信息渠道以外的信息沟通方式,是建立在普通人际关系基础上的一种自由沟通,如私人访问、个别谈话、团队聚会等。它不受时间和场合的约束,没有明确的规范,没有固定的传播媒介。相对于正式沟通,非正式沟通更灵活直接,传递信息速度更快,但缺乏严谨性和规范性,往往容易造成信息失真,导致组织内部的矛盾和冲突。正如一位有经验的企业人士所言:"如果我散布一条谣言,一天内就能听到反应;如果我传递一份工作备忘录,可能要等待两个星期才能收到反馈。"

(三)双向沟通和单向沟通

根据沟通时是否出现信息反馈,沟通可以分为双向沟通和单向沟通。

双向沟通是指信息发送者和接收者的位置不断变换,信息的发送和反馈在双方之间多次反复进行,直到双方达成共识。如召开座谈会、研讨会或商务谈判等都属于双向沟通。其优点是信息不断发送和及时反馈,使双方易于准确把握信息;同时,双方交流灵活自由,有利于营造平等和谐的人际沟通氛围。但也容易受到干扰,对信息发送者要求较高,信息发送者随时可能接受对方的质询,这就导致信息传递速度较慢。

单向沟通是指信息发送者和接收者的位置没有发生变化,一方只发送信息,另一方只接收信息,而没有接收者向发送者反馈信息。如领导发布信息、会议作报告、发表演说等。其优点是信息传递快捷、迅速,沟通者受到的干扰小;但比较严肃呆板,接收者没有能及时反馈,因此得到的信息比较被动,且容易产生抗拒情绪,影响双方感情。

(四)纵向沟通和横向沟通

按照信息传递的方向划分,沟通可以分为纵向沟通(上行沟通、下行沟通)和横向沟通(平行沟通)。

其中,上行沟通,是指由下级向上级传递信息,如员工向领导反馈问题、请示和汇报工作、提出自己的建设性意见和建议等。积极的上行沟通可以为员工提供参政议政的机会,增进上下级情感交流,营造民主平等互信的工作环境。下行沟通是指上级向下级传递信息,如领导向下级部门发布信息、指示、任务、通知等。要想沟通顺畅,上级在和下级沟通时也要放低姿态,尊重对方。平行沟通则用于同一层级、部门之间的横向交流,如员工之间的交流、同一层级部门的沟通等,它有利于促进团结,减少矛盾,改善人与人之间的关系。

【案例1-2】

中国著名的科技企业家李开复2000年被微软调回总部担任全球副总裁,刚一上任,就被安排管理一个拥有600余名员工的庞大部门。作为一个过去从未在总部从事过领导工作的职场人士,李开复觉得他有必要首先深入一线去倾听和理解公司员工的心声。为了实现这个目标,他左思右想,自创了"午餐会"沟通法。

于是他安排下属每星期从部门随机挑选出10名员工,与他们一起共进午餐。在用餐时,李开复深入细致地了解每一个员工的姓名、工作情况以及他们对部门工作的意见和建议。为了让每位员工都能大胆敞开心扉、畅所欲言,他尽量避免与一个团队或一间办公室里的两个员工同时进餐。

同时,李开复还会要求每一个员工说出自己在工作中遇到的一件最为开心的事和一件最为苦恼的事。午餐结束后,李开复就会马上发一封E-mail给大家,里面是他认真梳理总结的问题,诸如"我听到了什么""哪些问题是我现在就可以解决的""什么时候可以看到成效"等。

问题讨论:作为新上任的领导者,李开复在"午餐会"沟通中采用了哪些方式,效果如何?

实 训

活动一 测测你的沟通力

良好的沟通能力可以帮助你更好地表达自己的思想和情感,保持和谐的人际关系;而沟通能力较弱的人则往往容易被别人误解,或无意中用语言伤害了别人,直接影响与他人的关系。想测试一下你的沟通能力吗?请开始吧!

一、情景描述

1.你到一家新公司很快被提拔为部门主管,在得知公司有一位能力较强的同事也很想得到这个岗位时,对这位同事你会:

A.主动和他接触,充分了解他的长处,争取获得同事认可。

B.装作不知道不去管他,努力做好自己的工作。

C.偷偷观察他,看看他是否有与你进行竞争的真正实力。

2.如果公司内部某位与你竞争最激烈的销售同事向你借一份去年的销售活动方案,你会:

A.马上借给他。

B.迟点再借给他,但同时告诉他这个方案已经过时了。

C.随便找个理由说方案已经不知道放哪了。

3.有位同事悄悄对你说,"有件事不知道该不该和你说,我也是刚听说的……",你会说:

A.我现在忙,不想听办公室的那些流言。

B.如果是跟公司有关的事我才有兴趣听一下。

C.谢谢你能告诉我这件事情的经过,让我知道了是怎么一回事。

4.你已经辛苦工作了一天,自认为任务完成得不错,没想到领导还是不满意,你怎么办?

A.找领导请教自己到底哪些地方存在不足,留心一下,以便今后改正。

B.马上关掉电脑尽快离开办公室,认为自己不应该承受这种委屈。

C.极不情愿地听他批评,内心很憋屈,但不做声。

5.你的领导邀请你一起用餐,回到办公室,同事好奇地看着你,此时你会:

A.诚恳地告诉他具体的交流内容。

B.假装没有这回事,避而不谈。

C.简单描述一下,淡化细节和内容。

6.在向对方表达自己的重要意见和建议时,对方却无心听,此时你会:

A.既然对方不想听,那我就不再说了。

B.看看等下还有没有机会再提出来。

C.想想对方不愿意继续听自己说的原因,换一种方式去表达。

7.假设你的下属连续三次提前半小时向你提出他想提早下班,你会说:

A.事不过三,你要顾及他人的想法,不能再早退了。

B.今天不行,一会儿五点钟部门还要开个会。

C.你很重要呢,我非常需要你的帮助,特别是在这个项目刚起步的时候。

8.面对不同身份的人交流,你会:

A.在不同的场合,面对不同身份的人,会用不同的态度与对方交流。

B.与身份、地位高的人说话,内心总是有点紧张。

C.不管在什么场合遇到什么样的人,都以一样的态度与之交流。

9.公司聚会时,有一位其他部门的领导强烈反对你的方案,此时你会:

A.找到突破口,与他当堂对决,大力反击。

B.马上打退堂鼓,承认自己的方案中确实存在不妥之处。

C.尽量保持冷静,尽可能在某些方面与他取得一致。

10.你正在和一个意见很大的客户进行电话沟通,这时,你的上司突然过来了。你会:

A.迅速找个理由和客户说好五分钟后再打给他,并挂断了电话。

B.故意放出音量,让上司知道我的工作多么不容易,要面对形形色色的客户!

C.内心很紧张,但尽量在上司面前装作很淡定。

11.当你和主管领导存在意见分歧时,你会:

A.你会努力想办法使彼此的分歧显得没那么重要。

B.你会始终坚持自己的意见。

C. 为了避免与领导发生正面冲突,你会保持沉默。

12. 在讲座后自由提问环节,一位听众在提问时你明显看出他漏掉了你讲话中最重要的部分。你会:

A. 认真听他讲完,再把自己提及的相关内容重复一遍,解答他的疑惑。

B. 立刻打断他,指出这个问题已经说过了,不过你可以再重复一遍。

C. 为自己没有把这个问题讲清楚而向听众表示歉意。

13. 你在与别人进行交谈时,你总是会:

A. 不管是否中听,你会努力表示兴趣,并试图记住对方所讲的要点。

B. 当感觉对方总是讲些毫无意义的话时,你会立即打断他。

C. 当对方说话漫无目的时,你就会表现得很烦躁,就想要找个理由马上离开他。

14. 当有新客户向你咨询业务,但又说话表达很不清楚,你又不能不听他说话,你会:

A. 重复他的话语,直到确认理解无误后再为他作解答。

B. 听不明白就随便应付一下,尽快挂断电话。

C. 让他等一下,想办法找周围其他同事来帮忙。

二、评估标准

题号为1、2、8、10、13,选A得2分、B得1分、C得0分;题号为3、6、7、9,选A得0分、B得1分、C得2分;题号为4、5、11、12、14,选A得2分、B得0分、C得1分。将以上所有题目的得分加起来,就是你的总分。

三、结果分析

高(20—28分):你表达清晰、有条理;善于根据沟通对象和沟通场合选择合适的沟通方式,乐于接纳别人的观点;懂得换位思考,能站在别人的立场理解对方;能选择适当的时机向他人提出建设性意见,轻松有效地说服他人;善于与不同的人交流,常能获得双方满意的沟通效果。

中(11—19分):你能在大多数场合中比较清楚地陈述自己的观点,注意到他人的反应,并给予及时反馈。你能认真地听他人讲话,但有时候对一些自己不太感兴趣的话题,你可能并不乐意积极地表达自己的观点或意见;在某些重要场合,当与人产生不同意见时,你可能会羞于表达自己的真实想法。

低(0—10分):你常常不太主动与他人沟通交流,在公众场合会比较顾虑表达自己的真实观点;在与他人意见分歧时,你可能难以积极主动地和他人通过沟通达成共识。无论是在学习还是工作中,与人交流学习、工作情况或进展等都是必不可少的,因此,掌握一定的沟通技能,提升沟通的有效性对你来说也是很重要的。

活动二　我眼中的你

一、规则和流程

班级同学两两自由组合,依次完成以下交流活动:

1.两人肩并肩而坐,交流"我俩之间的共同点"。

2.两人背对背而坐,交流"我俩初次见面时的情景和感受"。

3.两人面对面而坐,目光注视对方膝盖,交流"我俩之间的不同点"。

4.两人面对面而坐,目光注视对方下巴,交流"我俩在一起时最开心的一件事"。

5.两人面对面而坐,目光对视,交流"我眼中的你,你眼中的我"。

二、讨论和分享

1.请成员分享以上不同状态下交谈的感受。你觉得在哪一种状态下交谈感觉最好呢? 哪一种状态下感觉最差呢? 可以依次对上面5种情况进行排序,并分享不同的心理体验。

2.通过这个活动你是否能总结沟通的几种主要类型?

自测题

1.什么是沟通? 你怎样理解沟通的三要素?

2.用自己的话来描述一下沟通的完整过程。

3.在现实生活中,你通常采用哪些沟通类型和方式与人沟通?

任务二　沟通障碍及其形成因素

一、沟通障碍

爱尔兰剧作家萧伯纳说:"沟通最大的问题在于,人们想当然地认为已经沟通了。"的确,在现实生活中,我们常常以为自己"说"了,就默认已经和对方沟通过了。然而对方听进去了吗? 听明白了吗? 我们却往往并不关心。沟通,本质是以"沟"促"通",核心是达到解决问题、双方达成一致的结果;如果结果达不成,这样的沟通就产生了问题。因此,当接收信息者没有按照发送者的期望接收到并准确理解其所传递的信息时,沟通障碍就产生了。沟通障碍是指信息在传递和交换的过程中,由于信息意图受到干扰或误解,而导致沟通失真、受阻或中断的现象。

假如你是一名企业的新员工,让我们一起来看看下面两道测试题,考查一下你与领导之间是否存在沟通障碍:

1.当你正在忙手头的一项工作,突然接到领导的来电,他问:"你现在忙吗?"

请问,你觉得领导想表达什么意思呢? 他是想考查你是否正在认真工作,还是想给你安排新的工作任务呢? 这时候你会如何回复呢?

2.你刚设计了公司团建的一个活动方案,其中关于经费预算的问题需要请示领导。

领导粗略看了一下方案,然后轻描淡写地说:"你看着办吧!"

请问,这个经费问题,你如何看着办呢,是主要考虑厉行节约、缩减开支还是以讲究活动品质和追求效果为重点呢?

在职场中,领导的工作意图有时是很明确的,下级只要结合工作实际按要求去执行就好;但类似于上面这样的情况,有时候领导的指向又是模糊的,或只是给出探索性的想法,这就需要下级及时做好有效沟通,全面、深入、创造性地领会领导的意图和目的。否则,因为存在沟通障碍,你在工作中虽然付出了很多,但还是得不到领导的认可,反而不断给自己带来职业挫败感。

事实上,沟通障碍一直在影响我们的工作和生活。在管理学上有一个著名的"沟通漏斗"现象,就是沟通方式本身存在的障碍,它是指在沟通过程中由于种种原因人们交流的信息会在传递时层层衰减和流失,呈现出一个上粗下细的漏斗形状。如图1-2所示。

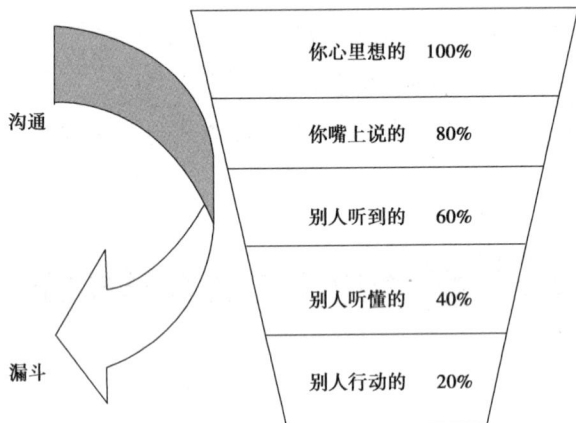

你心里想的	100%
你嘴上说的	80%
别人听到的	60%
别人听懂的	40%
别人行动的	20%

图1-2 沟通漏斗现象图

"沟通漏斗"现象显示,信息在传递过程中不断"损耗",一个人在沟通之始如果内心所想要表达的是100%的信息,但实际表达出来的通常只能达到80%;而在传递过程中由于受沟通方式、心理状态、外界环境等影响,对方可能只能接收到60%的信息;对方能够听懂和理解的信息只有40%;等到最终执行的时候,也许只剩下20%了。由此可见,人与人之间的沟通是多么不容易。

二、造成沟通障碍的因素

(一)信息发送者的障碍

在沟通过程中,信息发送者的表达能力、判断力、主观情绪、思维及个人感受等都会影响信息的完整传递。这种障碍主要表现在表达能力欠缺、信息传送不完整、信息传递过早或过晚、思维认知的局限、对信息的有意过滤等方面。

1.表达时语音不清晰或语义模糊

信息发送者如果有自身表达问题如口齿不清、词不达意、缺乏条理或者重点表述不明确等,就难以把信息准确、完整地表达出来。如果乡音过重或使用方言词汇过多,可能会使接收者难以理解,有时还容易造成误解。比如,在语音方面,受母语方言影响,广东人说"鞋子",常常容易让人误解为是"孩子";有的陕西人说头疼会说成"sá疼",让人以为是"啥疼"。词汇方面,北方人有个字常常不离口,那就是"整",如"走,咱去整桌菜庆祝一下";而南方人则习惯用"搞",如"今天搞几个菜呢?"

2.信息传送不完整

信息发送者如果信息表达不完整、模棱两可,或者缩减信息、缺少前后背景,就会使信息变得模糊不全,导致对方在理解过程中无法正确领会表达者的真实意图,造成不必要的误解。比如有一位客人提着行李箱到酒店前台去办理退房手续,正好下起了大雨,客人就对前台服务员说,请她帮忙打一下伞送他去对面马路坐车。服务员看到眼前的客人身高1米8以上,自己身形较小,觉得撑伞可能不太方便,于是和客人说"您稍等,我先看看啊",就转身打电话给个子比较高的同事来帮忙。因为电话迟迟不通,等服务员再转身的时候,发现这位客人已经冒雨离开了。服务员的信息表达不完整,让客人以为她在找借口推脱,可以想象当时客人的心情肯定是很不愉快的,但服务员却没有意识到,她表达的不清晰可能让酒店永远失去了一个客户。

3.思维认知的局限

信息发送者与接收者如果在知识和经验方面差距很大,发送者自认为沟通的内容很简单,不考虑对方,只按照自己的知识和经验范围进行编码,那么接收者就会难以理解,从而影响沟通效果。比如有的年轻销售员在与客户进行初期洽谈的时候,业务发展就受限了。这是为什么呢?因为他们在给客户介绍产品的时候经常使用过多的专业术语和行业术语,导致对方无法理解他的意思,更无法深入了解产品的价值,而且还会从内心深处产生沟通心理压力,因此客户可能会选择拂袖而去。

4.对信息的有意过滤

信息过滤是指信息发送者有意操纵信息,使信息更利于维护自身利益或更便于接收者接受。如有的单位职能部门负责人在向领导汇报或反馈信息时都是选择对方想听到的东西,这就是在有意迎合对方而过滤信息。这种信息过滤的程度与单位组织的结构层次及团队文化有关。组织的纵向管理层次越多,信息过滤的可能性就会越大。先进的团队文化则会通过制度或奖励机制抑制这类过滤行为,但如果这种制度只是流于形式,职能部门便会有意识地按照领导的品位或喜好选择信息传递内容。在现实生活中,"报喜不报忧"就是典型的信息过滤行为。

【案例1-3】

小李走进一家西式餐厅,第一次点了一份意式时蔬浓汤,服务员很快给他端了上来。

服务员刚走开,小李就指着汤碗嚷开了:"对不起,这汤我没法喝!"

于是服务员又重新给他上了一份汤。

小李还是头也不抬地盯着汤碗说:"对不起,这汤我还是没法喝!"

服务员无奈只好叫来餐厅主管。

主管恭恭敬敬地走过来朝小李挥挥手,微笑着说:"先生您好! 这道汤是本店的招牌菜,一直以来顾客的反馈都还不错,请问您是觉得哪里……"

"我是说,这喝汤用的汤匙在哪里呢?"

问题讨论:小李和服务员之间的沟通障碍是如何产生的?

(二)信息接收者的障碍

在沟通的另一端,信息接收者的主观情绪、文化背景、判断力、注意力、记忆力等因素,也会影响信息传递的效果。因此,从信息接收者的角度看,造成沟通障碍的因素包括:情绪或心理障碍、对信息的有意筛选、有限的信息承受力等等。

1.情绪和心理障碍

在沟通中,态度往往占据了信息的70%,而说话的内容只占据信息的30%。在接收信息时,接收者的主观情绪会直接影响到他对信息的理解。不同的情绪感受会使个体对同一信息的解释截然不同。狂喜、悲伤、愤怒等极端情绪体验都可能阻碍信息沟通,因为此时人们容易出现"意识狭窄"现象而不能进行理性、客观的思维活动,而代之以情绪性的判断。因此,应尽量避免在情绪异常的时候与人沟通。同时,接收者对发送者的怀疑、敌视、厌烦,或者害怕、恐惧等,都会歪曲信息或阻碍接收信息。

2.对信息的筛选

受选择性知觉的影响,接收者在接收信息时,会根据自己的知识经验、思维方式及认知能力去理解信息,按照自己的需要、动机和个人特点对信息进行"选择",从而可能会使许多信息内容被过滤或加工,尤其是会丢弃那些不符合接收者兴趣期望和需求、与接收者利益相左的信息,造成信息的不完整甚至失真。

3.有限的信息承受力

每个人在单位时间内接收和处理信息的能力都不一样,对于信息接收、处理能力较弱的人来说,如果信息量过大或超出其认知范畴,就会应接不暇,难以吸收,从而造成信息丢失或产生误解。随着经济全球化发展和国际交流的日益频繁,存在于信息接收者与发送者之间的文化差异,如文化背景、国家、种族、民族信仰等差异更需要重视,如果信息接收者在交往时缺乏跨文化知识,沟通时可能就会面临"文化休克"。

(三)沟通渠道的障碍

沟通渠道问题主要有以下几个方面。

1.沟通媒介选择不当

通常,口头沟通比书面沟通更便捷,但不如它正式;群体沟通比一对一沟通更省时,但不如它直接;线上沟通比线下沟通更灵活,但不如它明了。因此,需要因时因地选择合适的沟通方式。一些重要的信息如邀请信息、会议通知、座谈会备忘录等,如果只是通过口头语言传递肯定效果不佳,因为接收者可能会认为"口说无凭"或"说说而已"而不重视,但如果通过书面文书传递,则显得庄重而有礼节。对于时效性很强的信息,则可以采用口头沟通,甚至借助广播、网络媒体等形式,以迅速扩大其影响。

2.不同媒介互相冲突

当信息同时通过几种不同的形式进行传递,如口头语言、身体语言、微表情等,如果相互之间不协调,往往会使接收者难以理解对方传递的信息内容。例如领导表扬下属时面部表情不是赞赏的微笑,而是一副很严肃的样子,甚至紧皱眉头,就会让下属觉得很迷惑不解。

3.沟通渠道过长

如果组织机构庞大,内部层次较多,那么从最高层传递信息到最低层,或从最低层将信息反馈上报到最高层时,中间环节太多,信息在传递过程中就会因为各个层级的传递者在态度、立场、思维、记忆等方面存在差别以及个人的主观好恶、断章取义等而使原始信息发生改变,甚至扭曲。研究表明,当信息连续通过5个人时,多达80%的信息会在沟通过程中丢失。因此,要使信息传达准确完整,要尽量减少中间环节,缩小信息的传递链。作为组织的上层领导者,应该更多地直接深入一线开展调查研究,这对信息的传播和收集都有很大益处。

4.客观因素干扰

信息沟通过程中有时候会受到自然界各种物理噪音、机器故障的影响或被其他事物干扰所影响,比如电话信号不好、网络传输不畅或书面语言字迹潦草等都会干扰沟通的正常进行。同时,沟通双方的空间物理距离也会造成干扰,双方如果距离太远也会沟通不便,影响沟通效果。

【案例1-4】

一天,某产品销售有限公司的项目经理匆匆忙忙地闯进上司项目总监的办公室,见总监正在批阅文件,就站在门口向其汇报,两人对话如下。

项目经理:领导,您今天有没有时间呢?

项目总监:今天什么时候?

项目经理:随便。

项目总监:什么事情呢? 你别站在门口,走进来坐下说。

项目经理:没事,您如果没有空就算啦。

项目总监:你要先告诉我,有什么事情。

项目经理:讨论一个客户的事,想请问一下您能不能去?

项目总监:你需要我一起去吗?

项目经理:不知道。

项目总监:这件事你解决的方案是什么?

项目经理:我要和您讨论才知道。

项目总监:讨论什么呢?

项目经理:是这样的……

项目总监:你要我去的目的是什么呢?

项目经理:您作为领导如果在场要好一点。

项目总监:你把要我去的目的想清楚再决定好一点。

项目经理:好的。

问题讨论:这个项目经理和上司的沟通有没有障碍?出现沟通障碍的原因有哪些呢?

实 训

场景1:总裁办公室

A公司总裁刚从异地出差回来,就马不停蹄地回到办公室整理桌上的物品。助理拿着文件夹紧跟着走了进来。

"总裁,远大集团的CEO卢总说明天来公司拜访您。"助理打开备忘录,提醒总裁日程安排。

"推掉它。"总裁头也不抬地说。

"嗯,还有……"

"全部推掉它!"

"不是,总裁,您出差期间,您夫人不断打电话到公司来。"

总裁这才抬起头看向助理,问:"她说了什么?"

"只说让您回拨电话给她。"

"这样的话何必打电话到办公室留言呢!不会微信直接给我手机留言吗?你帮我预约网约车,我现在要去度假村休息两天。"

"可是总裁,远大集团的卢总一早就和我们约好了明天的。"

总裁瞪了助理一眼,严肃地说:"帮我吩咐下去,关于MEP的那个设计项目,总体效果要更显时尚活泼一些,叫负责人改好后送去度假村。"

场景2:设计总监办公室

助理来到设计总监的办公室。

"李总监,总裁吩咐,MEP的设计项目设计效果要更显时尚活泼些。"

"总裁在么?我直接找他面谈。"

"他叫你这两天修改好后送去度假村。"

助理离开后,李总监自言自语:"还要改!"

于是李总监尝试拨打总裁电话:"您拨打的用户已启用来电提醒功能……"

随后他拨打了部门负责人陈经理电话。

"喂,陈经理,MEP那个项目,整体建筑效果我要呈现出更时尚活泼的感觉。"

"现在这样还不够活泼吗?"

"你再想想办法吧,明天早上10点要呈交一个方案给我。"

场景3:陈经理办公室

陈经理放下电话,自言自语:"还要怎么改呢?"随后,他叫来部门的两名设计人员。

"你看你们设计的这个方案,上面说不满意,叫你们再做。"

"是重新再做,还是只要做局部修改?"

"就是在建筑效果上要更显时尚活泼,我不管是重做还是修改,总之能出效果就行,你们下去吧,明天早上9点半交方案给我吧!"

两名设计员边走边嘀咕。

"这样是局部修改还是重新再来?"

"重新再来没有时间了。"

"那只能局部修改了。"

"可是这个局部修改的话没有统一性,整体效果会不会不协调? 算了,不管它了。"

"今天又要加班了。"

场景4:设计总监办公室

李总监的电话铃声响了,是总裁来电。

"喂,总裁您好。"

"李总监,你这个方案是怎么搞的? 我叫你更显时尚活泼,你现在给我改改头尾,就这样应付一下?"李总监隔着电话都能感受到总裁的怒气。

任务实践:

1.结合上述内容,分角色扮演总裁、助理、李总监、陈经理、设计员等,分场景进行情景模拟。

2.上述场景中出现了哪些不同的沟通类型?

3.这个案例最终以两名设计人员局部修改方案不理想,李总监被总裁大骂的悲惨结局告终,他们之间都没能实现有效沟通。请具体描述一下造成沟通障碍的原因。

自测题

1.什么是沟通障碍?

【知识链接】

2."沟通漏斗"现象是怎么形成的?

3.列举生活实例,说说造成沟通障碍的因素具体有哪些呢?

任务三　有效沟通的步骤和方法

一、明确沟通目标

在开始与人沟通之前,先要明确自己的目标,是分享信息、阐明观点,还是交流思想、表达情感,或者提出建议、寻求帮助等,做到有的放矢、事半功倍。无论是向他人表达某种信息或是试图说服他人同意你的某个想法,定下一个明确的目标都是有效沟通的良好开端,这有助于制定相应的计划和策略,选择合适的沟通方式,向他人更好地传达你的信息,也有助于引导对方正确理解信息,使双方通过沟通达成共识,形成合力。

很多人在沟通时往往容易因为一些争执而破坏自己的情绪,把时间耗费在"争论是非对错"上,从而导致沟通过程和内容偏离最初的沟通目的。因此,在沟通过程中,沟通者要时刻牢记自己的沟通目标和重点,并围绕目标和重点传递信息,如果中途受到双方情绪态度或传递信息的影响,就有可能偏离最初的沟通目标,造成无效沟通。

要想牢记沟通目标,沟通者要始终不忘提醒自己3个问题:一是自己想要得到什么,即在与对方沟通之前,明确自己希望通过此次沟通解决什么问题,达到什么目的,如成功谈成合作、说服对方接纳自己的观点、意见等,做到心中有数;二是自己能给予对方什么,即要设身处地地站在对方的角度和立场着想,通过沟通不仅能实现自己的目标,也能给对方带来收获,如让对方满足需求、提升价值、给对方心理抚慰等;三是实现沟通目标会给双方带来什么好处,即在沟通过程中,双方要本着互惠共赢的目标,保持尊重和包容的态度,想想是否会使双方都受益,如建立合作关系、彼此更加理解信赖等。

【案例1-5】

A公司销售部小刘最近经常上班迟到,业务主管王经理决定和小刘好好谈一下。以下是他们的对话。

王经理:小刘,我想和你讨论一下你的上班时间问题,昨天我已提醒过你,但是你看你今天早上又迟到了!

小刘:经理,不好意思,对于今天早上迟到的事,我很抱歉,我坐的车在路上出了点麻烦,最近我……

王经理:这我能理解,但是我还是希望你能按时上班。

小刘:好的,经理,那我利用今天中午的时间把耽误的工作做完可以吗?

王经理:好,我同意你这样做,但还是要求你上班不要再迟到了。

小刘:昨天小陈也迟到了,你都没有说他。

王经理:小陈事先和我打过招呼,小刘你还是想想自己今后怎样才能早上按时上班吧。

问题讨论:王经理主动找下属小刘谈话,他的目的是什么呢?围绕这个目的,他是如何与下属进行沟通的呢?

二、了解沟通对象

在沟通过程中,信息的发送者和接收者互为沟通对象。了解沟通对象是沟通的基础,正如建筑师在绘制蓝图前必须先了解房屋的细节,信息发送者在沟通前要先深入了解沟通对象,以便选择最适合的沟通策略,更好地传递信息,实现沟通目标。信息发送者要根据沟通对象的年龄、性别、生活背景、心理特点、兴趣爱好及个性需求等,选择恰当的语言和方式进行沟通。比如,在与上司、同事、客户或群众等不同对象沟通时,要结合对方的身份和特点先确定哪些话题或信息是对方感兴趣的或适合传递的,以便更好地与他们建立联系。

孔子曾说:"可与言而不与之言,失人;不可与言而与之言,失言。"(出自《论语·卫灵公篇》)意思是说,可以同他交谈却没有谈,就会错失人才;不可以同他交谈却要谈,就会说错话。也就是告诉大家说话必须看对象。同时,孔子还指出:"中人以上,可以语上也;中人以下,不可以语上也。"(出自《论语·雍也篇》)意思是说,中等以上资质的人,可以给他讲高深的学问;而中等以下资质的人,则不可以给他讲高深的学问。这也是告诉大家,讲话的内容要因对象而异。比如,对于销售员来说,面对的大多数客户都是普通的客户,他们并不了解过多的产品专业术语,在与客户的沟通中,应尽量浅显易懂,避免使用冗长而艰涩的专业术语,让客户听懂才是关键。

因此,沟通不是一场"独角戏"。信息发送者只有学会换位思考,设身处地地站在对方的立场交流和传递信息,才能起到事半功倍的效果。在沟通中,要主动思考,通过耐心地倾听、询问等方法,确认对方的真实需求。对方内心隐藏的担心、疑虑、不信任等,有时候并不会主动通过有声语言表达出来。只有对对方的阅历、个性特点、思维习惯等有所了解,并在沟通中耐心观察和倾听,及时根据对方的特点和需求来调整自己的沟通方式,才能逐步深入对方的内心世界,消除对方的担心和疑虑,从而建立和谐的沟通氛围,有效提高沟通的效率。

【案例1-6】

有一次,一群美国人围住刚从德国移居来的科学家爱因斯坦,要他用"最简单的话"解释清楚他的"相对论"。当时,全世界只有少数几个科学家能看懂爱因斯坦的"相对论"著作。

爱因斯坦想了想对大家说:"比如说吧,如果你和你最爱的人坐在温暖的火炉边,一个小时过去了,你觉得好像只过了5分钟! 相反,如果你一个人孤孤单单地坐在热气逼人的火炉边,才过了5分钟,但你却像坐了一个小时。不是吗? 这就是'相对论'!"

还有一次,一位老太太对爱因斯坦说:"爱因斯坦先生,你真了不起呀,得了诺贝尔奖! 我听说你得诺贝尔奖的那个论文叫作什么相对论,相对论是什么东西啊?"

要怎么和一位70多岁的老太太解释"什么是相对论"呢? 能量等于质量乘以光速的平方,这是相对论的计算公式,但这样解释她能听懂吗? 爱因斯坦眼珠骨碌一转就想到了如何回答:"亲爱的太太,当晚上12点钟您的女儿还没有回家,您在家里等她,您觉得30分钟久吗?"

"真是太久了!"

"那么如果您是在纽约大都会歌剧院听歌剧《卡门》,30分钟快不快呢?"

"当然太快了!"

"所以太太,您看两个都是30分钟,却相对不同,这就叫作'相对论'。"

问题讨论:爱因斯坦是如何与不同对象进行沟通的? 如果他运用所研究的科学成果中的专业术语来和普通市民解释什么是"相对论",跟上面的这两种解释的效果会有什么不一样呢?

三、把握沟通主题

英特尔创办人安迪·葛洛夫曾说:"有效的沟通取决于沟通者对议题的充分掌握,而非措辞的甜美。"沟通主题或议题,即沟通双方所要沟通的核心,是影响沟通效果的重要因素。

在沟通过程中,沟通者要注意保持沟通主题前后一致,做到一致性沟通,避免出现偏离主题的现象,以此通过清晰明确的沟通来建立和维护良好的关系,以及传播统一的信息和观点,否则就会浪费彼此的时间,无法达成沟通目标。其次,沟通的主题要表述完整、清晰,信息发送者在传递信息时要语义确切,条理清楚,避免使用模棱两可的语言,造成接收者理解上的失误和偏差。

但在实际工作中,有些管理者对于这一点并不明确,他们经常的做法是,有工作要安排的时候,就把下属叫过来,简单地介绍一下工作任务,例如:"小刘,这个月10号公司要开一个市场分析会,你这几天辛苦一下,写个市场分析报告吧。时间比较紧,要加快速度。"简单几句话就把工作任务布置下去了。那么,小刘听明白了吗? 他知道领导让他做什么事了吗? 也许他懂了,不就是写个报告嘛? 肯定是把公司近期市场工作总结一下,提一些建议,交给领导就完事。但事实是这样的吗? 领导也是这么想的吗? 领导会不会认为小刘应该先做个市场调研,了解一下客户的真实需求,据此测算一下市场份额,再提出对客户有价值的可行性方案? 如果领导是这么想的,那么为什么不和小刘进行深入沟通,对工作主题进行明确的描述? 为什么不和小刘在目标上达成更具体的共识,让小刘有更加明确的工作方向呢?

四、选择沟通方式

信息发送者要根据沟通目的、沟通对象和沟通主题等实际情况选择合适的沟通方式,如面对面沟通、电话沟通、微信沟通、会议沟通、电子邮件沟通等,实现高质量沟通。

选择沟通方式因人、因事而异,这好比在森林中寻找一条最便捷的道路,能够让我们更好地传递信息和实现沟通目标。对此,沟通者可以重点考虑以下两个方面:

一是事情的轻重缓急。通常来说,面对面的交流是最直接、最传统的沟通方式,它有助于更好地建立信任和互动,减少误解和歧义;但也可以通过电话、短信、文件、视频等多种方式进行沟通。在选择沟通方式时,需要考虑到事情的重要性以及双方时间和地点的限制,比如,如果时间紧迫需要立即沟通,电话沟通或会议沟通可能比较合适,电话沟通和视频会议沟通可以打破跨地域、跨时区的限制,能快速协调工作,提高工作效率;如果需要直观地表达或讨论细节,则面对面交流可能更为合适;如果需要过程性的佐证和记录,则电子邮件沟通或通过文书传达更为合适;如果事情并不重要或紧急,可以选择QQ、手机短信或微信留言等方式。

二是沟通信息的重要性。信息发布者要根据信息的重要程度、时效性、是否需要长期保存等因素,选择不同的沟通方式。例如,对于有重要保存价值的文件、材料或有重要佐证作用的过程性记录,一定要采用书面沟通形式,以免信息丢失。而对于时效性很强的信息,则可以采用口头沟通,甚至通过微信公众号、微博、短视频平台、网络社区、Facebook等社交媒体发布,以迅速扩大影响。

五、掌握沟通时机

准确把握沟通的时间和场合,选择适宜的沟通时机,也是实现沟通目标、构建有效沟通的重要因素。孔子对此曾有过精辟的论述,他说:"言未及之而言谓之躁,言及之而不言谓之隐,未见颜色而言谓之瞽。"(出自《论语·季氏篇》)意思是说,没有轮到自己发言而发言,是急躁;到该说话时却不说话,叫作隐瞒;不看对方脸色而贸然说话,叫作盲目。这也是告诉我们,与人沟通时要学会审时度势、察言观色,看沟通的场合环境,什么时候、什么场合、对什么人说什么样的话,"时然后言,人不厌其言"(出自《论语·宪问篇》),在适当的时候才说话,就没有人会讨厌你说话。

在选择沟通时机时,要注意以下几个方面:

一是看沟通时间。首先,沟通者在与他人沟通时要选择对方空闲的时间,同时计划好沟通时长,尽量不要影响对方的日程安排,打扰对方的工作和生活。其次,沟通时间要与沟通的目的相符合,如果是紧急情况下就需要及时传达信息,而如果是重要决策则需要给对方留出足够的时间考虑。最后,选择沟通时间还应当考虑到对方的性格脾气、文化背景、生活习惯及近期工作动态等,避免因时间安排不当而引起误解和不快。

二是看沟通环境。不论是工作交流还是日常生活交往,沟通者都要注意讲话的内容、情绪、气氛和所处的环境是否相匹配。比如,在严肃的工作场合尽量不要谈太多家长里短;在餐饮场合就要回避如厕之类的不雅话题;在喜庆欢乐的环境,绝对不要谈伤心痛苦之事,以免造成双方尴尬,影响沟通的进行和效果的实现。

三是看沟通时效。沟通具有一定的时效性,随着时间的推移,其影响力会逐渐减弱,甚至出现负面影响。因此,沟通者要在最佳时效内进行沟通,如当场传达赞美或祝福,在事发当天及时表示感谢或向对方道歉等。同时,对于一些重要的客户或亲朋好友,要经常通过电话或短信等方式进行沟通交流,增强彼此的情感联系。

综上所述,要克服沟通障碍,掌握沟通要点,让沟通更有效,需要从明确沟通目标、了解沟通对象、把握沟通主题、选择沟通方式、掌握沟通时机等多个方面进行考虑和实施。当然,有效的沟通还包括积极地倾听和反馈、学会换位思考等等。只有这样,才能建立更加顺畅、高效的沟通渠道,从而更好地满足人们工作和生活的需要。

实 训

A公司在收到全市职工职业技能大赛的通知后,决定组织员工团队参加比赛。

场景1

主管领导钟总经理考虑赵工程师专业技术能力强,想要安排他牵头负责这件事情。

钟总把赵工程师约来办公室,对他说:"赵工,全市职工职业技能大赛马上就要开始了,我们公司决定组队参加。我想请你来负责这件事情的组织和参赛工作,你觉得怎么样?"

赵工程师直截了当地说:"让我负责不是不可以,不过公司得有足够的资金支持才行。"

钟总问:"那你觉得大概需要多少经费呢?"

赵工程师不假思索地说:"少于25000元没法操作。"

钟总说:"25000元太高了一点吧?"

赵工程师回答道:"不想花钱,哪能办成事呢?"

钟总有些脸色不悦了:"赵工,怎么能一讲工作就谈钱呢?"

两人的交谈不欢而散。

场景2

考虑再三,钟总决定找另一个部门的李工程师来谈一下。

"李工,公司决定组队参加全市职工职业技能大赛,想请你来负责这件事情的组织和参赛工作,你看怎么样?"

李工想了想说:"非常感谢钟总对我的信任,虽然我组队参赛经验不足,但这个大赛对扩大公司影响、提升员工素质有很大帮助,我们可以好好组织一下!"

钟总问:"你觉得大概需要多少经费呢?"

李工回答:"要不我先去做个方案吧。"

钟总说:"好,这事就交给你了!"

两天后,李工程师拿着拟好的方案去请示领导:"钟总,这是参赛方案,我想咱们既然决定参加,就要努力争取好成绩,扩大公司的影响力。"

钟总一边接过方案一边赞许地点点头。

李工程师顺水推舟:"整个活动可能需要一笔费用,一是参赛团队的服装费,我了解了一下,每套费用有600、800、1000元的三个档次,我们尽量节约开支选最低档次按600元一套来预算……"

钟总一看说:"既然是代表公司形象,那也不能太差,就按800元一套吧。"

李工说:"所以最后的总经费是26000元,您看怎么样呢?"

钟总随即答应:"好,虽然咱们公司目前经费紧张,但这个钱花得值得!"

任务实践:

1.请结合上述内容,分角色扮演钟总经理、赵工程师、李工程师,分两组场景进行情景模拟。

2.分小组讨论:同样的任务,同样的问题,对比前后两位工程师和钟总经理的对话,想想哪个是无效沟通,哪个是有效沟通?两者的效果有什么不同?

自测题

1.有效沟通的步骤具体包括哪几个方面?

2.如何根据实际情况选择恰当的沟通方式?

3.在选择沟通时机时要注意观察哪些方面?

项目二
非语言沟通

知识目标
- 了解非语言沟通的定义及其重要性。
- 掌握非语言沟通的主要类型及其表现形式。
- 理解非语言沟通在不同文化背景下的差异。

能力目标
- 能够识别和分析日常生活中的非语言沟通。
- 能够运用非语言沟通技巧提升人际沟通效果。
- 能够在跨文化交流中灵活运用和解读非语言沟通。

素质目标
- 培养敏锐的观察力和非语言沟通意识。
- 提升肢体语言在人际沟通表达中的感染力。
- 增强跨文化理解以及沟通的自信心与表达能力。

案例导入

在一个小镇的年度艺术节上,有一位艺术家展示了他的作品。他用色彩丰富的油画表达了内心的情感,每一幅作品都充满了力量和深刻的情感。尽管他无法说话,但观众们能够从他的作品中感受到他内心深处的声音。他的油画不仅展示了精湛的技艺,更是通过色彩和线条传达了他无法用语言表达的情感和思想。观众们聚集在他作品的周围,每个人都用自己的方式与艺术家进行了对话。有人流连忘返地凝视着画作,试图理解每一笔、每一画背后的意义;有人用手势和表情与艺术家交流,传达他们的赞赏和情感;还有人在艺术家的肩上轻轻拍了拍,以示理解和支持。

在艺术节的结束时,艺术家站在他的作品前,微笑着向所有观众致谢。尽管他无法用语言表达,但他通过他的作品和观众建立了深厚的连接。这种连接超越了语言的局限,传递了情感和思想的力量。

问题讨论:

1.你认为非语言沟通有哪些优势和劣势?它们与言语沟通相比又有何异同?

2.非语言沟通如何帮助人们跨越语言和文化的障碍,建立起共鸣和理解?

3.非语言沟通在日常生活的哪些场景中尤为重要?

4.如果你想提升自己的非语言沟通能力,可以采取哪些方法?

> 有许多隐藏在心中的秘密都是通过眼睛被泄露出来的,而不是通过嘴巴。
>
> ——拉尔夫·沃尔多·爱默生

英国学者尼基·斯坦顿在其著作《沟通圣经:听说读写全方位沟通技巧》中说:"非语言沟通是一个我们在自己身上最看不到、在别人身上最看得到的沟通渠道。"他的观点突显了非语言行为在社会交往中的基础性地位,强调了它作为沟通方式的独特作用。

非语言沟通在人际交往和社会互动中扮演着至关重要的角色。尽管语言是我们日常交流的主要方式,但非语言沟通通过肢体语言、面部表情、姿势和眼神交流等方式,传达着丰富的信息和情感,有时甚至比言语更为直接和真实。

首先,非语言沟通在表达情感和态度上起着关键作用。人们常常通过微笑、眼神接触、头部姿势和手势来传达喜怒哀乐等情绪。这些非语言信号能够迅速地传递出我们的真实感受,让交流更加生动和具有说服力。例如,一个真诚的微笑可以瞬间拉近与陌生人之间的距离,营造出轻松和融洽的氛围。

其次,非语言沟通在交流中的信息补充和强化作用不可或缺。当我们用语言表达一件事情时,面部表情和手势往往会进一步澄清我们的意图和态度,避免产生误解。举例来说,一个简短的肯定回答加上肢体的肯定性动作,比仅仅说"是的"要更能够让对方确信你的意思。

25

此外,非语言沟通在跨文化交流中具有特别重要的作用。不同文化背景下的人们可能对言语的表达方式有不同的理解和解读,但对许多非语言信号,如基本的面部表情或者各种身体语言,却有着普遍的理解和共鸣。这种普遍性使得非语言沟通成为跨文化交流中的桥梁,帮助人们跨越语言和文化障碍,更加深入地理解彼此。

然而,非语言沟通也有其局限性。有时候,人们可能会故意或者无意地传达出与其语言不一致的非语言信号,这可能导致误解和混淆。因此,完全依赖非语言沟通来理解他人的意图是不可取的,语言和非语言信号应该相辅相成,共同构建出准确而丰富的沟通体验。

综上所述,非语言沟通是人类交流中不可或缺的组成部分,丰富多彩的肢体语言、面部表情和姿势,丰富和深化了我们的交流体验。它不仅仅是语言的补充,更是一种情感和意图的直接表达方式,有助于建立信任、减少误解,并促进跨文化理解。因此,我们应当更加重视并有效运用非语言沟通,以提升个人交流技能和人际关系的质量。

任务一　了解非语言沟通的表现形式

一、非语言沟通的内涵

(一)非语言沟通的定义

关于"非语言沟通"与"非言语沟通"两个概念的混用,国内研究者孙庆民在其文章中专门做了概念的厘清。他认为:语言是一种社会现象,是人类交流所使用的工具;而言语则是个体使用语言进行交流的行为。同样,非语言与非言语二者的意义也是不同的。非语言意指语言以外的,亦即不是语言;非言语意指词语的内容或意义以外的,亦即非意义或非内容。非语言沟通意指不使用语言的沟通,也就是使用语言以外的方式沟通;而非言语沟通则是指个体使用除了词语内容或意义以外的其他形式的沟通。本项目所采用的是非语言沟通这一概念。

非语言沟通是指通过非语言手段传递信息和情感的过程,包括肢体语言、面部表情、姿态、眼神、触摸、空间距离等。非语言沟通是人际交流中不可或缺的一部分,往往能够增强或削弱语言沟通的效果。

马兰佐等人认为,关于非语言沟通的界定有四种表述方式,只是不同的表述对应不同的使用情境:①非语言沟通是不使用词语的沟通;②非语言沟通是个体间不使用声音的沟通;③非语言沟通是一个人所做的一切而另一个人认为其中含有某种意义的事情;④非语言沟通是对面部表情、动作、姿势、接触行为、视觉行为、时间行为、气味等现象进行研究的一门学科。

(二)非语言沟通的特点

人们在非语言沟通中利用身体动作、面部表情等来表达思想、情感、态度和意向。根据国内研究者张兴柱的梳理,它有以下六个方面的特点:

1.普遍性

在沟通过程中,几乎每个人都具备非语言沟通的能力,这是人类有史以来就有的一种本能。随着人际交往范围的扩大,它也不断得到丰富和发展,即使在不同的文化背景中,非语言沟通也具有很强的信息共享作用。比如许多国家的歌唱家一起同台演出,可能不一定完全理解乐曲中的内涵,但可以通过动作、表情变化、姿势等非语言方式理解并进行沟通交流。

2.民族性

不同的文化和风俗习惯,决定了其特有的非语言沟通符号。典型的人际沟通例子是人们通过握手、拥抱和亲吻来表达自己对他人的欢迎和热情。在欧洲一些国家,亲吻、亲鼻是一种礼节,是一种友好热情的表示,尤其是对女性而言。但中国人往往不太习惯,而更习惯以握手的方式来表达同样的感情。

3.社会性

人与人之间的关系是一种社会关系。人们的年龄、性别、文化程度、伦理道德、价值取向、生活环境、宗教信仰等诸多因素都会对非语言沟通产生影响。社会中的不同职业角色,不同阶层都对非语言沟通有着较细微的约定俗成性,如有些年轻人喜欢相互用手拍肩膀以示友好或表示关系好。然而,如果用同样的方式去向父母亲或年龄较大的长辈来表达友好就显得缺乏礼貌了。

4.审美性

非语言沟通所表现的行为举止是一种美的体现。它包含优雅的身体语言、细腻的面部表情、协调的肢体动作等等。个体在公共场合中通过优雅的举止和得体的非语言行为,展现个人的社会地位和审美取向。比如女性梳妆打扮、涂口红、佩戴首饰等也是一种美的表达。当然,人们审美观念的形成与年龄、经历也有很大关系。

5.规范性

这种规范性是指一个社会群体或一个民族受着特定文化传统的影响,长期以来对非语言沟通所产生的社会认同。每一种社会角色都有着被大家承认的行为举止准则,在运用非语言符号时,要考虑沟通对象的文化因素、民族因素、环境因素、年龄因素、心理因素、社会道德因素等等。忽略某种非语言符号的规范性,会造成误解和障碍。

6.情境性

非语言沟通一般不能够单独使用,不能脱离当时当地的条件、环境背景,包括与相应语言情境的配合。只有那些善于将非语言符号与真实环境背景联系起来的人,才能将非语言符号运用得准确、得当。

(三)非语言沟通的作用

在进行非语言沟通之前,我们还需要了解非语言沟通的作用。

1.补充语言信息

肢体语言、表情等非语言信息可以补充和强化语言信息,使信息传递更加清晰。人们的面部表情和眼神能够传达情感和意图,有时甚至比言语更直接和真实。例如,微笑可以表示友好或同意,而皱眉则可能表示不满或疑惑。这些非语言信号能够帮助听者更好地理解说话者的意思。

2.表达情感

面部表情、眼神等非语言手段可以直观表达情感,使沟通更加生动。比如,一个人的姿势可能显示出他们的自信或紧张,手势则可以用来强调观点或指示事物。身体的动作和姿势可以配合语言来强调感情色彩或者指出重要信息,使得沟通更加清晰和生动。

3.传递态度和关系

非语言沟通可以显示个体间的关系和态度,如亲密、疏远、权威等。处在亲密关系中的人可能会有更频繁的身体接触,如握手、拥抱或者手牵手。他们的姿势可能更加放松和开放,如面对面直视或者靠近坐着。关系疏远的人通常会保持距离,避免身体接触或者选择保持一定的距离。他们的姿势可能更加封闭或者向后倾斜,表现出一种保持距离的态度。权威关系中,权威者通常会采取一种自信和控制的姿势,如站立时站得笔直或坐得端正,动作可能会更加果断和有力。

4.跨文化交流

在不同语言背景下,非语言沟通可以作为桥梁,促进理解与交流。因为它不依赖于特定的语言,而是通过普遍的符号和表达方式传递信息和情感。一次热情的握手或者一个诚挚的眼神接触,可能会比语言更有效地传达出诚意和友好。这些表达方式不受特定语言的限制,几乎所有人都能理解,从而能够跨越语言障碍,增强交流的深度并提高交流的准确性,促进跨文化交流的成功。

【案例2-1】

课堂上的教师肢体语言

情境描述:在一次大学讲座中,教授李老师在讲解复杂概念时,频繁使用手势来示意不同的部分,并且走动到讲台的不同位置,以确保每个学生都能看到他的演示。同时,他保持眼神交流,不时点头回应学生的提问。

问题讨论:请从手势的使用、空间移动、眼神交流和点头回应等几个方面分析教师在课堂上所使用的非语言沟通技巧,具体起到了什么作用,达到了什么样的效果?

二、非语言沟通的具体表现形式

非语言沟通有多种形式。我们既可以通过人的眼睛运动或者他们所看的方向来证明,也可以通过人的行为举止来判断,例如焦躁不安或紧张不安。它甚至可以通过人的姿势或人的行为方式来揭示。对非语言沟通的深入理解,将使我们能够更熟练地理解他人向我们传达的信息,尤其是当这些信息是潜意识或非显性的时候。这就是非语言沟通成为人类互动的重要方面的原因。

由于人类使用口头和书面语言作为交流的主要方式,非语言形式往往被忽视。如果对非语言沟通在实现有效沟通中发挥的重要作用缺乏基本的理解,就会导致沟通不畅或者降低沟通的效果。因此,有必要对非语言沟通的具体形式进行详细了解。

(一)肢体动作

每个肢体动作,无论是用手部还是头部,都有意义,这将帮助我们理解肢体语言表达,比如一些在我们日常沟通中的手势,表示赞同或反对的竖起大拇指或大拇指朝下,以及表示团结或愤怒的握紧拳头,等等。

用手和腿摆出的姿势传达了非常重要的信息。如果双臂交叉,则表明此人非常有保护欲,而双手放在背后则表明此人焦虑或无聊。交叉双腿可能表示你需要确保一些信息的隐私性。了解这些倾向的含义很重要,因为它们可能会传达与你想要的不同的信息。肢体动作包括三个部分。

手势:通过手的动作传递信息,如挥手示意、竖起大拇指表示赞许等。

姿态:身体姿态如站姿、坐姿等可以传递自信、紧张、放松等情感。

动作:身体动作如点头、摇头等表示同意或拒绝。

(二)面部表情

面部表情是情感表达的重要手段,包括微笑、皱眉、瞪眼等,通过面部表情可以直观地感知对方的情绪状态。脸上的表情很大程度上说明了你的想法甚至感受。面部表情可以表达不同的情绪,包括悲伤、快乐、厌恶、惊讶、愤怒、恐惧、渴望、兴奋和困惑等。

(三)眼神接触

眼睛是内心感受的窗户。眼睛比身体各部位更能表达内心的感受。眼神交流是人际交流的缩影。眼神接触在沟通中非常重要,可以传递关注、兴趣、尊重等信息。过多或过少的眼神接触都会影响沟通效果。

(四)空间距离

空间也会影响我们的沟通,空间距离包括亲密距离、个人距离、社交距离和公共距离,不同的距离代表了不同的人际关系和沟通性质。因此,我们要学会利用空间距离进行沟通。

(五)身体接触

身体接触可能是最早的非语言沟通形式之一，是人际沟通中的一种直接方式，如握手、拥抱、拍肩等，可以传递友好、安慰、鼓励等信息。比如，在难过或者忧伤的时候，使用拥抱的接触方式，表达出同情或者安慰是较为合适的做法。

【案例2-2】

在一次商务谈判中，李先生代表一家小型公司与一家大企业进行合作洽谈。由于对方实力雄厚，李先生深知自己没有太多的优势。面对对方强大的谈判团队和复杂的议题，他决定在非语言沟通上下功夫。

在会议中，李先生注意到了自己的身体语言和表情对谈判结果的重要性。尽管他不是言辞华丽的演说家，但他选择通过挺拔的身体姿态和自信的眼神来表达自己的态度和信心。他坚定地与对方眼神交流，展示出他的坚定决心和专业素养。

在表达观点和提出建议时，李先生注重语速和语调的控制，确保自己的发言显得沉稳和理性。此外，他还通过适当的微笑和肢体动作，营造出友好且专业的氛围，让谈判双方能够在放松的状态下进行交流。

在谈判的关键时刻，李先生巧妙运用了一些非语言信号来传递重要的信息和态度。例如，在对方提出的关键问题上，他略微皱眉或者轻轻点头，传达出自己对方案的思考和态度。这些微妙的非语言信号不仅增强了他的表达效果，也让对方获得肯定的信息。

最终，在商务谈判结束时，虽然李先生的公司并没有完全占据优势，但他成功地获得了对方的尊重和合作意愿。对方公司同意与他们建立起初步的合作框架，这在很大程度上归功于李先生在谈判过程中优秀的非语言沟通表现。

问题讨论：在这次商务谈判中，李先生使用了哪些非语言沟通的方式，你觉得效果如何？

实 训

一、测验说明

本测验共10道题，每道题描述一个情境，并提供几个选项。请根据您在该情境中的真实反应或最有可能的反应选择最符合的选项。每个选项对应不同分值，测验结束后将根据总分评估您的非语言沟通能力。

二、测验题目

1.在一次会议中，你的同事正在作一个重要的报告，你会如何表现？

　A.坐姿端正，偶尔点头表示赞同。

　B.靠在椅背上，双臂交叉。

　C.低头看手机或做其他事情。

D.全程保持微笑,眼神跟随发言者。

2.在与客户见面时,你通常如何进行眼神交流?

A.偶尔与客户进行眼神接触,避免过多接触。

B.全程保持眼神接触,展示自信和专注。

C.很少或几乎不与客户进行眼神接触。

D.只在说话时才进行眼神接触。

3.当你感到紧张时,你的肢体语言通常是怎样的?

A.握紧拳头或不断搓手。

B.深呼吸,保持冷静的姿态。

C.四处走动,无法静止。

D.坐下并把手放在大腿上。

4.在听取他人讲话时,你的面部表情通常是怎样的?

A.表情丰富,随对方的话语变化。

B.表情僵硬,不变。

C.偶尔微笑,保持温和的表情。

D.表情淡漠,无明显变化。

5.在进行团队讨论时,你的手势使用频率如何?

A.经常使用手势辅助表达。

B.很少使用手势。

C.只在必要时使用手势。

D.手势多而杂乱,没有重点。

6.当你想安慰一位朋友时,你会怎样做?

A.轻轻拍拍他的背或肩膀。

B.只是站在一旁,不知道如何行动。

C.紧紧拥抱对方。

D.保持距离,只用语言安慰。

7.在公共场合表达观点时,你的声音和肢体语言如何配合?

A.声音洪亮,肢体语言协调。

B.声音小且不自信,肢体语言僵硬。

C.声音适中,偶尔使用肢体语言。

D.声音变化不定,肢体语言不连贯。

8.当你与陌生人交流时,通常会保持怎样的空间距离?

A.适当的社交距离,不太近也不太远。

B.非常近,几乎没有空间。

C.保持较远的距离,避免靠近。

D.距离随意,没有固定标准。

9.在与人握手时,你的握手力度通常如何?

　　A.轻轻握手,避免用力。

　　B.有力握手,展示自信。

　　C.握手力度较弱,无力。

　　D.握手力度适中,恰到好处。

10.当你需要表达反对意见时,你的非语言行为是怎样的?

　　A.表情严肃,冷静地表达。

　　B.皱眉,语气强烈。

　　C.面无表情,直接表达。

　　D.面带微笑,平静地表达。

三、评估标准

题号为1、8、10,选A得4分、B得2分、C得1分、D得3分;题号为2、3、9,选A得2分、B得4分、C得1分、D得3分;题号为4、5、6、7,选A得4分、B得1分、C得3分、D得2分。将以上所有题目的得分加起来,就是你的总分。

四、结果统计

请根据每道题目的选项计算总分:

36—40分:您的非语言沟通能力非常出色,能够灵活运用非语言手段,提升沟通效果。

26—35分:您的非语言沟通能力较好,但仍有提升空间,可以进一步关注细节。

16—25分:您的非语言沟通能力一般,需要更多的练习和关注非语言沟通技巧。

10—15分:您的非语言沟通能力较弱,建议系统学习和训练非语言沟通技巧。

通过本测验,同学们可以初步了解自己的非语言沟通能力水平。根据得分结果,同学们可以在接下来的学习中有针对性地提升自己的非语言沟通技巧,使自己在各种沟通场合中表现得更加出色。

自测题

1.请结合自身经历,描述一次你通过非语言沟通成功表达情感或信息的案例,并分析其成功之处。

2.在跨文化交流中,非语言沟通有哪些需要特别注意的地方?请举例说明。

3.如何通过改进自己的非语言沟通技巧,提升个人的沟通能力?请提出具体措施。

任务二　恰当使用肢体语言

一、肢体语言

美国语言学家艾伯特·梅拉宾提出了一个7/38/55法则。这个法则描述了人们在相互交往中对他人印象形成的主要因素,具体来说,谈话内容(语言)中一个人对另一个人的印象大约只有7%的影响力。辅助表达方法(如手势、语气等)占据了38%的影响力。肢体动作和肢体语言(如穿着打扮、面部表情等)构成了剩余的55%的影响力。这一法则强调了非语言沟通手段中肢体动作和肢体语言在人际交往中的重要性,也提醒人们要时刻注意自己的外在形象和非语言行为方式,因为它们往往比语言更能给人留下深刻的第一印象。

(一)肢体语言的概念

肢体语言是指通过姿势、表情、手势和身体动作等非语言方式来传达信息和情感的沟通方式。它在人际交往、演讲、谈判以及领导力展示中起到至关重要的作用,能够补充和强化口头表达,增强沟通效果和说服力。

(二)肢体语言的分类

肢体语言主要包括手势、面部表情、眼神交流和身体姿势等元素。这些元素可以分为肢体动作(如手势和姿态)和面部表情(如微笑和眼神交流),每种元素都有其特定的沟通功能和影响力。

二、肢体语言的功能

肢体语言在人际交往中发挥着情感表达、替代有声语言、辅助交流的多重作用,根据研究者朱本琳的研究,其功能主要体现在以下几个方面:

(一)表达情感

在沟通交流时,肢体语言可以辅助传递情感、增加语言的表达魅力。交流过程中,一个人面部表情、身体姿势、手势动作的变化,可以表明说话者的心境到底是怎样的,比如是平静还是急躁,是开心还是忧伤,是惊讶还是恐惧等,都可以从肢体语言的细微变化中觉察出来。

(二)代替有声语言

在沟通过程中,有时会遇到无法用言语表达自己想法的情况,因为过于直接的表达会让人难以接受或者有失礼貌,让双方或一方感到尴尬或不好意思。这时可以用肢体语言来代替有声语言,既能委婉地表达自己的观点,又能使沟通目的得以顺利地实现。如

"眉目传情""暗送秋波"等是青年或成年男女之间传递感情最常用的古老的方法之一,有时候用语言来表达自己对心上人的喜欢或许过于直白,那么此时采用这种"眉目传情"的含蓄表达方式效果可能更好,正所谓"无声胜有声"。

(三)辅助交流

在语言沟通过程中,我们常常在有意识或无意识地运用肢体语言的辅助作用,来提高我们的沟通效果。如教师在表扬和鼓励学生的时候,往往会面带微笑、眼神真诚;在批评或教导学生的时候,会表情镇定、目光严肃。同样,在跨文化沟通的过程中,当你不能熟练地运用目的语国家或地区的语言的时候,肢体语言的辅助功能更是显而易见,比如去餐馆点餐,当我们无法连词成句地表达我们的意愿时,我们可能需要使用恰当的手势和面部表情辅助才能让沟通得以顺利完成。

三、肢体语言的运用策略

使用肢体语言是一项复杂而又重要的沟通技能,例如著名主持人杨澜为北京申办2022年冬奥会做陈述演讲时,表情自然,面带微笑,手势稳健。以下列出的这些策略,将帮助你学会自如、有效地运用肢体语言。

(一)保持自然和真实

在使用肢体语言时,保持自然和真实是非常重要的,因为它直接影响到对方的信任感和你的沟通效果。

1.建立自然与真实的意识

自然和真实的肢体语言有助于建立信任和亲近感。你的听众往往能够感受到你的真诚和自信,从而更倾向于接受你的观点或建议。当然,肢体语言应尽量自然、真实,避免过于夸张或刻意。过度的手势或面部表情可能显得不自然,影响沟通效果。

2.保持放松和自信的心态

在进入重要的沟通场合之前进行深呼吸练习,帮助放松身体和思绪。放松的身体更容易展现出自然和真实的肢体语言。保持自信和开放的姿态,例如笔挺的站姿、嘴角上扬的微笑和放松的手臂。这种姿态会让你看起来更加自然和亲近。

3.注重言语的一致性

在运用肢体语言时,要确保肢体语言与口头表达一致。例如,当你表达自信或强调某一观点时,可以用适当的手势来支持你的语言,但要避免与语言相矛盾的动作。面部表情是肢体语言中重要的组成部分,它能够增强你语言的表达力和情感传递的能力。保持面部表情的真实和自然,不要过度强调或刻意控制。

4.练习自我观察和调整

通过录制自己的演讲或演示视频,观察自己的肢体语言表现。注意观察是否有过度夸张、刻意或不自然的动作。识别并记录下需要改进的地方。也可以向身边的朋友、同事或专业人士请教,请他们提出关于肢体语言的反馈和建议。他们的中肯建议可以帮助你发现自己不自然的表现,并作出改进。

（二）注意姿态和身体语言

在进行肢体语言沟通时,需要随时根据沟通情境进行动态调整。根据不同场合和听众的反馈,适时调整肢体语言的力度和频率。例如中央广播电视总台主持人康辉在朗诵时,身姿挺拔,表情专注,手势自然。在肢体语言沟通中,注意姿态和身体语言可以显著增强你的表达效果和沟通的清晰度。以下是一些关键的注意点。

1.正确的站立和坐立姿态

首先要保持良好的站姿或坐姿。保持挺拔而放松的站立姿态,双脚与肩同宽,这将展现你的自信和专注。避免交叉双臂或者手放在口袋里,否则会给人一种太过随意或不够专业的感觉。坐下时,确保你的姿势放松但又保持专注。避免交叉双臂或者弯腰。保持背部挺直,双脚平放在地板上,这样有助于你保持自信和开放的姿态。

2.依据情境随时调整身体语言

在运用肢体语言进行沟通时,需要依据沟通的具体情境,进行合理的规划。在不同场合中,听众会有不一样的反馈,这个时候需要我们及时对肢体动作等进行微调。在正式场合中,需要保持稳定的姿势和手势,而在更为亲密或放松的环境中时,可以适当放松随意一些。

3.沟通中保持专注

在沟通过程中需要保持专注,尤其是重要的场合,一定要避免不必要的身体动作或者无意识的分心。这不仅可以帮助你保持清晰的沟通焦点,还能够增强你的表达效果和说服力。

（三）眼神交流的重要性

在非语言沟通中,眼神交流是一种非常重要的沟通方式,从眼神中可以传达出你的信任、尊重和专注。如朗诵家方明老师在朗诵时,眼神坚定,给人力量。下面是一些关于如何在非语言沟通中做好眼神交流的策略。

1.保持适当的眼神接触

在与他人交流时,保持适当的眼神接触是建立信任和表达尊重的重要方式。适当的眼神接触表明你对对方的关注和兴趣,眼神接触可以增强沟通的亲近感和理解力。而过度的眼神接触可能会让人感到不舒服或被侵入。当然,我们也需要根据文化和情境进行调整。不同的文化和情境对眼神接触有不同的理解和期望。在跨文化交流中,要注意和尊重对方的文化习惯和态度,适度调整自己的眼神交流方式。

2.表现出真诚和专注

眼神接触可以传达出你的诚意,帮助建立信任和良好的人际关系。在与他人交流时,表现出你的专注和真实兴趣,给予对方的话语认真的思考和理解。在交流过程中,避免眼神游离或过于频繁地转移视线,这可能会让人感到你不重视或无法专注于眼下的对话内容。

3.掌握适当的眼神交流时机

在重要的沟通时刻,如表达重要观点、倾听他人的意见或者表达同情和支持时,保持良好的眼神交流特别重要。这能够增强你的语言表达能力和情感传递能力。在群体交流中,要把握眼神接触的时间和频率,以确保你与每位参与者建立联系。在个人交流中,可以更多地注重与对方的直接眼神交流。

4.接受并理解眼神交流的反馈

眼神交流是双向的,要学会接受来自对方的眼神交流反馈。通过观察对方的眼神表达,可以更好地理解对方的情感状态和态度,并作出适当的反应。根据接收到的眼神交流反馈,你可以调整自己的眼神交流方式,以提升沟通效果和建立更加积极的人际关系。

【案例2-3】

在谈判过程中,公司X的销售经理A和公司Y的采购经理B进行了直接的面对面会谈。他们在谈判桌前坐下,开始讨论产品规格、价格和供货条款。

销售经理A在整个谈判过程中保持了稳定而自信的眼神交流。他在讲话时会与采购经理B进行眼神接触,传达出他对产品质量和公司承诺的信心。这种眼神交流不仅表明他的自信和专业,还表达了对公司X产品的自豪感和对合作前景的乐观看法。

采购经理B也会时不时与销售经理A进行眼神接触,展示出对谈话内容的重视和尊重。他的眼神交流显示出他对公司Y需求的关注,并试图理解公司X产品如何满足这些需求。

有时,销售经理A会在价格和条款方面表达公司X的立场。他的眼神交流能够传达出他的决心和坚定,这有助于说服采购经理B接受公司X的提议,并在某些问题上做出妥协。

采购经理B的眼神交流可能在谈判中反映出他对某些条件的担忧或不满。他可能会用眼神来传达他的观点,或者在某些时刻显示出他对价格谈判的压力或紧张感。

问题讨论:请问在这场谈判过程中,眼神交流起到了什么样的作用,你觉得这次的谈判会成功吗?请说出你的理由。

(四)适度使用手势和面部表情

在非语言沟通中,适度使用手势和面部表情可以有效地增强语言表达的表现力和沟通效果。下面四个方面的策略,可以帮助你适度且有效地使用手势和面部表情。

1.手势的使用

手势可以辅助语言表达,使表达意图更加清晰和生动。适度的手势可以起到强调重点或关键信息的作用。例如,用手指点出某个重要的观点或问题,这能够引起听众的注意。在使用手势时应该自然,不要过度夸张。过于剧烈或不自然的手势会分散听众的注意力或显得不专业。

2.面部表情的运用

面部表情是情感表达的重要方式,它能够帮助你更准确地传达情感和态度。例如,微笑可以表达友好和愉悦;严肃的表情可以表达认真和专注;沉思的表情则可以表明认真思考。在运用面部表情时,要与口头表达相贴合,避免面部表情与言语不一致,不然会造成混淆或误解。如中央广播电视总台记者王冰冰在出镜报道时,面部放松、自然微笑,给人极强的亲切感。

3.保持适当的节奏和频率

手势和面部表情的节奏和频率应该与你的语言节奏相匹配。在表达紧张或重要的内容时,可以稍微增加手势和面部表情的使用,以增强表达的力度和清晰度。适度使用手势和面部表情意味着要避免过高的频率或过于复杂的手势。持续大幅度运动或频繁变化的面部表情可能会分散听众的注意力,反而影响表达效果。

4.考虑文化和场合的差异

不同文化对手势和面部表情的理解和接受程度有所不同。在跨文化交流中,要注意和尊重对方的文化习惯和社会背景,适当调整自己的非语言表达方式。不同的场合可能需要不同的非语言表达风格。在正式场合或重要会议中,可能需要更加正式和节制的手势与面部表情,而在轻松的社交场合中则可以更加灵活和轻松。

【案例2-4】

在一个非常严肃的面试场合,苏珊正在紧张地做着准备。这个面试会综合考评一个人的人际关系、沟通技巧、职业素养,最强调的是客服方面的能力。在苏珊之前,的确有一个漂亮姑娘给了她很大的压力,那姑娘非常机敏,但是表现并不好,她语言不多,而且身体语言一点也没为她加分。她握手时只用指尖轻轻一握,和面试考官基本没有眼神交流,面部表情的细节之处似乎流露出一些傲慢,感觉对面试大局已有充分把握。相比之下,苏珊面部表情自然大方,在握手时自然地使用掌心相触的握手方式,力度也比较适中。同时,苏珊在面试时身体语言适度且丰富,她表现得很谦虚,这一点,让她在面试中大占优势。

问题讨论:请问苏珊在面试过程中在面部表情以及手势运用方面是如何表现的,效果如何?

(五)练习和反馈

非语言沟通的练习和反馈是提升沟通效果和表达能力的关键步骤。

我们平时就要做一个有心人,可以通过视频记录自己平时的非语言沟通方式的运用,如演讲、会议或演示等。通过观看视频回放,我们可以客观地评估自己的手势、面部表情、姿态等非语言因素的表达效果。例如,演讲者身体挺拔有力,面部表情自然,眼神深情注视前方,略微皱眉,手势置于胸前,会给人以坚毅自信之感。我们平时也可以在安全和舒适的环境中模拟真实情境,如面试、公开演讲或商务会议。通过模拟情境,可以锻炼自己在压力下的非语言表达能力。或者请朋友、同事或专业人士扮演听众或对话者的角色,进行角色扮演练习。接受他们的反馈和建议,以改进自己的表达方式。

练习时注意细节,如手势的适度和频率、面部表情的真实性和表达力,以及姿势的开放和自信程度。每次练习后,进行反思和记录。思考你在哪些方面做得不错,哪些方面还可以改进。

对朋友、同事或者专业人士的反馈保持开放和谦虚的态度。分析接收到的反馈,识别出需要改进的具体方面,并制订行动计划。例如,如果反馈指出你的手势过于夸张,可以练习减少手势的频率和幅度。通过反馈不断调整和改进自己的非语言表达能力。

通过以上方法和实践,我们可以有效地练习和改进非语言沟通能力,提升自己在各种情境下的表达效果。

【案例2-5】

现今九十多岁的游本昌老师,曾经演绎过无数个小角色,终于成就了荧屏经典"济公"。而最近,凭借电视剧《繁花》中"爷叔"这一角色,游本昌老师再次爆火出圈。在中央广播电视总台举办的第二届电视剧年度盛典中,游本昌老师被授予"终身成就艺术家"称号。在短视频演讲《向前》中,游本昌老师展现了亲切而又独特的肢体语言风格。他的讲话底气十足,常常使用关切的眼神、亲和力十足的姿态和笑容与年轻观众建立联系,同时通过简单而有力的手势来强调重点并抓住听众的注意力。

问题讨论:请结合游本昌老师的演讲视频,分析他在使用肢体语言时呈现出什么样的态度或者情感,并谈谈你的观看感受。

四、克服肢体语言的禁忌

通过前面这些策略,同学们可以有效地运用肢体语言来增强自己的沟通效果和说服力。大家需要记住,肢体语言是一种强大的沟通工具,合理使用将使你在各种场合中更具影响力和表达能力。

一次有效的沟通,必然包含着诸多要素。每一个要素都有可能成为影响沟通的障碍。许多容易被忽略的细节,都有可能妨碍有效沟通的实现。只有通过努力不断克服自身缺点,掌握非语言沟通技巧,才能轻松实现沟通的目的。综合李晓霞等人的研究,我们总结出以下需要注意的内容:

1.避免不良的身体姿态

无论站坐行走,都要大方得体。站立时,不能手插衣袋、无精打采、弯腰驼背、东张西望、腿不停地抖动、东倚西靠、双手做无意识的小动作等;避免在入座时不能稳坐,左摇右晃。

2.避免在交谈中手舞足蹈

在商务场合中,交谈时手势动作不宜幅度过大或过于频繁,更不要随意打响指、拍桌子等。避免用手指点着对方说话。与女士交流时应注意手势运用的分寸。比如,握手力度不能太大,时间不能太长。女士在社交活动场合应注重手势的优雅性。

3.避免面无表情,目光呆滞

人的面部表情是非常有效的沟通工具,传递着特殊的感情、想法和目的。与人交往应面带微笑,落落大方,目光专注,眼睛有神,不回避目光的接触和视线的交流。避免扫视、斜视和不敢正视。

4.避免着装、容貌不得体

比如在商务场合,商务人士应显得干练、整洁。穿着打扮应大方得体,符合环境、身份、年龄和职业。切忌蓬头垢面,不修边幅。

5.避免沉默不语

沉默本身传递着某种重要的信息。不同场合下的沉默具有不同的含义,可能表示默认、厌倦、异议、抵制、不满、蔑视等。沉默的含义是很难猜测的。沉默不利于与他人的沟通。

6.避免不守时

时间作为一种客观现象,本身在沟通中不具备特殊的含义。但由于人们的交往、约定、合作等总是在一定的时间中完成,而每个人的时间观念不同,往往造成时间节奏不合拍,因而产生误会。这是沟通中的一大忌。在任何一次沟通中,一定要守时,这既体现了对别人的尊重,也表现出对事情的重视。

通过本章节的学习,同学们已经深入了解了肢体语言在沟通中的重要作用以及有效运用的技巧,能够在实践中提升个人的沟通能力和领导魅力。肢体语言不仅仅是一种外在表达方式,更是内在自信和有效沟通的体现。理论知识、案例分析、自测题和实训项目的综合学习,将会帮助你掌握恰当使用肢体语言的关键技能,成为更为出色的沟通者和领导者。

实 训

根据所给的材料,完成提升肢体语言的有效运用能力的训练任务。

步骤一:基础理论与观察分析

1.理论讲解与案例分析

提供肢体语言基本原理和在沟通中的重要性的理论讲解。

分析成功人士如何利用肢体语言来增强他们的表达能力和影响力,例如政治领袖、公众演讲者或商界领袖的案例。

2.视频观察与分析

提供一系列不同情境下的视频片段,如会议、面试、演讲等。

要求参训者观察并记录视频中涉及的手势、面部表情和姿态,并分析它们对沟通效果的影响。

步骤二:实践与模拟情境

1.角色扮演

设计多个模拟情境,如客户谈判、团队讨论或演讲。

要求参训者分角色进行角色扮演,并集中练习适当的肢体语言技巧。

提供反馈和指导,帮助他们在模拟情境中改进对肢体语言的应用。

2.实际演讲练习

要求参训者准备并进行短暂的演讲或口头表达。

观察并记录他们的肢体语言,包括手势、面部表情和姿态。

提供实时反馈和建议,帮助他们提高表达效果和自信心。

步骤三:自我反思与调整

1.录像自我评估

要求参训者使用摄像设备录制他们的演讲或表达。

要求他们观看视频,并进行自我评估,注意他们的肢体语言的效果和可能的改进点。

2.反馈和小组讨论

安排小组反馈会议,让参训者分享他们的观察和经验。

提供结构化的反馈表格或指导,帮助他们互相评估和提供建议。

自测题

1.你认为肢体语言在不同场合中的重要性是什么?

2.在商务谈判中,如何运用适当的肢体语言来增强说服力和协商能力?

3.你在过去的沟通经历中是否意识到肢体语言的重要性?它如何影响了你的交流效果?

4.你认为不同文化背景对肢体语言的理解和运用有何影响?请举例说明。

任务三　了解跨文化沟通

在跨文化沟通中,我们对非语言信息在不同文化中的差异必须要有非常敏锐的认识。我们应该理解并接受不同文化中非语言信息的差异,注重培养对文化差异的敏感性,学会了解、接受、尊重对方的文化。在进行跨文化交流与合作的过程中,我们还要事先学习和研究对方的文化,尤其是对其信仰、价值观、社会行为规范和社会实践方式等进行深入了解,多从对方的角度和立场来理解和体会,减少非语言沟通中的障碍。另外,我们还应该克服民族的文化优越感,以积极的态度学习和理解他国文化,通过对本民族文化与不同文化的全方位、多角度的对比,提高自身文化修养,拓宽视野,促进国际文化交流。

一、跨文化沟通中的非语言沟通

在跨文化环境中,一些常见的非语言沟通元素如身体语言、眼神接触、空间接触、语音特征以及时间观念,会因文化背景的不同而产生显著影响和变化。

1.身体语言

在跨文化沟通中,身体语言是一个非常重要的非语言沟通元素。在某些文化中,如在日本文化中,坐姿要求较为正式且需要保持谦逊,通常会避免过于开放或放松的姿势。而在西方文化中,可能更常见的是较为随意和舒适的坐姿。

不同文化对于姿势和动作的解读和接受程度也有所不同。例如,一些文化可能更倾向于使用大幅度的手势和身体动作来强调观点或情感,而另一些文化则可能更偏好保持较为节制的身体语言。

举手示意“停止”或“够了”的手势,在西方可能被理解为停止或暂停的意思。然而,在中东和亚洲文化中,可能被视为侮辱性的手势,特别是当姿势向上时,表示对方的地位低下或是表示威胁。

2.面部表情

面部表情在跨文化环境中有时会产生误解。例如,笑容在某些文化中表示友好和喜悦,但在其他文化中可能有不同的含义或用途。

在西方文化中,微笑通常表示友好和愉快。然而,在一些东亚国家(如日本或韩国)的文化中,人们可能会使用微笑来掩饰不适或尴尬,而不一定表示愉快。

有些文化倾向于表达更多的情感,面部表情更加生动和丰富,这种情况常见于地中海沿岸国家和拉丁美洲。而其他一些文化则可能更加保守,表情较为稳定,例如在东亚一些国家。

3.眼神接触

眼神接触在某些文化中被视为尊重和真诚的表达方式,但在其他文化中可能被解读为侵犯个人空间或不尊重人的行为。因此,在跨文化交流中,需要敏感地调整眼神接触的频率和时长。

在一些东亚国家,直接而持久的眼神接触可能被视为不尊重或挑衅的表现。在这些文化中,人们更倾向于避免过于直接的眼神接触,特别是在与长辈或上司交流时。

相比之下,在西方文化中,直接的眼神接触通常被视为坦诚和自信的表现,有助于建立互信和沟通的良好基础。

在一些中东国家,长时间的眼神接触可能被认为是无礼或挑衅的行为。在这些文化中,人们更倾向于尊重个人空间,并避免过于直接的眼神交流,尤其是在与异性或陌生人交往时。

在一些南亚国家,眼神接触的频率和持续时间通常比较短暂。这并不意味着不尊重或不友好,而是文化上的一种习惯。在这些文化中,人们可能更多地使用微笑和其他非语言信号来表达友好和尊重。

在非洲文化中,特别是部分部落文化中,眼神的使用方式可能与其他地区文化有所不同。例如,在某些部落文化中,眼神交流可能被用作传递信息、表达敬意,有时可能会比较强烈和直接。

4.空间接触

在跨文化沟通中,空间和接触是一个重要的非语言沟通元素,其在不同文化背景下会有显著的差异和影响。

不同文化对于个人空间的需求和接受程度有很大差异。一些文化更喜欢保持较远的距离进行交流,而另一些文化则可能更愿意在交流中接近和互动。

身体接触的接受程度也因文化而异。在某些文化中,轻微的身体接触可能被视为友好和亲密,而在其他文化中可能被视为不适当或过于亲密。

在西方文化中,个人空间的概念相对较大,人们更倾向于保持一定的距离来进行交流,尤其是与陌生人或非亲密关系的人交往时。相比之下,东亚文化中的个人空间相对较小,人们更容易接受更密切的身体接触和近距离的交流,这反映了东亚文化中重视人际关系和群体互动的特点。

在一些中东国家,个人空间的概念也倾向于较小,人们更习惯于面对面地接近并进行交流。在这些文化中,身体接触(如握手、拥抱等)被视为正常和礼貌的表达方式,尤其是在社交和商业场合中。

在一些南亚国家的文化中,身体接触的方式和频率可能与西方文化有所不同。例如,在印度,人们可能会在交流中更频繁地使用轻轻的触碰或手势,这被视为友好和亲密的表达,而不是侵犯个人空间。

在非洲文化中,身体接触被看作是建立互信和亲密关系的重要方式。例如,在部分非洲国家的部落文化中,握手或拥抱可能是日常交流中不可或缺的一部分,表达尊重和友好。

5.语音特征

语音的音调、语速和音量在不同文化中有明显的差异。一些文化可能更倾向于使用慢速和低调的语音特征来表达尊重和沉稳,而另一些文化则可能更喜欢快节奏和高昂的语调。

在跨文化沟通中,语音特征是一个显著的非语言沟通元素,其在不同文化背景下会产生不同的影响和解读。在西方文化中,人们可能更倾向于使用较快的语速和强调性的语调来表达兴奋或激情。这种快速和强烈的语音特征被视为充满活力和表现力。相比之下,东亚文化中的语音特征通常更为平稳和稳重,人们倾向于使用较缓慢、较柔和的语速和语调,表达出温和与谦逊。

在印度,语音特征可能表现出更多的情感和表达力,语速是否会有所变化,取决于交流的内容和情景。人们可能会在交流中使用较为复杂和多变的语音特征,以增强表达的效果和清晰度。

在拉丁美洲文化中,语音特征可能会显得较为激烈和情绪化。人们倾向于使用较高的音量和多变的音调来表达情感和强调。这种语音特征的使用有助于增强语言的生动性和感染力,同时也反映了拉丁美洲文化对情感表达的重视。

在欧洲文化中,人们可能更习惯于在交流中使用较多的静默和停顿。这些静默和停顿可能被视为思考和深思熟虑的表现,有助于增强语言和观点的清晰度与逻辑性。

6.时间观念

时间在跨文化沟通中经常是一个敏感的问题。一些文化非常注重准时和时间的有效利用,而其他文化可能更倾向于弹性和事件的自然发展。这种差异可能会影响到会议安排、约会等活动的进行方式和期望。

在西方文化中,时间观念通常是准时性、时间管理和效率的重要体现。在美国和欧洲国家的商务环境中,准时性被视为尊重他人和专业性的体现。例如,在美国的商业会议中,参与者通常被期望在预定的时间准时到达会议室,并且会议通常会按照精确的时间表进行,以充分利用每一分钟的会议时间。迟到可能会被视作不尊重他人和浪费时间的行为。

在英国和加拿大等国家,公共交通系统通常非常准时,人们习惯依赖公共交通准确到达目的地。此外,如银行、政府部门等公共服务机构的开放时间也十分严格,人们习惯按照营业时间安排活动。

在西方社交文化中,个人约会和社交聚会通常也会遵循准确的时间安排。例如,如果与朋友或同事约定在某个时间进行晚餐或聚会,大家通常会准时到达,以保证活动能够按计划进行,并充分利用时间与彼此交流和互动。

在实际跨文化交流中,理解和尊重这些非语言沟通元素的文化差异至关重要。通过观察、学习和尝试,我们可以逐步提升自己在跨文化环境中的沟通效果和适应能力。

【案例2-6】

一位在美国的日本学生说:"在我去学校的路上,一个我不认识的女孩对我微笑了好几次。我有点惊讶。"一位在美国的阿拉伯学生说:"当我第一天走在校园里时,很多人都对我微笑,这让我感到很羞愧。我赶紧跑到卫生间看看衣服有没有问题。现在我已经习惯了所有的微笑。"

问题讨论:请根据以上材料,分析微笑在西方文化和日本文化、阿拉伯文化中的差异?

二、跨文化沟通中的非语言沟通的策略

在跨文化沟通中,有效处理非语言沟通的策略是至关重要的,它可以帮助减少误解、增进理解和建立信任。以下是几个关键的策略。

(一)学习和理解文化差异

首要的策略是学习和理解不同文化背景下的非语言沟通方式。这包括研究对方文化中的肢体语言、面部表情、眼神接触等的一般规则和惯例。通过文化学习,可以帮助你意识到可能会引起误解的行为,并避免出现冲突。

1.学习文化背景和习惯

通过有关书籍等学术资料、社交媒体、短视频等形式了解不同文化的非语言沟通习惯和意义。这可以帮助建立对文化差异的基本理解。在实地生活或工作中,观察当地人如何进行非语言沟通,参与和体验文化活动,有助于更深入地理解和感受文化的非语言魅力。

2.尊重和接纳差异

接受并尊重不同文化背景下的非语言沟通方式,避免对差异做出负面评价或假设。在交流和互动中保持灵活性,根据具体情况调整自己的非语言表达方式,以更好地与对方沟通。

3.主动交流和学习

积极与当地人交流和互动,询问他们的文化习惯和文化中非语言沟通的重要性,学习他们如何理解和运用非语言沟通的元素。如果可能,寻求当地人的反馈和建议,以改进自己的非语言沟通技能,并且理解如何在特定文化环境中更有效地交流。

4.跨文化培训和教育

参加专门的跨文化培训课程或工作坊,这些课程通常包括非语言沟通的讨论和模拟练习,帮助提升在多样文化环境中的沟通技能和意识。利用在线资源和跨文化教育平台,如文化智能工具或文化学习网站,了解不同文化之间的沟通差异和最佳实践。

(二)观察和适应

在实际交流中,观察对方的非语言表达方式是非常重要的。通过观察对方的肢体语言、面部表情和眼神接触,可以更好地理解他们的情感和态度。适应非语言沟通的表达方式以符合对方的文化背景也是必要的。

1.观察非语言沟通

观察对方的身体姿势和动作,包括坐姿、手势、头部的动作等。不同文化对于这些表达可能有不同的解读和含义。

注意对方的面部表情,如微笑、眼神、眉毛的动作等。面部表情在不同文化中的含义和使用方式可能有所不同,需要注意观察其背后的文化背景。听取对方的语音特征,包括音调的变化和语速的快慢。不同文化中,语音特征的使用方式可能表达不同的情感和意图。

注意对方在交流中的静默和停顿。在某些文化中,静默和停顿可能被用来表达思考、尊重或强调,而在其他文化中可能被理解为不安或不自在。注意对方在时间安排和会议开始时的态度。观察他们对准时性和时间灵活性的看法,这可以帮助你更好地适应他们的时间观念。

2.适应非语言沟通

尊重对方的文化习惯和非语言沟通方式,避免负面评价或错误的假设。尝试理解其文化背景和背后的价值观。根据观察到的文化差异,适当调整自己的非语言沟通方式。例如,可以适当降低语音音量、调整面部表情或姿势,以更符合对方文化的习惯。倾听对方的反馈和回应,确认你的非语言沟通是否被正确理解。这可以通过简单的回应或询问来实现,确保信息的准确传达。

跨文化沟通是一个不断学习和适应的过程,需要持续反思和学习他人的反馈,不断调整和改进自己的非语言沟通技能。在遇到文化差异导致的沟通挑战时,保持冷静和灵活,寻找解决问题的方式。这可能包括更多的观察、学习以及尝试新的沟通策略。

【案例2-7】

一家跨国公司在国内外有分支机构,他们需要进行跨文化团队合作,包括视频会议和面对面会议。

在国外的视频会议中,参与者通常会在会议开始前通过视频会议平台登录,并且会在摄像头前露面。会议开始时,他们可能会互相打招呼,然后直接进入主题。在讨论过程中,他们的非语言沟通可能会包括直接而坚定的眼神接触,以及使用比较大胆的手势和表情来强调重点或表达情感。此外,他们可能会频繁使用肯定的头部动作来表示同意或理解。

在国内的视频会议中,参与者也会登录视频平台,但如果不是硬性要求,可能不是每个人都会面对镜头。主持人通常会先向每位参与者表示问候和感谢。在会议进行时,参与者可能会更多地倾向于保持谦虚和避免直接的眼神接触,尤其是在对话中间和讨论敏感话题时,他们可能会使用更为保守的手势和表情,避免过于生动或激烈的表达,以维持会议的和谐氛围。

问题讨论:美国和中国视频会议在非语言沟通行为上有何不同,你更愿意接受哪种方式?

(三)尊重和包容

尊重对方的文化背景和非语言沟通方式是建立信任和友好关系的基础。我们应该避免对他人的行为进行负面评判或不适当的解读,而是采取开放和包容的态度,尊重彼此的差异性,从而建立良好的关系、减少误解,并促进有效的交流。

1. 彼此熟悉与保持开放包容

在沟通之前,尽可能地了解对方的文化背景和习俗。这包括非语言沟通的方式及其重要性和背后的文化价值观。通过这种了解,我们可以更好地预见和理解对方的行为和表达。同时,保持开放和包容的心态,接受不同文化背景下非语言沟通的多样性。避免基于自己的文化标准来评判对方的行为,而是努力理解对方的文化语境和背景。

2. 尊重对方并保持自己的风格

每个人在非语言沟通上的偏好和习惯可能有所不同。尊重和接受对方的个人空间需求、眼神接触习惯、面部表情和身体动作。这些差异肯定存在,需要双方彼此尊重。根据观察到的文化差异,适当调整自己的非语言沟通风格,以更好地与对方建立联系。比如根据环境与情境适当调整音调和音量、使用恰当的面部表情与手势,以及考虑到对方的时间观念与管理习惯。

3. 善于倾听与冷静处置

要学会倾听对方的语言和非语言表达,并努力理解其意图和感受。在交流过程中,通过积极倾听,可以减少误解并增强沟通的有效性。如果在出现文化差异导致的沟通障碍或冲突时,保持冷静和耐心是关键。寻求解决问题的方式,包括更多的交流和解释,以及灵活调整沟通策略,以缓解局面并找到共同的理解和解决方案。

【案例2-8】

在一家国际性的技术公司里,来自不同国家和文化背景的工程师们在一个重要的项目会议上进行讨论和决策。会议室里聚集了来自美国、日本、印度和法国的团队成员。这些工程师们在项目开发中需要密切合作,但由于文化差异,他们在非语言沟通方面经常发生误解。

在一次会议中,美国团队的工程师们习惯于直接表达自己的观点,会议中经常使用大声的说话和积极的手势来强调他们的想法。相比之下,日本和印度的团队成员更倾向于保持较为保守的姿势,他们在表达意见时更为谨慎,会避免直接的眼神接触和过于动态的手势。

在会议进行到一半时,由于美国工程师们的强势表达方式,日本、印度的团队成员显得有些沉默和不太积极。这种沉默被误解为不同意或者缺乏参与意愿,导致会议陷入了一种紧张和不适的氛围。

问题讨论:在这个案例中,我们应如何通过尊重包容的非语言沟通策略,避免误解的发生?

(四)避免负面误解

特别注意可能会引起负面误解的行为,例如不适当的面部表情或者眼神接触。适当的眼神接触和微笑通常有助于建立良好的沟通氛围,但需要根据具体情境和文化背景进行调整。

1.尊重和包容对方的文化习惯

在沟通过程中,尊重和包容对方的文化习惯是关键。避免将自己的文化标准强加给对方,努力接受和理解不同的非语言沟通方式。尊重对方的空间需求、时间观念以及社交互动的方式,可以帮助建立良好的互动关系。

2.避免过度解读和推测

积极倾听对方的语言和非语言表达,并通过简短的回应或确认来确保自己正确理解了对方的意图和感受。避免过度解读对方的非语言表达,特别是在不熟悉对方文化的情况下。不同的文化可能会对相同的非语言信号产生不同的理解,过度推测可能会导致误解和不必要的冲突。

3.寻求反馈和澄清

如果有疑问或不确定对方的非语言沟通意图,可以适当地寻求反馈或进行澄清。通过礼貌的方式询问对方是否理解了自己的意图,或者请求对方解释他们的非语言表达背后的含义,可以帮助消除可能存在的误解。根据观察到的文化差异,灵活调整自己的非语言沟通方式,以更好地与对方进行有效的沟通,并尽量减少可能的负面误解和冲突。

【案例2-9】

在一家中美合资企业里,实现跨文化沟通中非语言沟通的开放性和有效性是一个关键的挑战,也关系到企业的成功。

在这家企业里,来自中国和美国的团队成员需要在日常工作中频繁地进行交流与合作。由于中美两国文化在非语言沟通方面存在显著差异,这对跨文化理解和沟通提出了额外的挑战。

在一个重要的项目会议上,中国团队的成员通常表现出较为保守和谨慎的沟通风格。他们倾向于使用低调的音量和节制的手势,注重保持团队的和谐。相比之下,美国团队的成员更倾向于直接表达和更加开放的沟通方式,他们习惯于使用较大的音量和活泼的手势来表达自己的观点和建议。

在一次关于新产品开发战略的会议中,中国团队成员在听取美国团队的介绍时显得有些沉默和保守,这被误解为对新想法的不支持。为了解决潜在的沟通误解,会议的主持人特意安排了一个小组讨论环节,鼓励各团队成员积极分享意见和建议。

在小组讨论中,美国团队成员开始意识到他们过于直接的沟通风格可能会对中国团队造成压力和困惑。他们逐渐调整了自己的表达方式,降低了语音音量,减少了过度动态的手势,并更多地留意和尊重中国团队成员的沉默和微妙的非语言信号。

同时,中国团队成员也在小组讨论中表现出了更多的开放和参与。他们开始逐步表达自己的想法和顾虑,通过更加谨慎和适度的语言表达,有效地与美国团队进行了沟通和协商。

通过这种开放和包容的沟通方式,两个团队最终达成了共识,确定了共同的战略方向和行动计划。这个案例展示了如何在中美文化差异明显的环境中,通过尊重和适应,保持开放和有效的非语言沟通,从而促进了团队成员间的协同与合作。

从这个成功避免冲突的案例中,请谈谈你得到了什么启示?

(五)持续学习和改进

跨文化沟通是一个需要学习的过程,不断地提升自己的跨文化沟通能力是必要的。通过持续学习和改进,我们可以更好地适应不同文化背景下的沟通需求,并提高交流的效果和质量。

1.利用现代技术工具加强跨文化意识培训

通过跨文化意识培训可以帮助个人理解不同文化背景下非语言沟通的差异。这种培训通常涵盖文化价值观、身体语言和面部表情等各个方面,有助于建立对他人行为背后文化背景的理解。同时,利用现代技术工具和在线数字资源,例如文化沟通手册、培训视频、跨文化沟通工具箱等,以加深对跨文化沟通挑战和解决方案的理解。

2.强化跨文化交流实践

可以在日常工作和社交当中,保持对他人非语言信号的观察,并寻求他人的反馈。这可以帮助我们识别自己可能存在的文化假设和误解,并有针对性地进行调整和改进。我们可以通过积极参与跨文化交流实践,例如国际项目组、文化交流活动等,通过与不同文化背景的人员合作,实际应用和调整自己的非语言沟通技巧,从而提升跨文化沟通的能力。

3.不断反思和自我提升

每次交流后,进行反思和自我评估是持续学习的重要步骤。考虑自己在沟通过程中可能存在的挑战和改进空间,并设定具体的学习目标。主动与同事、朋友或导师分享自己的跨文化沟通经验和挑战,这样不仅可以获得反馈,也可以从他人的经验中学习和借鉴有效的沟通策略,还可以定期评估自己在跨文化沟通中的表现,并设定下一阶段的学习和发展目标。这种系统化的方法有助于保持学习动力和持续改进的动力。

【案例2-10】

比尔刚刚从美国来到中国的一所大学学习工程学。他在家乡的大学学习中文,并相信在中国的大学攻读研究生课程,将使他在谈论日益增长的经济水平和未来机遇方面具有优势。

刚开始的几天,他认识了室友小明并搬进宿舍住,还认识了几个住在附近宿舍的学生。他们大多也是学工程的,但与美国人交往的经验很少。他经常和他们一起去学生食堂。中国同学非常乐于助人,带他在校园里四处参观,并委婉地纠正他的中文。

一天晚上,比尔在自己的房间里开始了第一次学习。过了一会儿,小明去了另一个宿舍,那里的朋友们正收看最近热播的网络综艺节目,比尔说他稍后会加入他们。当比尔决定休息一下,看看他的朋友们都在干什么时,他发现小明和另外两个男孩挨在一起坐在电脑面前,小明的手还搭在另外一个男孩的肩膀上。而且,让比尔觉得惊讶的是,他们跳起来欢迎自己,邀请他一起收看节目,甚至给他提供了茶。比尔喝着茶,拿了一张椅子坐下后,和这群人继续看这档综艺节目。

比尔对这件事不以为意,但在接下来的几天里,他注意到校园里的女学生经常挽着手,甚至手牵着手。他还注意到,男女学生,经常会搭着胳膊一起开玩笑,打打闹闹,比尔感觉很不舒服,想知道如果他的一位同学用胳膊搂着他肩膀,他应该如何反应。

问题讨论:请你谈谈美国与中国在非语言沟通中空间距离的差异,并给比尔提供合理建议。

综上所述,有效处理跨文化沟通中的非语言沟通需要深入理解文化差异,观察和适应对方的表达方式,尊重和包容彼此的差异,避免误解以及保持开放和持续学习的态度。这些策略有助于建立跨文化交流中的互信,实现成功的跨文化沟通。

实 训

模拟联合国会议是一个优秀的跨文化沟通实训任务,能够帮助参与者在模拟的国际环境中练习非语言沟通和跨文化交流技能。以下是一个模拟联合国会议的案例设计。

一、背景设定

在一个虚拟的联合国模拟会议中,参与者被分配到不同的国家代表团。每个国家代表团将讨论一个全球性问题,并致力于达成共识和找到解决方案。

二、任务描述

学习如何在跨文化环境中有效地进行非语言沟通,包括身体语言、面部表情、姿势和眼神交流,了解和尊重不同文化背景下的沟通习惯和偏好。通过模拟会议,培养团队合作、谈判和解决问题的能力。

三、案例设定

1.议题选择

选择一个具有全球性影响的议题,例如气候变化、全球健康、难民问题等。确保议题具有现实意义和复杂性,能够引发不同国家代表团的广泛讨论和争议。

2.角色分配

参与者被分成不同的国家代表团,例如中国、美国、印度、法国等。每个代表团都需要研究其分配到的国家的立场,并准备在会议中有效地表达和捍卫自己的立场。

3.会议流程

模拟联合国会议按照标准的会议程序进行,包括发言、提问、辩论和协商阶段。每个代表团需要在适当的时机运用非语言沟通技巧来增强自己的表达效果和影响力。

4.非语言沟通的观察和反馈

会议主持人或观察员团队负责观察参与者的非语言沟通行为,包括身体语言、面部表情、眼神接触等。他们可以记录下每个代表团在沟通过程中的优势和改进空间,并提供即时反馈和建议。

5.讨论和总结

会议结束后,组织一个总结会议或小组讨论,让参与者分享他们的观察和经验。探讨非语言沟通在国际谈判与合作中的作用,并提出如何在未来提升沟通效果的建议和策略。

四、学习总结

通过这样的模拟联合国会议,参与者不仅能够在安全的模拟环境中练习和应用非语言沟通技能,还能深入理解文化多样性对国际合作和谈判的影响。他们将学会如何在复杂的跨文化环境中建立信任、展示领导力,并有效地解决全球性问题。

自测题

1.非语言沟通在建立团队信任和共鸣方面扮演了什么角色? 请你举例说明如何利用非语言沟通促进团队的合作和协调。

2.除了观察和理解文化差异,你还能采取哪些具体的方法来提升自己在跨文化环境中的非语言沟通能力?

3.非语言沟通和语言沟通在跨文化交流中各自的作用和重要性如何? 你认为在不同情境下应该如何平衡二者的关系?

4.当非语言信号被误解或引发了不必要的文化冲突时,你会如何处理和解决这些误解? 你认为在这种情况下,哪些方法最为有效?

项目三
倾听与反馈

知识目标

- 了解倾听的层次。
- 掌握倾听的艺术。
- 理解反馈的技巧。

能力目标

- 能成为一个合格的倾听者,保证沟通的顺畅性。
- 能运用反馈技巧,让沟通过程完整有效。
- 能成为一个合格的线上反馈者,提高网络沟通能力。

素质目标

- 了解倾听与反馈在沟通中的重要性,掌握倾听的四大层次。
- 运用反馈艺术和技巧,认识到倾听技巧和反馈机制的相关性,建立有效的双向沟通,促进沟通双方或多方的相互理解和意见交流。

案例导入

A公司的王秘书负责协助张总裁处理日常工作事务及内外部沟通。最近,公司计划启动一项全新的国际业务拓展项目,各部门经理对此反应各异,有人赞同,有人持保留意见。张总裁决定召开一场研讨会听取大家的意见,并指派王秘书负责筹备和记录会议内容。在会议期间,王秘书充分展现了出色的倾听与反馈能力。

1.倾听

王秘书全程专注倾听每一位发言者的陈述,准确客观记录各方的发言意见,并通过目光接触和适当的表情反应来表达她在倾听和理解。对于一些复杂或争议较大的观点,她会在笔记本上做详细记录,并在会议间隙向发言者核实信息的准确性,确保完整、真实地记录下每位发言者的观点。

2.反馈

在每位经理发言结束后,王秘书都会简短总结要点,如"谢谢您的意见,我理解您的观点是……"这种反馈让发言者感到被尊重和理解,同时也能帮助其他参会者梳理思路,确保沟通效果。

会议结束后,王秘书整理了一份详尽的会议纪要,其中不仅包含各经理的观点,还加入了她根据会议内容提炼出的关键问题和建议。她将这份纪要提交给张总裁,在反馈中客观呈现各个立场的不同之处,并总结出可能存在的共识与分歧点。

张总裁基于王秘书提供的反馈信息,作出了更为全面和审慎的决策。此外,他还对王秘书的专业素养和倾听反馈能力给予了高度赞赏,认为她的工作不仅推动了公司决策过程的透明化和有效性,也在一定程度上增强了团队内部的沟通信任,提高了团队的协作效率。

问题讨论:

1.良好的沟通包括哪些环节?

2.你怎么理解倾听的重要性?

3.王秘书运用了哪些倾听技巧?

> 自然赋予人类一张嘴巴、两只耳朵,也就是让我们多听少说。
>
> ——苏格拉底

任务一　了解倾听的层次

一、倾听的四大层次

倾听是沟通中一个重要的环节,它是一门艺术,也是一项技能。它强调的是用心去听,并给予对方足够的尊重和理解。它不仅是用耳朵接收声音信号,更包含了思考、理解和共情的过程,通过观察和感知对方语言及非语言信息来理解对方的意图并反馈感受。

按照影响倾听者效率的行为的特征,倾听可以分为四种层次。

第一层次是心不在焉地倾听。倾听者心不在焉,几乎没有注意说话人所说的话,心里考虑的是其他毫无关联的事情,或者内心一味地想着如何辩驳。这种层次上的倾听往往导致沟通关系的不友好,是一种极其影响沟通效率的倾听方式。

第二层次是被动消极地倾听。倾听者带有对事对人先入为主的不良情绪,对说话人所说的话,并未积极主动地去听去观察,常常错过了讲话者表情、眼神等体态语言所投射的含义,这种层次上的倾听容易导致误解或引发信息细节上的失真。另外,倾听者经常习惯性或应付式地通过点头示意来表达正在倾听,或者使用口头禅"好""嗯嗯""对"等来回应,会导致讲话者形成已经实现信息完整输出的错觉。

第三层次是主动积极地倾听。倾听者主动积极地听对方所说的话,能够专心地注意对方,能够聆听对方话语内容,这种层次的倾听,常常能够激发对方的注意,但因缺乏有效的反馈,很难引起对方的共鸣。

第四层次是富有同理心地倾听。秉持同理心倾听不是一般的听,而是用心地去听,这是一个优秀倾听者的典型特征。这种倾听者会在对方讲话的过程中抓取重点信息,设身处地思考对方的立场,不急于作出判断,不去质疑或者权衡所听到的话,有意识地注意非语言线索,采用询问而不是辩解的方式。他们的宗旨是带着理解和尊重主动积极地去倾听,这种注入情感的倾听,在形成良好的人际关系方面起着极其重要的作用。

据统计,大概50%的人能做到第一层次的倾听,30%的人能做到第二层次的倾听,15%的人能做到第三层次的倾听,而达到第四层次的倾听者只占比5%。我们每个人都应该重视倾听,提高自身的倾听技巧,学会做一个优秀的倾听者。

二、倾听的技巧

1.创造良好环境是前提

倾听环境对倾听的效果起着关键性的作用。视沟通内容的重要紧急程度、公开程度和时效等因素,应创造不同的沟通环境,确保讲述者、倾听者能全身心地表达和倾听。

2.明确倾听目的是关键

这涉及在开始一段对话或交流之前,清楚地知道为何要倾听对方的言语。这样能帮助你理解信息,包括事实、数据、要求以及对方的情感状态。这样,能够帮助倾听者减少信息差,提高沟通效率。

3. 建立信任关系是核心

沟通是建立和维护信任关系的基石,同时信任的形成并非一时之功,而是通过持续、正面且有效的沟通逐渐积累起来的。在谈话过程中运用尊重差异、换位思考、言行一致、敢于自嘲、主动承认错误等方式,可以唤起对方的兴趣、激发对方沟通的积极性和主动性。

4. 排除倾听障碍是保障

影响倾听的障碍包括噪声、反应延迟、信息摘选、主观上超前判断、对讲话者的偏见等。其原因除环境影响外,主要是注意力失焦及误解。因此,排除倾听障碍的方法有二:一是集中注意力,避免身在曹营心在汉,从而导致沟通的失误;二是记下关键要点,并回顾已接收的信息。

5. 去除容易产生误会的口头禅

有人出于心软善良而不懂拒绝,或者是抱着人微言轻的态度凡事先赞同再说,所以在与别人交流时,不管是否听清楚对方说话的内容,总喜欢点头、说"好、好、好"来回应讲述者,来表示自己已经听进去了别人的诉求或认同别人的观点,从而造成交流的被动和误解。

6. 适当干预

在交谈过程中,有时确实存在着讲述者时间概念缺乏、表达冗长、说不到重点等情况,这时倾听者可以善意地用提问法来让讲述者修正交流路径,或提前告知你们交流的时间。

7. 观察非语言沟通

即使一个人低头不语,讲述者的眼神、肢体语言也在传递着沟通的信息。在大多数情况下,一个人的情绪主要是通过肢体语言表达的。能解读身体语言所体现的含义,将会成为倾听者进行沟通的一大优势。

【案例3-1】

二级公司的王某被借调到集团,配合秘书张某完成一场会议的重要材料的撰写。

一向工作主动、认真的王某于星期四接到张秘书安排的一个紧急重大任务,需要在一个星期内完成。周末,他在家加班加点,伏案工作到凌晨,希望能尽快地完成任务。

星期一,王某就来到张秘书的办公室,准备向领导汇报工作进展。来到门口,见张某和几位同事正在热火朝天地商讨工作方案。

"领导,我的方案还没完成,材料预计本周星期三能够出来,现在已经完成到……"

这时,张秘书打断王某说话,说道:"那你为什么周末不来公司加班?我们周末都在公司忙个不停。"

站在一旁的王某,感觉到很委屈。

问题讨论:从交流沟通的角度,分析案例3-1中张秘书的倾听处于什么层次?导致了什么样的结果?

实　训

倾听能力测试

请回答下面15个题目,答案为"是"或"否",然后对照答案统计分数,对号入座分析你属于哪一类倾听者。

1.我常常试图同时听几个人的交谈。

2.我喜欢别人只给我提供事实,让我自己作出解释。

3.我有时假装自己在认真听别人说话。

4.我认为自己是非言语沟通方面的好手。

5.我常常在别人说话之前就知道他要说什么。

6.如果我对和别人交谈不感兴趣,我常常通过注意力不集中的方式结束谈话。

7.我常常用点头、皱眉等方式让说话人了解我对他所说内容的感受。

8.常常别人刚说完话,我就紧接着谈自己的看法。

9.别人说话的同时,我评价他说话的内容。

10.别人说话的同时,我也常常在思考接下来我要说的内容。

11.说话人的谈话风格常常影响到我对内容的倾听。

12.为了弄清楚对方所说的内容,我常常采取提问的方法,而不是进行猜测。

13.为了了解对方的观点,我总会积极主动地思考。

14.我常常听到自己希望听到的内容,而不是别人表达的内容。

15.当我和别人意见不一致时,大多数人认为我理解了他们的观点和想法。

参考答案:

如下所示15个问题的参考答案,是根据倾听理论得出来的。

1.否;2.否;3.否;4.是;5.否;6.否;7.否;8.否;9.否;10.否;11.否;12.是;13.是;14.否;15.是。

为了确定你的得分,请把错误答案的个数加起来,乘以7,再用105减去它,就是你的最后得分。

计算你的总得分。

91—105分:你有着良好的倾听习惯。

77—90分:你还有很大进步空间。

0—76分:你不是一个合格的倾听者,在此技巧上要多下功夫。

1.以3—4人为一组,轮流找一段最近的新闻或想交流的事项进行交谈,然后互评对方的倾听能力。

2.在倾听中,如果对方喋喋不休,你会如何处理呢?

任务二 学会同理心倾听

一、同理心的概念

同理心和共情能力在很多情况下被视为相同或高度相关的概念。它们都涉及理解并感受他人的情绪状态或心理体验的能力。当一个人展现出同理心时,他们不仅能够从理智上理解另一个人的感受(认知同理心),还能在某种程度上感同身受,体验到相似的情感反应(情感同理心),这就是共情的体现。

共情能力让个体能够"步入他人鞋中",不仅认识到他人的情感,还能够在情感层面与之共鸣。这对于建立人际关系、进行有效沟通、促进社会和谐以及做出更加科学的决策至关重要。它有助于减少误解和冲突,增进相互之间的支持和合作。

总之,同理心是一种重要的人文素质,它融合了认知理解和情感共鸣,是共情能力的一种体现,对于个人成长和社会互动有着不可估量的价值。

二、同理心倾听的关键要素

在日常的工作交流中,同理心倾听是一种深度沟通技巧,它强调在交流过程中主动尝试理解和感知对方的感受、需求、观点和情境。具体来说,同理心倾听包括以下几个关键要素。

1.情绪共鸣

倾听者试图体验说话者的情绪,尽力感同身受,通过观察非言语信号、理解语言表达和语境,尽力感知对方的情感状态。

2.观点采择

从对方的角度出发考虑问题,不急于评判或反驳,而是先理解对方的观点为何如此,尝试接纳其世界观和价值体系。

3.无偏见地理解

放下自身的预设立场和偏见,真诚地关注和接纳对方的想法和经历,即便这些可能与自身的想法截然不同。

4.深入询问与反馈

在倾听过程中不仅仅是被动接收信息,还需通过有效的反馈和追问来确认和加深对说话者内心世界的理解。

5.关怀与尊重

表现对说话者处境的关心和尊重,通过言行传达出愿意陪伴和支持的态度。

6.全面参与

不只是用耳朵听,而是调动所有的感官和情感去理解对方,既包含理智上的理解,也包括情感上的共鸣。

三、同理心的培养

是否具有良好的同理心,与人们的原生家庭、受教育程度、个人的人生经历等有着密不可分的关系。增强同理心是一个逐步的过程,涉及自我反思、积极倾听和理解他人的感受与经历。以下是一些实用的方法,可以帮助你提高同理心。

1.深入生活

"没有调查,没有发言权。"这是毛泽东同志的至理名言。在这个处处充斥着电子产品的时代,个人应该深入生活,才能看到人生百态,看到真实、多元的世界,由此才能打破自己固有的认知桎梏,从而以更加开放和包容的心态,来面对身边的人、事、物。

2.换位思考

尝试将自己置于他人的立场,想象如果自己面临相同的情境会有怎样的感受和反应。这有助于你更深刻地理解他人的处境。

3.扩展视野

通过阅读、旅行或与来自不同背景的人交流,了解不同的文化、生活方式和思维方式。这有助于拓宽你对世界的认识,增进对多样性的理解和尊重。

4.常怀感恩

培养感恩的心态可以让你更加珍惜与他人的关系,同时认识到每个人都有其独特的意义和价值。这能促使你以更积极的态度去理解他人。

5.参与志愿服务

亲身参与社会服务或志愿者活动,直接帮助那些需要支持的人。这种亲身体验能加深你对他人的理解与共情。

6.反思和自我对话

定期反思自己的言行举止,思考是否在交流时充分考虑了他人的感受。诚实地评估自己在展现同理心方面的表现,并寻找改进的空间。

7.保持耐心和开放性

增强同理心是一个持续的过程,需要时间和实践。保持耐心,对自己和他人都保持开放和接纳的态度是交流的关键。

通过这些方法的实践,你可以逐步增强自己的同理心,建立更深层次的人际连接,促进相互理解,保持和谐的人际关系。

【案例3-2】

某公司总经理的秘书小魏是一名善于运用同理心进行倾听的优秀秘书。一天,公司的销售部门主管老刘走进办公室,显得特别烦躁和沮丧。

老刘向小魏抱怨道:"这个月的销售业绩下滑严重,客户反馈的问题层出不穷,团队士气也跌到谷底,我真的不知道怎么办才好了。"以往,秘书可能会直接记录问题然后转告总经理,但小魏采取了同理心倾听的方式。

小魏暂停了手头的工作,专注地看着老刘,平静而关切地回应:"我能感受到你现在承受的巨大压力,作为销售主管,既要应对业绩压力,又要解决客户问题,还要提振团队士气,这确实是极大的挑战。"她的话语让老刘感到被理解和接纳。

接着,小魏继续耐心倾听老刘详细阐述每个问题的具体情况,并时不时地点头回应,用自己的表情和语言向老刘传递着共情的信息。待老刘说完后,小魏不但把问题详细记录下来,还根据老刘的叙述,站在他的角度提出了几个可能的解决方案,例如组织内部培训提升团队专业能力、邀请总经理参加部门会议鼓舞士气,以及加强与研发部门的沟通改进产品功能以满足客户需求等。

小魏将老刘的困扰整理成报告,并在合适的时候向总经理汇报,同时提出了一些建议。这样,总经理能够更加准确地了解到销售部门的真实状况,并做出有针对性的支持决策。通过同理心倾听,小魏不仅帮助老刘缓解了焦虑,还促进了公司内部的有效沟通和问题的解决。

问题讨论

1.从这一个案例中你能获得哪些有用的沟通技巧?

2.你怎么理解同理心的重要性?

3.小魏秘书的同理心带来了什么正面影响?

实训

根据所给案例,完成相应的任务。

准备3个可爱的牛、羊、猪的面具,请3位同学分别饰演3个角色。牛、羊、猪在一起,每当农场主到了牲口圈的时候,猪都会惊慌地到处乱跑,牛羊一边优哉游哉地吃草一边对猪说:"你跑什么呀? 有什么好害怕的呀?"猪说:"你们不知道,人类要的是你的奶和你身上的毛,而人类要的是我的命呀!"

这个寓言故事告诉我们,如果不能设身处地体会别人的处境,就没有办法理解别人的惊恐、害怕和担心。

任务实践:

1.分别扮演案例中的角色,并谈谈各自的感受。

2.结合生活实际,回忆在与同学、老师、家人和朋友的沟通中,是否出现过对别人的不理解,并以故事的形式复述出来。

自测题

1.通过哪些途径可以提高自己的共情能力?

2.列举出你在共情沟通方面失败的案例,发现问题并运用共情技巧形成纠正方案。

任务三 学会积极反馈

积极反馈是指对他人的行为、努力、进步或成果给予正面、建设性、激励性的评价或赞扬,旨在增强个体的积极性、自信心和动力,进一步促进他们的成长和发展。职场中,必须养成良好的沟通习惯,事事有回应,件件有着落,这是职业人士的基本素养。如今QQ、微信等互联网社交软件已不可避免地出现在工作当中,线上沟通也成为职场沟通的一张名片。在积极反馈这个版块我们将分为线下反馈和线上反馈两个方面来学习。

一、线下反馈

线下反馈是指在非数字化或非网络环境中进行面对面的一种交流(包含视频对话),以下是线下积极反馈的一个示例。

【案例3-3】

在一个高效的行政团队中,秘书小芳以其卓越的工作能力和严谨细致的工作态度赢得了广泛的赞誉。她的上司张总决定对她近期的工作表现给予积极反馈。

张总找到小芳,亲切地说:"小芳,我想要表扬一下你近期的工作表现。上周准备的那个重要会议,你从前期的场地预定、参会人员通知、会议资料整理,直至现场的接待协调,每一个环节都处理得井井有条,甚至预见性地解决了可能出现的问题,确保了会议的顺利进行。尤其是你制作的会议纪要,内容详尽,重点突出,方便了我们后续工作的跟进和落实,得到了高层领导的一致好评。"

"此外,我还注意到你对待日常行政事务也非常用心,无论是处理公文还是接待来访,都能做到迅速响应,始终保持良好的职业形象和服务意识。你的这些努力不仅提升了我们整个团队的工作效率,也为公司树立了优质的服务标准。"

"你的优秀表现让我深感骄傲,这不仅是对你个人能力的认可,也是我们团队精神风貌的最佳体现。希望你能继续保持这种高效、专业的作风,相信你在未来的岗位上会有更大的突破和成长。再次感谢你的辛勤付出,你是我们团队不可或缺的一员!"

这种积极反馈不仅对小芳近期的工作成果给予了具体的肯定和赞扬,还对她今后的发展寄予了期望,有助于进一步激发小芳的工作积极性和创新精神,也有利于形成团队内部的良好激励氛围。

问题讨论:

1.这一个案例中,张总的话带来了什么样的积极影响?

2.秘书小芳怎样反馈张总的表扬?

实 训

根据所给案例,完成相应的任务。

A公司想对刚结束的圆满落幕的大型文艺活动和工作大会进行宣传报道,于是请两位宣传员分别来完成这个任务。

宣传员小张说:"好的,我先把文案写出来,到时请领导把关过目,然后我再根据您的思路制作合适的公众号文章界面。"

宣传员小王接到任务后,简单地说了句"好"后,就开始干活。

交稿的时间到了,小张的公众号文案精彩、准确,图片生动、扣题,得到了领导的认可,顺利发布;而小王的公众号所写的文案没能紧扣中心思想,具体细节也不符合领导的要求,需要重大修改。小王还埋怨领导一开始没有说清楚。

如此可见,没有做到及时沟通反馈,火急火燎地办事,自己没明确领导的意图,反而还责怪他人,既赔了感情,又浪费了时间。

任务实践:

1.请结合上述内容,分别选派角色扮演领导、张宣传员、王宣传员,分两组场景进行情景模拟。

2.分小组讨论:同样的任务,对比两位宣传员的交谈方法,哪个更有效。

自测题

假设你在进行某活动开展情况的职工满意度调查时,收到一位同事反映活动行程安排不合理的意见,请你描述会如何回应这位同事,并提出解决问题的步骤。

二、线上反馈

线上反馈虽然不需要面对面,但感情是流动的,它存在于你的文字、语音甚至是图像表情包里,它折射出你的情绪和态度。

1.及时回复

职场中,收到同事领导的信息,除了在工作群发布信息者为了避免群成员"爬楼",特意说明无需回复的,一般应该要及时回复。遇到"收到请回复"这种提示的,一定要回复"收到",不要让对方过分等待,陷入沟通黑洞。及时回应的是一种态度,在职场表现的是一种务实精神、团队精神。同时视情况,特别是在私聊时,你还可以增加几句表态的话,如"请放心,我会于什么时间前完成任务"等等。

2.延时回复

我们不可能时刻眼盯屏幕,如果没有做到及时回复,应在后续回复时表达歉意,或言简意赅地说明一下原因。

3.具体事件的回复

(1)结论先行。对方问你可不可以,好不好。先回答可以不可以,好还是不好,然后再说明原因,特别是原因较为复杂时。

(2)把方便留给别人。比如,你需要提供银行账号、户名、地址给别人时,最好避免发图片或每条信息逐条发送。要知道,如果对方要输入或转发你的信息时,他还需要从图片中提取文字或者编辑信息。

(3)编辑成段。如果发的信息较长,应该要将话分段,而不是一段话说到底,有并列关系时,还可以用数字1、2、3来列清单。避免让接收信息的人有"密集恐惧",影响信息接收人的心情,同时这也是一个人专业素养的体现。

4.确保文字的准确性

在文字发送出去之前,要审核文字的准确性。有个单位经常要向他们的业主单位打报告,有一天,秘书将"尊敬的业主"用拼音输入法打成了"尊敬的野猪",虽然肯定不是存心而为之,但至少给人留下了不好的印象。

5.慎用的词语

在正式的沟通中,特别是在上下级沟通中,应慎用"嗯""呵呵"等类似的词语,除非你与沟通对象确实不会有所芥蒂。

6.慎发语音

上班时间倘若收到语音信息可能会给人带来不便,因为对方可能在会议中,或办公室环境很嘈杂。将语音信息外放,既扰民又不知内容是否可以公开;不外放,则需要连接耳机。如果将语音转换成文字,有的人普通话又不标准,转换出来的意思可能牛头不对马嘴。同时语音信息不方便查找、转发,缺乏正式性,容易给沟通带来不便。

【案例3-4】

一位入职不久的职员小刘,有一天,和主管领导在微信上交流工作,当领导发完一长段文字过来时,小刘简单回复了一个字"嗯"字表示知道。领导非常不悦,后来在工作例会上,将此事作为沟通反馈的反面教材进行举例教育,以示警醒。领导表示:面对同事、上级、客户如果回复信息就是一个"嗯"字,就不可能营造良好的沟通语境。"嗯"只代表我知道,没有尊敬、恭敬及服务意识。

问题讨论:翻一翻你手机的聊天记录,挑出三条回复类的消息,进行自评或他评。

实 训

两位同学一组,建立一个工作群,工作周期一周,轮流扮演领导、同事的角色,领导不定时不定量进行工作交流或安排。在活动结束的最后一天,两人查阅记录,分别对对方的反馈给予评价。

任务实践:

分析线上反馈重要与否。分析对方的反馈中,有哪些地方值得学习和需要改进。

自测题

在公司员工群里,你发现一位同事在@你,埋怨某项制度制定得不合理,但事实是这项制度并不是你在负责,而是这位同事弄错了情况。请问你看到信息后是否给予回应?如果回应,请描述如何进行反馈,并提出解决办法和步骤。

项目四
电话沟通

知识目标
- 掌握电话礼仪在现代公务活动中的一般要求。
- 掌握拨打电话时的沟通与口才技巧。
- 掌握接听电话时的沟通与口才技巧。
- 学会应对处理公务电话中的特殊情况。

能力目标
- 能熟练运用常规的电话沟通技巧。
- 能在拨打电话时巧妙运用各种技巧完成交流活动。
- 能在接听电话时巧妙运用各种技巧完成交流活动。
- 能够应对电话接打过程中的特殊情况。

素质目标
- 培养工作中控制和管理情绪的能力和素养。
- 培养工作中随机应变处理具体问题的能力和素养。
- 培养工作中的敬业精神和服务意识。
- 培养工作中团队合作的意识以及与人合作的能力。

案例导入

　　年底，美和公司的李秘书正在为10分钟后就要召开的总结大会准备会议资料。此时，电话铃响起，在铃响第二声时她拿起话筒，"您好！这里是美和公司总经理办公室，很高兴为您服务，请问我可以为您做些什么吗？""您好！我叫王新，是元景广告公司业务经理，麻烦找赵总……"李秘书根据他的自我介绍，判断出这不是经理正在等的电话，也不是紧急事务。于是她说："很抱歉，赵总现在正在开会，请您留下联系方式，我会在第一时间将电话记录转达给赵总。"可对方执意要找赵总，于是，李秘书只能对他说："那请您稍等，我尽量和赵总取得联系，告诉他您的具体情况，可以吗？"王新表示可以。李秘书轻轻放下话筒，将此事汇报给赵总，赵总听后，告诉她，自己与此人曾在一次交易会上有过一面之缘，印象不佳，因此不想和对方在生意上有来往。李秘书当然不能将赵总的话对王新"和盘托出"，于是她说："王先生，真对不起，赵总正在参加高层领导会议，我实在不方便进去打扰，年底会议事项繁多，我也不知道什么时候能结束，现在时间也不早了，要不您择日再打过来吧。"

　　问题讨论：

　　1.案例中秘书人员接听电话时，关注到了哪些电话沟通技巧？

　　2.在电话沟通中，秘书人员需要借助得体的语言和灵活的方式为领导"过滤"掉不愿或不能接听的电话，请问这一过程中，李秘书是怎样做的？

> 谈话的艺术，是听和被听的艺术。
> ——威廉·哈兹里特

　　电话作为公务活动中通信联络的重要手段，不但具有传递信息、表达观点、沟通情感的重要功能，在企业运作中也发挥着举足轻重的作用。虽然电话不是面对面的沟通交流，但它是一门声音的艺术。如果能在工作中熟练掌握使用电话沟通技巧，不仅能反映通话者本人的礼貌修养，而且对内能够提高工作效率，对外也能塑造本单位的良好形象。因此正确接打电话并且可以得体应对电话中的一些特殊情况，应当成为现代商务人员和公务人员的一项基本功。

任务一　接听电话的沟通与口才

一、及时准确接听电话

　　现代职场，工作人员业务繁忙，桌上往往会有两三部电话，听到电话铃声，应准确做出判断，三声之内拿起听筒，及时接听。听到电话铃声后，即使正在处理公务，电话离自己较远,也应该优先处理电话事宜。如果电话铃响四声以上才接听电话,应首先向对方致歉:"您好,对不起,让您久等了。"

那么,是否铃声一响,就应立刻接听,而且越快越好呢?并非如此,那样不但容易造成电话断线,也会让对方感到仓促和惊慌。较理想的处理方式是,电话铃响第二次结束时,拿起听筒,礼貌应答。

二、礼貌开场,平和应对

当你拿起听筒时,第一声很重要,听到第一句话后如沐春风,就会让人感到身心愉悦,从而放松心情,开启顺畅沟通模式。因而电话接通之后,先礼貌地自报家门"您好!这里是×××公司",这一方面可以表达对对方的尊重;另一方面也可以让对方在第一时间判断自己是否拨错了电话,从而节省时间,提高工作效率。

电话交际是不谋面的口耳相传的过程,全凭声音交流信息,所以,语气、语调对于电话交流尤其重要。打电话时,语调要温和,语气应平和,咬字要清楚,音量应适中,语速应比平时略慢一点,让对方容易听明白。适当地提高音量,显得明快清脆、富有朝气。

微笑着接听电话是非常有必要的。或许你会说,电话中的微笑对方又看不到,能有什么作用呢?正是因为对方不能从电话中看见你的笑容,所以要让你的声音都充满笑意。要想让自己的声音充满笑意,就得比平时高兴的时候带着更多的笑意。面部表情会影响声音的变化,所以即使是在电话中,也要抱着"对方看着我"的心态去应对。

无论接听电话之前发生了什么、你正在做什么,一旦拿起话筒,你就要有"我代表组织形象"的责任感和意识。接听电话的整个过程中,我们都要保持愉悦的心情,这样即使对方看不见你,也会被你愉悦的语调所感染,对你留下极佳的印象。

三、表达清晰准确

接打电话是一个口耳相传、转瞬即逝的过程,没有具体的语言表达情境,所以一切语言表达内容都要力求准确具体。

在用电话进行对外沟通时,尽量不要使用缩略语、专业术语,比如简称"三科"——企业内部习惯用语,但很多人往往不知道它代表"行销三科"的意思。同样,专业术语仅限于行业内使用,其含义普通客户也不一定知道。有的人不以为然,不分场合使用简称、术语,势必会降低沟通效率;有的人认为外来语高雅、体面,自作聪明地乱用一通;有的人又因为地域优势,常常对着外地人大秀方言。可是无论是外语还是方言,如果没有用在合适的场合,在传情达意上都会存在一定的局限性,有时甚至会发生误会。这些做法无疑都是自找麻烦,会给对方留下不友善的印象。

四、详细记录信息

(一)记录内容要完备

上班时间打来的几乎都是与工作有关的电话,每个电话都十分重要,切忌敷衍了事。在办公室工作的人员通常每天要接听多个电话,还要处理多项事宜,事情琐碎繁杂,因此随时准备好专用的电话记录本,养成记录电话内容的良好习惯是非常重要的。接电话时也要尽可能地问清事由,如有必要,应加以记录。通常是左手拿起话筒,右手执笔,一边交谈,一边记录。电话记录内容既要简洁又要完备。

(二)关键信息要复述

为了防止听错电话内容,要注意养成复述内容的良好习惯。特别是同音不同义的词语,务必听到后立刻复述、予以确认;对容易混淆、难以分辨的词语要加倍注意,放慢速度,逐字清晰地发音;对于电话号码、日期、时间等重要数字、关键内容,务必马上复述,予以确认。当说到日期时,一定要表述得准确具体,不妨加上星期几,以保证准确无误。比如我们可以这样表述:时间定在明天,也就是4月6日,星期三上午的9点。这样多角度反复确认,就能够尽量避免错误的发生。

五、通话结束,礼让挂机

当电话交谈结束时,可询问对方:"我还可以为您提供什么帮助吗?""您还有什么要求吗?"这既是尊重对方,也是提醒对方是否还有未尽事宜,得到确认后,再以"再见"之类的礼貌语言结束。

结束电话交谈的请求,一般应由打电话的一方提出,当然如果一方是领导、长辈、女士或顾客,就应让领导、长辈、女士或顾客先挂电话。等对方挂断电话后,再轻轻放下话筒。无论之前的电话交流多么完美得体,如果最后狗尾续貂,对方话音刚落,就"咔嚓"一声扣上话筒,都会使之前的努力功亏一篑,给对方带来不快。

六、身姿端正,表情亲切

有人认为,电话只闻其声,不见其人,所以打电话时完全可以不注意身体姿势、面部表情,其实这种看法是错误的。双方的诚实恳切,都包含在说话声音中,而身体姿势、面部表情又会对发声效果造成很大影响。

大部分人讲话时依靠胸腔发音,这种方式,会加重声带的负担,容易口干舌燥,但如果运用丹田发出声音,不但可以使声音音域宽广,而且不会伤害声带。而当人的身体下沉,丹田受到压迫时容易导致丹田的声音无法发出。因此,抬头挺胸,伸直脊背,保持微笑,可以使声音自然流畅、充满活力、亲切悦耳,从而使客户感受到你的愉悦。反之,如果打电话时,懒怠地躺在椅子上,或者佝偻着趴在桌面边缘,这些懒散的姿势对方也是能够

"听"出来的。

另外,打电话的同时绝不能抽烟、喝茶、吃零食,对方一旦感受到你三心二意,就会认为自己不受重视,从而影响双方关系。

因而,打电话时我们要做到端正坐姿、专心致志、面带微笑,就好像我们在与重要客户面对面交谈一样。

实　训

【知识链接】

面带微笑,在电话上自然地与人沟通,是公务人员的必备素养,因而练习微笑很重要。

任务实践:

1.教师再次强调并讲解练习微笑的方法。

2.两人为一个小组,面对面使用正确的方法练习微笑,并互相纠正,不断改进。

自测题

1.电话是语言沟通的艺术,在接打电话时,我们除了要关注有声语言的沟通技巧,同时还需要注意哪些细节?

2.举例说明在接听电话的整个过程中,我们在哪些关键环节使用哪些礼貌用语?

3.电话铃声响起后,我们拿起话筒接听电话,这个环节速度越快越好,这种说法对吗? 为什么?

任务二　拨打电话的沟通与口才

一、慎重选择时间

使用电话的时间,应该包括选择打电话的时间和电话交谈所持续的时间两方面的内容。

(一)通话时间的选择

如果不是特别紧急的事务,打电话时间一般不选择在就餐时间和休息时间。比如早上7点以前、晚上10点以后,这几个时间打电话有可能打扰对方休息或用餐。为了达到更好的电话沟通效果,也不要选择在对方可能处于路途中的时间段、刚刚到达办公室的时间段,或者对方临近下班的时间段,因为这些时间段,对方是没有办法全心投入地处理电话事宜的。

当然从大的时间段来说,我们也尽量不要选择在月初、月末、年初、年末这些相对比较繁忙的工作时段与对方电话沟通重大工作事宜,因为这也会直接影响电话沟通的效果。

需要强调的一点是,适合与否是一个相对的概念,如果有紧急事情非要在上述不合理的时段和领导、同事、客户通话,在电话接通之后,一定要先向对方表示歉意:"真对不起,在这个时间段打扰您,确实是情非得已。"从而争取对方的谅解。

(二)通话持续时间的选择

电话交谈时间以3分钟左右为宜,如果一次沟通没有完全表达你的意思,最好约定下次打电话的时间或面谈的时间,避免在电话上占用对方过多的时间。如果你在给对方打电话之前已经预估到大约需要占用对方较长时间,也可以在电话接通时,就先跟对方确认,征求对方意见,使对方早做准备。比如可以说:"抱歉,王总,这个电话可能会占用您十分钟的时间,不知道您现在是否方便"。有言在先,既可以使对方早做准备、避免尴尬,也可以表现出你周到细致的礼仪风范,给对方留下良好的印象。

二、做好充分准备

为了正确传递通话内容,提高通话效率,通话前我们应该从以下几个方面做好准备。

(一)物质条件的准备

现代科学研究表明,即使是人们用心要记住的事,经过9小时,遗忘率也会高达70%,繁杂琐碎之事会遗忘得更快。如果你被问及本周前3天晚饭的内容,大概不少人都会想不起来。所以我们总说"好记性不如烂笔头",把重要事项条理清晰地记录下来才是最可靠的办法。因此对于现代商务人员来说,电话机旁右手边的记事本和记录笔是不可缺少的。如不事先准备妥当,到时候再东寻西找,不仅耽误时间,而且还会使自己狼狈不堪,给对方留下不够专业的印象。

(二)思路内容的准备

任何工作电话,总是有明确的目的,或通知事情,或接洽事宜,或表示问候,或有求于人。因此,无论要谈的事情复杂还是简单,都应当在拿起话筒前认真思考、明确目的、理清思路,充分做好准备。最好可以在通话前将要讲的事项逐条整理、列出提纲,然后再拨通电话,对照提纲与对方沟通,这样就可以有效避免内容的疏漏。

否则,想到什么讲什么,往往会丢三落四,遗漏了关键事项还毫无觉察,等对方挂断电话才恍然大悟,不得不再次拨通电话。这样不但会降低办事效率,也会给对方留下办事拖拉、思虑不周的糟糕印象。

三、主动问候并介绍自己

接通电话后,应主动、友好、恭敬地以"您好"开头,然后再言及其他,切忌上来就是一声没有太多感情色彩的"喂"，这会让对方感觉我们不够专业；或者开口便直奔主题，自顾自地把自己想说的话一股脑全说出来，这样就会给对方一种"公事公办"的距离感，从而使双方缺少必要的情感交流。

亲切问候完毕，接下来有必要自报家门，并证实一下对方的身份。可以先说明自己是谁，报出自己的单位、部门名称，接着礼貌询问是否是自己要找的单位，态度要热情亲切、从容温和。

四、认真倾听互动

倾听是一种最平等且开放的交流方式，所以在与人沟通时，善于倾听、积极互动尤其重要。在面对面的交谈中，我们可以借助眼神、表情、身体姿态等多种方式来表达我们倾听的诚意，但是在通话中，彼此互不见面，只有语言上的回应才能让对方感到你在倾听。所以在跟对方通话时，千万不要默不作声，那样即使你听得再专注，对方也会心存疑虑，甚至会直接发问："请问你听得到我讲话吗？"

(一)礼貌回应

电话中可以适度地使用附和语，礼貌地表示回应，比如不时地"嗯""哦"两声，或说"是""好的"之类的简单话语。

(二)积极互动

当然，认真倾听一定不是被动地听对方说，自己只当简单的"录音机"，在与对方沟通时，我们更要认真思考、积极互动，和对方达成一种心灵上的契合。所以我们也可以针对对方所讲内容，认真思考后适时地发表自己的看法，比如可以说："真是太荣幸了，我的想法与您不谋而合。""您说得太好了，让我收获了很多，真是听君一席话，胜读十年书""您可以再针对这个问题的另一个方面谈谈自己的看法吗？"等等。但是这时一定要把握好分寸，以不打断对方说话为前提。

同时，如果你发觉电话内容不宜为外人所知或有事需要处理时，也可以委婉提醒对方："我身边有客人，方便的话，我们可以约个时间面谈。"

实　训

【知识链接】

活动一　填写自测表格

你在接打电话时是否注意了以下要点，请对照表格中接打电话的要点，在已经关注到的要点后画"√"，在尚未关注到的要点后面画"×"，然后认真反思自己存在的不足，做出改进计划吧！

具体内容	关注情况	改进计划
是否把记事本和笔放在右手边		
是否听到铃响两声后拿起听筒		
是否自报公司名称及科室名称		
是否确认对方姓名及单位		
是否寒暄问候		
是否养成随时记录的习惯		
是否先整理电话内容,再拨通电话		
拨打电话的时间是否恰当		
表达时是否条理清楚,语言简练		
是否态度友好,情绪稳定		
是否注意自己的语气、语速、语调		
用语是否规范准确,不随意使用简称或专业术语		
是否对专业术语加以必要的解释		
是否养成复述核对的习惯		
是否及时对关键性字句加以确认		
挂电话时是否礼让对方		
话筒是否轻拿轻放		

活动二 制作电话记录登记表

实训目的:为学习任务三的内容打下基础。

实训要求:作为秘书人员,代接电话是日常工作的重要内容,引导学生思考在某些情境下,我们是否需要详细记录来电内容,根据讨论结果,以小组为单位制作完成来电记录登记表。

任务实践:

1.每两个人为一组,讨论完成一份记录表即可。

2.制作完成后,各小组派一名代表在班级展示记录表相关内容,并解析本小组设计表格的优劣势,最终完成表格的修订任务。

3.教师对各小组的表现进行点评,并以小组为单位给出一个具体得分。

自测题

1.因公事需要拨通领导、同事、客户的电话时,应当尊重对方的时间和需求,试分析,在拨通电话的时间和电话持续时间的问题上，我们应该关注哪些细节？

2.在电话沟通的过程中，专注倾听、认真互动是非常重要的，举例说明，在"只闻其声，不见其人"的情况下，我们应该如何与对方互动？

任务三 应对电话交往中的特殊情况

商务人员在利用电话处理工作事宜时，难免会遇到一些非常规状况，学会灵活应对这些特殊情况，并采取正确的处理方式，也是秘书人员必备的工作能力。

一、代接电话时的应对方式

(一)主动提供帮助

秘书人员在工作岗位上经常会接到一些电话，电话中要找的人恰好不在现场，那么接到这类电话时，首先应该表明本人身份，关键是要告知对方自己与所找之人的关系，再诚恳地表达自己愿意提供帮助的诚意，以便对方酌情考虑是否可请你代劳某事或由你代为转达相关内容。可以这样说："如果您需要的话，我可以代为转达。"假如对方客气拒绝，也不必勉强。

当然也完全没有必要因为代别人接电话而感到厌烦不快，更不要直接拒绝对方想要获得帮助的请求。

(二)不使对方久候

被找之人不在现场，原因很多，可能是忙于他事，不能立即接听；也可能是他虽不在现场，但很快就会返回；也可能是因事外出，一段时间内不得返回。代接电话时，如果仅冷冷地回复对方"他(她)不在"，显得过于生硬。如果电话中被找的人不在现场，应向对方解释："对不起，他现在不在办公室，您等一会儿再打来，好吗？"

但在不了解双方具体关系和情况时，直接告知对方要找的人具体在哪里、干什么，又有可能引起不必要的误会或尴尬。这时，就要求代接电话者，学会应付各种情况。比如可以告知对方，某某不在办公室，但应注意不能贸然告诉对方某某具体的外出地点，外出所办何事，以免引起不必要的误会，再或者这些正是商业秘密，不能随意向外界透露。

通话过程中，要仔细聆听对方讲话的内容，并及时积极地给对方反馈。征得对方同意后，代接电话者可替对方找人，并在告知对方"稍等片刻"之后迅速找人。但是，最好不要让对方等待时间过长，一般最好不要超过两分钟。

在帮助找人时，要把话筒放在一边，来到要找之人面前，告诉对方有电话要找他，不要手持话筒大声叫人，更不能隔着房间叫人来接听电话。转接电话时，如果不放下听筒，直接呼唤距离较远的人,可用手轻捂话筒,然后再喊人来接电话。

(三)认真记录信息

代接电话时,做好电话记录是代接电话者应尽的责任,如果你是一名秘书人员,承担着公司内外沟通联络的责任,本着"首接负责"的原则,更是要在代接电话时,承担起做好详细记录的责任。记录的具体内容按惯例应该是"5W1H",所谓"5W",指的是 When、Where、Who、What、Why,一个"H"则是指"How to do",即什么时间,什么地点,谁做了什么事,为什么,应该怎么做。秘书人员可以设计出专门的电话记录登记表(表4-1),以方便日常使用。

表4-1 电话记录登记表

来电时间	来电单位	来电号码	来电人姓名		接电话人姓名
来电事由					紧急程度
留言内容					
将于	(何时)再次来电		请您	(何时)回电	
领导意见					
处理情况					
记录人		记录时间		年　月　日　时　分	

(四)保守相关秘密

代接电话的内容,无论涉及公务还是私事,接听者都不应擅自向他人透露与此相关的任何信息。如果对方不主动说明,就不要随意询问对方与要找之人的关系,不要主动打听对方打来电话的目的。如果对方希望你转达某事给某人,你在得知信息后,也一定要守口如瓶,千万不可以将所知道的事情随意扩散。

若有人在电话中找你的同学、同事等,因其不在现场,对方又询问他们的家庭电话或者手机时,如果未得到他人允许,千万不可以将他的私人联系方式告知对方。代为找人成功后,当别人正在通话时,也不要试图旁听,更不能随意插嘴。

二、接到打错电话的应对方式

在接到打错了的电话时,因为认为这通电话跟自己没有关系,很多人就忽略了电话礼节,不是消极对待,就是表现出不满情绪,更有甚者对其进行语言攻击。但事实上,并非打错的电话就必定与自己毫无关系,根据英国人类学家罗宾·邓巴提出的150定律,不难得出这样的结论:赢得了一个人的好感可能就意味着赢得了150个人的好感,得罪了一个人,可能就意味着得罪了他背后的150个人。更何况也许电话的那一头恰恰是与自己有重要关系的人。因此,你需要掌握一些应对打错电话的语言技巧,进而采取正确的方式回应对方。

（一）礼貌应对,不可对其进行语言攻击

你是否有过类似下面这样的经历。

办公室电话铃响。

秘书接通电话:"您好,这里是某某公司。请问有什么可以帮您的吗?"

对方说:"嗯,这里不是李磊家吗?"

秘书一听,脸色立马变得阴沉起来,嚷道:"打错啦! 没这人!"

对方迟疑了一下,马上说:"真对不起,我好像拨错号码了。"

"神经病!"秘书气愤地挂断电话。

此时电话铃声又响起。

秘书刚拿起话筒,就传来愤怒的声音:"不是向你道歉了吗? 你为什么还要骂我? 你才神经病呢……"

这个秘书的做法并非个案,很多人都有过类似的经历。如果你仅仅是因为对方打错了电话就心生愤怒,甚至用语言攻击对方。最后陷入社交困境的不是别人,恰恰是那个逞一时口舌之快的你。若你用温和的态度对待打错电话的人,不仅可以体现出自己良好的个人修养与素质,更能体现出公司良好的文化氛围。

（二）热情得体,向对方提供力所能及的帮助

电话铃声响起。

业务员小李接听电话:"您好,请问您找哪位?"

对方:"这里是某旅游公司吗?"

"不是的,这里是广告公司。您说的旅游公司在上个月已经搬走了,您稍等,我帮您看看有没有那个公司的联系方式。"

小李的做法值得提倡,既帮助了对方,又可能交到一个新朋友。当接到打错的电话时,可以帮对方确认是不是真的拨错了号码,询问对方要找什么人,自己是否可以提供什么帮助。礼貌应对并提供力所能及的帮助,对方可能就是你的潜在客户。即使不是,你热情友好的处理方式,也可使对方对你抱有好感,让你结交到新朋友。

【案例4-1】

广告公司的业务员小陈在处理公事时,听见电话铃声响起,响铃两声之【知识链接】后,她便拿起话筒,怀着愉快的心情很自然地问候了一声:"您好! 旭日广告公司。请问

您是哪位?"对方好像很吃惊地说:"不是房产中心吗?怎么会是广告公司呢?"

小陈本以为是公司来了新业务,原来是对方打错了电话,但是她仍然很客气地说:"我们这里确实是旭日广告公司,电话号码是××××××。这是您拨打的号码吗?建议您再仔细核对一遍。"

对方嘀咕了半天,才恍然大悟道:"哎呀!真的错了,不好意思,后两位数字拨反了!"

小陈也温和地说:"没关系的。一定是不小心看错了,在所难免。"

没想到对方并没有想要挂电话的意思,反而很高兴地和小陈聊了起来。对方询问了一番公司的业务后,临挂电话时还特别补充了一句:"小姐,听得出您的心情很好,语言也很有感染力,和您通话,我真的很高兴。"

大概两周后,小陈又接到了对方的电话。在得知是上次打错电话的那位先生后,小陈还关切地询问他后来是否打通了电话,事情办得是否顺利,小陈的热心周到让对方很感动。正当小陈疑惑不解的时候,对方说明了来电意图:原来,这次来电,是想委托他们广告公司做项目。小陈怎么也没有想到由于上次意外的电话而接到了这样一个"大单子"。事后,对方还说要把自己公司以后的广告业务都交给他们公司。

电话沟通的礼仪与技巧,无论是对我们的日常生活交际,还是对公司企业的发展,都具有重要的作用。一条细细的电话线,传递过去的是你稳定的情绪和周到的沟通技巧,这些将成为我们赢得对方信赖的基石。

三、电话拨打错误或要找的人不在场的应对方式

(一)直接礼貌地结束通话

工作过程中,因一时疏忽拨错了按键或者其他原因,拨错了电话,或者电话打过去,要找的人不在现场,这虽然是一件微乎其微的小事,但如果处理方式不当,也会让自己陷入社交困局。

如果当电话一接通,你突然发现自己拨错了号码,就立即不动声色地挂断电话。可以设想,接到电话的一方一定不明白其中的缘由,因而可能感到自己被莫名其妙地戏弄了一番。尽管这种结局对打错电话者并没有造成什么损失,但是从电话沟通技巧的角度来说,也是不符合规范的。所以当我们遇到拨错电话这种逆势社交状态时,应该大方地向对方致歉,取得对方谅解,然后挂断电话。比如可以说:非常抱歉,打扰到您了,可能是我拨错了电话。

(二)请求帮助传递信息或请教对方具体联系方式

有时候一个电话打过去,发现电话那头早已物是人非,也就是说,自己虽然没有拨错号码,但是因为某些原因,已经无法通过这个电话再找到你想要的人。这时,我们不要将自己未能如愿的情绪随意发泄到对方身上,要知道这个时候,抱怨、生气都是无济于事的,更何况电话那端的人也没有任何理由成为你情绪的垃圾桶。所以,解决问题才是最

重要的。如果条件允许,我们可以尝试向对方礼貌地询问通过什么联系方式才能找到对方,或者请对方帮助传递信息。

(三)利用幽默的方式化解尴尬

在一切语言表达技巧中,幽默是最上乘的语言艺术,它就像生活的调味剂,可以为自己和周围的人带来快乐。当我们遇到拨错电话这种尴尬场面时,不妨用幽默的方式加以化解。比如,当发现因为自己打错电话影响到对方休息而造成对方不悦时,可以幽默地说:"真是对不起,这次打错电话影响到您休息了,下次我一定会小心的。"再比如还可以非常恳切地说:"我是多么希望您能接听我的电话,这样我就可以向您表示我真诚的歉意,因为我拨错了号码。"这些轻松幽默的语言表达方式不仅可以帮助我们摆脱沉闷的气氛,化解尴尬的困境,还可能因此结交到新朋友,为自己事业的发展找到新机会。

四、电话上为领导"挡驾"时的应对方式

为了保证领导能全心投入手头的工作,或者协助领导应对他们不便亲自处理的事宜,秘书在工作中,必须要学会为领导"过滤"不必要的电话事务,也就是要在电话上为领导"挡驾"。

在具体操作时,要把握住一个基本原则:"挡驾"不能够对领导和公司造成负面影响,更不是为了断绝"外交关系",而是为了取得对方的谅解,或者用委婉的方式拒绝对方,所以这种拒绝就更要讲究一定的语言艺术和处理技巧了。

(一)根据情况,迅速判断

在这些电话中,有些是需要请示领导,由领导自己做出判断是否需要转接的;有些是需要秘书人员直接"挡驾",不给领导增添不必要的困扰的。这就需要我们加以区分,想领导之所想,不越权、不拖沓,其中分寸的拿捏并非易事。

秘书在接到这类电话时,应该在第一时间弄清以下问题:对方的真实身份和来电意图,是一般的营销电话还是重要的工作电话?再做出判断,是否需要向领导请示还是直接以某种得体的方式拒绝对方?只有作出了正确判断,才能根据实际情况采取正确的处理方式。如果需要向领导请示,也必须用语巧妙,如果因此造成了彼此的误会,势必会影响后期的人际交往和关系维护。

(二)注重实效,尽快回复

无论是谁打来电话,你又打算采取什么样的处理方式,对方都希望尽快得到回复,如果秘书人员在电话上犹豫再三、含糊其辞,不但会耽误办事进程、影响工作效率,还会给人留下办事不力的印象。所以秘书在做出基本判断后,要立即给予答复,如果可以自己处理的要立即给出处理方案。确定是因领导工作繁忙不能接听电话的,秘书可

以告诉对方在什么时间再打来会更合适,或者告知对方某个合适时间领导会亲自主动联系他。

(三)无法决断,立即请示

当然,有一些电话,领导之前没有做过任何交代,但又确实非常重要。这时,我们一定要先行请示领导再做出判断。请示领导是否方便接电话时,一定要清楚告知是谁、因为什么原因打来电话,要把从对方那里得到的消息,简洁、迅速地传递给领导,既可以帮助领导判断是否接听这个电话,也可以让领导在接听电话前有一定的思想准备。

如果领导在参加重要会议之前,已经交代过"开会期间,不得打扰",但又突然接到客户的紧急电话,怎么办?既然事先有约,当然不能打扰;但事发突然,也不可置之不理。只能求一个两全其美的办法,既不中断会议、打扰领导,又不可耽误重要事宜。

这时,纸条就成了一个很好的道具。可在纸条上写清:"某某先生因何事电话找您,接电话( )、不接电话( ),请画勾。"然后悄悄走进会议室,将纸条递给领导,领导一目了然,瞬间就能做出选择,给你一个明确的答复。如果领导给出的是"不接电话"的选择,就可以委婉地答复对方:"对不起,他正在开一个重要会议,不方便接电话。"

这里还必须强调一点,无论在电话上遇到何种情况,必要的电话记录一定不能省略。

(四)慎重对待领导亲友

打到公司来找领导的电话,并不仅限于工作电话,也可能是来自领导家人或亲友的电话,这是一类非常特殊的电话事务。

领导对下属的评价常常会受其家人及亲友的影响,所以他们对你的印象,在一定程度上会左右领导对你的评价,因此这类电话一定要慎重对待。

比如,当领导夫人找领导听电话时,你如果忙于手头工作,根本顾不上跟对方问候寒暄,而是直接将电话转给领导,当晚,领导夫人就可能会对领导说:"今天接电话的人,不懂礼貌。"简单一句话,便会使领导对你的印象大打折扣。可见,领导家人及亲友对下属职员的言行非常敏感,期望值也很高,请切记时刻约束规范自己的言行。

实 训

活动一 分析情景

一天上午,美和公司的陈总正在主持召开公司董事会。公司有规定,在召开董事会时,参加人员一般不接电话。十点左右,公司的大客户赵总来电,他对陈总的秘书王林说他有急事要与陈总商量。面对这种情况,王林应该如何处理?现在王林有这么几种选择:

1.赵总,对不起! 我们陈总正在开会,不能接听电话。

2.赵总,实在不凑巧,我们陈总正在参加董事会,估计会议要到12点钟才结束。回头我们再给您打电话,您看这样可以吗?

3.赵总,请您稍等一下,陈总可能快要散会了,我马上帮您去找。

4.赵总请您等一下,我马上请我们陈总接电话!

5.赵总,实在对不起,我们陈总不在公司。

对于以上几种选择,你认为哪种选择比较合适,请说明理由,并对其他几种选择进行评析。

活动二　练习接打电话

教师带学生回顾电话沟通技巧的相关内容,并强调接打电话的基本程序,电话事务中常见的各类问题及注意事项。引导学生完成下列实训活动。

1.实训情境

实训情境一　A公司李经理正在召开工作例会,公司合作伙伴B公司的杨总打来电话要找李经理,请演示A公司秘书小陈接电话的情景。

实训情境二　A公司秘书小陈接到了一个错打进来的电话,演示秘书小陈的应对方式。

实训情境三　有客户打电话咨询本公司的产品,秘书小陈请对方等候,需要查阅资料后方能告知。请演示这一情景。

实训情境四　A公司秘书小陈电话通知各部门经理开会的情景。

2.实训方式

可将学生两人分为一组,小组内两人轮流扮演不同角色。

3.实训要求

学生的情景模拟过程既要符合礼仪规范,又要展示电话沟通的方法和技巧,同时也要符合接打电话的基本程序。

4.实训考核

考核内容	分值	评价标准	小组计分
接打电话前的准备工作	15分	准备记录工具,时间选择恰当,拨通电话前列出提纲等。	
接打电话的环节和步骤	30分	能遵循接打电话的基本程序和要求,环节完备。	
接打电话时的语言表达	30分	表达内容条理清晰,语言明了,能做到随机应变。	
接打电话时的身体姿态及表情	15分	姿态端正,表情亲切自然,情绪稳定。	
做好电话记录	10分	字迹清晰,内容明确。	

自测题

1.代接电话时,为了表现得主动热情,应该主动将对方要找之人的具体去向和联系方式告知对方,以免耽误工作。这种说法对不对? 为什么?

2.为什么说幽默是最上乘的语言表达艺术? 举例分析在打错电话时,如何运用幽默的语言艺术化解可能的尴尬。

项目五
电子媒介沟通

知识目标

- 了解各类电子媒介沟通的基本概念和原理。
- 熟悉电子媒介沟通的特点、优缺点以及使用场景。
- 掌握电子媒介沟通中常见问题的处理方法与面临的挑战。

能力目标

- 能够简洁高效地使用电子媒介进行信息传递和沟通。
- 能够根据不同情境,选择恰当的电子媒介沟通方式以及强化信息分析、处理能力。
- 能够使用电子媒介形式进行私人或团队间的协作和项目管理。

素质目标

- 养成良好的电子媒介沟通习惯,及时回应、表达清晰并尊重对方隐私。
- 培养团队协作意识和能力,通过电子媒介有效地进行团队合作。
- 提升信息安全意识,注重沟通礼仪,保护个人和组织的信息资产。

案例导入

针对目前市场的新变化,项目组的团队成员收到了一封内容如下的邮件。

亲爱的全体团队成员,接下来,你们将收到一份主题为"晋级项目通知及行动计划"的邮件,写信的目的是通知大家一个关于我们最新项目的重要消息,并分享我们的应对计划。

我们刚刚得到消息,由于目前市场需求的急剧增加,我们的最新产品的发布日期被提前到下个月底。这意味着我们必须加快开发进度并且保证质量,以便将产品按时交付给客户。下面是具体的行动计划安排:

第一,请大家及时查看电子邮件通知,并认真查看附件中的最新项目时间表和任务分配表。每个人的职责和任务截止日期都已经更新,请务必仔细阅读并按照新的计划进行工作。

第二,我们将在今天下午通过手机发送短信,提醒每位团队成员查看电子邮件中的重要信息和更新内容。请确保您的手机处于接收短信的状态。

第三,今天下午两点,我们全体团队成员将在微信群组中进行一个快速的讨论会议,讨论如何调整工作流程和解决可能出现的挑战。请确保您在群组中积极参与,并分享您的想法和建议。

第四,如果您对新的项目时间表有任何疑问或需要进一步的解释,请随时通过电子邮件或微信直接与我联系。请大家确保在下午四点之前完成今天的任务,并在微信群组中汇报进度和遇到的问题。

我们每个人的努力和协作将是成功的关键。非常感谢您的理解和支持!

最好的祝愿!

项目经理:小明

问题讨论:

1.如果有成员没有查看电子邮件或忽略附件,有什么方法可以保证信息有效传达?

2.面对今天下午即将发送的手机短信提醒,你会如何拟写编辑这条短信的内容?

3.如何能够促使每位成员积极参与下午的微信群组讨论并积极分享自己的看法?

4.在截止时间前,你如何安排时间以确保任务按时完成并准备好进度报告?

> 电子媒介最根本的不是通过其内容来影响我们,而是通过改变社会生活的"场景地理"来产生影响。
>
> ——约书亚·梅罗维茨

马歇尔·麦克卢汉曾说,电子媒介使我们变成了地球村的居民。他的这句话强调了电子媒介在缩小世界的时间和空间距离、增强全人类的沟通与交流方面发挥的巨大作用。信息化时代的电子媒介沟通,在我们的日常生活和工作中扮演着越来越重要的角色,它已经成为了现代社会不可或缺的一部分。

电子媒介沟通是指利用电子技术(如互联网、移动通信技术、电子邮件等)进行信息传递、交流和互动的过程。它不仅限于文字信息,还包括声音、图像、视频等多种形式的信息内容。这种形式的沟通常常涉及使用电子设备和互联网平台,如计算机、智能手机、平板电脑等。

电子媒介沟通具有以下几个显著特点:

第一,即时性和高效性。电子媒介沟通能够实现即时传递和接收信息,极大地提升了沟通的效率。无论是电子邮件、即时消息还是社交媒体平台,都能使信息在秒速内到达目标受众,加快决策和问题解决的速度。第二,全球性和跨地域性。通过互联网和数字技术,电子媒介沟通打破了地理距离的限制。人们可以随时随地与世界各地的人进行交流,这对于跨国企业、国际组织和全球化时代的个人来说尤为重要。第三,多样化的表达方式。电子媒介不仅支持文字信息的传递,还能通过图片、音频、视频等多种方式进行信息表达。媒介形式的多样性不仅丰富了沟通内容,也提升了信息沟通的吸引力和传达效果。第四,便捷性和低成本。与传统的邮寄、传真或电话沟通相比,电子媒介沟通成本更低、操作更加便捷。无论是个人还是企业,都可以通过电子邮件、即时通信或社交媒体进行大规模的信息传播和交流,节省了大量的时间和资源。第五,记录和追踪能力。电子媒介沟通能够对通信内容进行记录和存档,这有利于后续查阅和跟进。电子媒介的这个特点在商业合作、法律事务和项目管理中尤为重要,能够确保沟通的透明性和责任的可追溯性。第六,增强互动和参与。社交媒体和即时消息工具为个人和组织提供了更广泛的互动沟通平台。所有用户可以通过评论、分享、点赞等互动功能参与信息传播,促进了用户的参与感和互动社区的建设。

电子媒介沟通的基本原理是信息来源在电子媒介中首先被数字化,即转换成计算机可以处理的二进制形式。这使得信息可以被轻松存储、传输和复制。通过互联网或移动网络连接,信息经过数据包的封装和路由传输到指定的目的地。数据传输过程中通过协议保证数据的完整性和安全性。接收端的设备接收数据包并将其解析成可读的信息,这可能涉及解码、解压和显示等处理过程。电子媒介沟通允许双向交互,接收者可以及时回复、评论或转发信息,从而形成多方面的信息交流和互动。接收的信息可以被存储在本地设备或云端服务中,以备后续的查阅、回顾或共享。

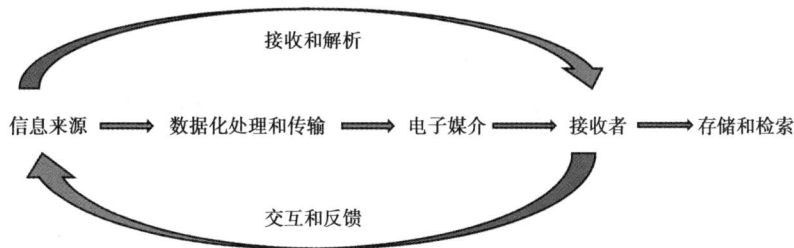

图5-1　电子媒介沟通流程图

在日常生活中,电子邮件、即时消息和社交媒体使得人们与家人、朋友和同事之间的沟通变得更加便捷和及时。无论是即时聊天还是社交媒体平台上的动态更新,都能够迅速传递信息和思想。我们能够通过电子媒介,轻松获得丰富的信息资源,不管是新闻资讯、兴趣爱好还是专业领域的相关资料等。同时,我们能方便地分享自己的观点和经验,随时随地与他人交流和互动。另外,我们还可以通过微信等社交媒体平台,来维护和扩展我们的社交圈子,参与各类社群活动,并分享生活中的点滴。

在工作日益全球化的当下,电子媒介沟通如电子邮件、手机短信等即时消息,微信等社交媒体平台成为跨地区团队项目协作的关键。团队成员可以实时交流、共享文件和协作文档,提高工作效率和项目执行速度。电子邮件和即时通信工具在商务沟通中具有非常重要的作用,它可以帮助企业与客户快速联系、回复问题和处理投诉。企业工作人员还可通过社交媒体和电子邮件营销,直接与目标客户进行互动,推广产品和服务。数字广告和内容营销通过电子媒介可以迅速传播,有效提升品牌知名度和市场影响力。

总之,电子媒介沟通已经成为现代生活和商业运作中不可或缺的重要组成部分。它不仅提供了便捷和高效的沟通手段,还促进了信息的自由流动和全球化的互动,为经济发展和文化交流提供了强大的支持和推动力。

任务一　掌握电子邮件沟通

一、电子邮件沟通的内涵

(一)电子邮件沟通的定义

电子邮件是借助网络的一种书面沟通渠道。电子邮件是互联网的奠基性技术之一。互联网最早期的应用是在1971年,雷·汤姆林森发出世界上第一封邮件。他在键盘上选择@作为用户名与地址之间的间隔。而中国的第一封电子邮件是1987年从北京发往德国的,电子邮件的内容是"越过长城,走向世界"。

电子邮件可以承载大量的信息,可以传递多媒体信息(文件、扫描件、音频、视频等),而且传输速度极快。电子邮件还可以同时发给多个信息接收者。电子邮件对我们当前生活的影响是拉近了人与人之间的距离,为人们创建了一条直接沟通的捷径。电子邮件沟通是通过电子邮件进行的信息交流和交互过程,它是一种电子方式的书面沟通形式,通过互联网将文字、文件、图片等信息从一个人或组织传递到另一个人或组织。电子邮件通常包括主题、收件人、发件人、正文内容和附件等要素,它可以用于个人之间的沟通,也是企业和各类组织中常见的正式和非正式沟通工具之一。

(二)电子邮件沟通的特点

使用电子邮件沟通的优点在于提高沟通效率,其最大的优点在于"通过计算机网络实现了异步沟通",也就是电子邮件可以使沟通活动跨越地理空间和时区的限制,实现全球范围的即时通信。

另外电子邮件沟通还具有灵活便捷的特点,即对于信息发送者而言,可以在自己方便的时候编辑和发送信息;对于信息接收者而言,可以在自己方便的时候接收和阅读信息。不受工作时间和地点等的制约。同时,电子邮件沟通通过图片、文档、音视频等多种形式的附件信息,以"多地址"特性使多个相关的沟通活动能够"并发",缩短了沟通活动的平均占用时间,从而实现高效的群体沟通。

它更适于传递相对重要、紧急的信息,电子邮件沟通可以通过加密和其他安全措施,起到保护通信内容的隐私性,避免未经授权的访问和窃取等作用。

二、电子邮件沟通的内容

(一)主题

发送邮件之前,首先要明确邮件的主题。为了提高邮件的开启率和沟通效率,简洁明了的主题能够准确表达出邮件的核心内容,帮助收件人快速了解该邮件的目的,也有利于双方按照主题进行归类管理。尤其是一些重要或紧急的邮件,更需要在标题中直接体现出来,但是要注意避免使用模糊的表述或者缩略语。

例如可以在邮件主题中加上"紧急:请查看邮件相关内容并确认今天参会"或者"请回复"等,提醒收件人明白,发送这份邮件的目的,并不仅仅是为了让他们查阅,还需要他们在阅读后采取相应的行动或措施。

(二)问候

如果是比较熟悉的同事,发送邮件只是出于明确任务分配、存档沟通等目的,不需要过于正式,那么可以直接以"你好+姓名/亲爱的某某(姓名)"的形式作为打招呼的开头;如果是群发邮件,那么开头打招呼可以说"亲爱的某团队成员,大家好、各位好"等。

如果是与其他公司的合作人员或客户沟通,打招呼需要更加正式化一点。如果知道对方的姓名,可以用"尊敬的某某(收件人姓名)先生/女士";如果不知道对方的姓名,可以用"尊敬的某某(职务或者称呼)先生/女士";如果是群发邮件,那么可以用"尊敬的先生/女士"。

当然,开头的称呼还可以参考公司内部以往的格式,如果大家都以"Hi+姓名"来打招呼,那就没必要替换成其他表述。如果是一些特殊场合或者节日,我们可以用"祝×××(节日或特殊场合)快乐、在这×××(节日或特殊场合)之际、祝您(节日或特殊场合)愉快"等形式进行问候。

(三)正文

使用电子邮件沟通时,要注意简洁明了、结构清晰,尽量直接表达意图和表述信息。比如,在商务类型的电子邮件沟通中,常见的公司内部邮件有通知事项、组织活动、事务申请、表达感谢或歉意等,公司对外沟通常见的类型则包括促销优惠、客户调研、求职沟通等。

尽管邮件的类型多种多样,但电子邮件沟通的原则,就是一次最好只讲述一件事,正文部分大体也可以分为三个部分。

第一部分:邮件的重点,例如工作要点、公布决定或陈述某件事。比如如果是请求信息或者反馈意见,可以直接表明"我想了解关于某某事项的最新进展"。

第二部分:进一步阐述第一部分,即为何要做这件事。这里最好提供必要的背景信息或者详细说明你的需求,避免复杂的叙述。

第三部分:总结上文、促进行动,或者提供相关信息补充。如果需要对方采取相应的行动。最好也在第三部分明确。比如,"请尽快确认您的参与意愿"或者"请在本周五下班前提供您的反馈"。如果邮件涉及的是一个坏消息,那么可以适当地调整这三个部分的顺序,不要直奔主题,也能让收件人做好心理准备。

(四)结束语

邮件最后,请一定记得署名。当然,适当的结束语也非常重要。如果是与相熟的同事沟通,结束语可以用"保持联系,祝您周末愉快""期待在×××(某个具体事件或会议)上见到您"等,记得与开头打招呼的用语保持同样的正式程度。如果是与公司外部的人沟通,结束语需要更加正式,比如"感谢您的帮助与配合""希望听到您的想法""如果您需要更多信息,请告知我""期待我们今后的合作"等等。

写完结束语之后,另起一行加上署名或签名模板,一封正式的电子邮件就算完成了。如果是与公司外部人员沟通,还可以加上自己的职务、公司以及联系方式等等。

(五)需要注意的问题

在语言的表述上,有一些细节需要注意:尽量不要使用缩写;尽量不要使用颜文字或者表情符号;尽量不要使用感叹号,除非这件事非常有必要强调;不要使用方言俚语和口语化表达;如果在正文中,收件人需要了解相关文档或链接,请直接提供附件和链接;需要检查语言表述是否恰当,不要使用华丽的辞藻或复杂的句式;如果是英文邮件,要避免出现中式表达的情况;还需要检查格式是否与公司邮件格式保持一致,包括字体、字号、排版等;最后,在发送邮件之前仔细检查,包括检查拼写、错别字、重要信息等。

【案例5-1】

邮件主题:参加公司内部团建活动的确认和安排

邮件正文:

尊敬的全体员工：

　　大家好!

　　我希望大家都度过了一个愉快的周末! 我是×××(你的名字),负责组织我们即将举行的公司内部团建活动。活动的时间已经确定为×××(具体日期),地点将在×××(具体地点),详细的活动安排和参加要求随后将通知大家。

　　这次团建活动不仅是为了放松心情和增进同事之间的团队合作,也是一个难得的机会,让我们能够更加深入地了解彼此,形成更紧密的工作关系。活动的具体内容和安排我们将尽快与大家分享,希望大家能够踊跃参与,并为活动的成功贡献自己的建议和想法。

　　如果您对此次团建活动有任何问题或建议,请随时与我联系。期待我们所有员工的积极参与!

　　再次感谢大家的支持与合作! 期待与您共度美好时光,共同创造更加美好的工作环境。

　　祝您工作顺利,生活愉快!

×××(你的名字)

　　问题讨论:你觉得上面的邮件信息还有需要完善的地方吗? 你准备怎么回复?

三、电子邮件沟通的策略

(一)设定清晰的沟通目标和主题

　　编辑每封电子邮件时,明确沟通目标和主题是非常关键的。例如,如果你需要与团队讨论项目的进展和下一步计划,主题可以是"本周项目进展和行动计划确认"。这样的主题清晰明了,能让收件人对邮件的内容和期望的回复一目了然。当然,设计单一、明确、有吸引力的主题会更好。同时,邮件主题要以目标为导向。电子邮件沟通应当有明确的目标,例如征求反馈意见、确认决策信息、传达会议精神等。设定明确的主题有助于提高邮件的开启率和收件人的响应率。

　　比如,你是某公司销售部门的经理,负责制定和执行部门的销售策略。你需要向团队成员发送一封电子邮件,征求他们对最新销售策略的意见和反馈。邮件以"请求反馈:本月销售策略的评估"为主题,明确指出了邮件的目的和期望的回复内容,帮助团队成员快速理解邮件的重要性以及他们承担的任务。

(二)选择合适的收件人和抄送对象

　　在发送电子邮件时,必须审慎选择收件人和抄送对象。一方面,需要根据邮件内容和目的,选择合适的收件人和抄送对象,确保信息的准确传达和及时回应。避免将邮件广泛抄送给不相关或不必要的人员,以免造成信息过载和混乱。另一方面,需要确保关键决策者和相关团队成员能够及时收到重要信息。

例如,使用电子邮件进行营销时,首先就要明确目标客户的范围,了解客户的真正需求,确保传递有价值的信息,而不是盲目地狂发邮件。邮件营销的目标对象越准确,越有针对性,效果就越好。有研究表明,同样的邮件每个月发送2次到3次最好,这样既避免了收件人的反感,同时也达到了宣传的目的。如果是公司内部项目的电子邮件沟通,项目经理通常需要与多个团队和部门协调工作。为了保证沟通的精准性和高效性,项目经理应根据邮件内容和影响范围选择相对应项目的收件人和抄送对象。例如,在讨论某个项目进展和下一步计划时,应将邮件发送给直接参与的团队成员和相关部门的主要负责人,避免向不相关人员发送无关邮件。

(三)使用清晰简洁的语言和结构

电子邮件的正文应当清晰简洁,避免冗长和复杂的语句。使用简明扼要的语言和句子结构,注意段落的隔开。这样,收件人就能更快速地理解邮件的内容和重点。同时,确保每一段都有一个明确的主题,运用简洁明了的语言表达意图和关键信息,确保邮件内容容易理解和消化。

例如,在与客户沟通时,销售代表需要用简单直白的语言解释产品特性和优势并厘清邮件结构。一份邮件可以分为几个段落,每个段落讨论一个关键点,例如产品功能、产品价格和售后服务等。使用项目符号列出产品的主要特点和优势,有助于客户更容易地理解和评估产品的价值。

(四)强调行动项和期限

邮件的结尾,强调明确的行动项和期限,用来敦促收件人及时反馈和行动。如果有需要,可以设置明确的截止日期或期望的回复时间,以确保邮件内容得到快速处理。尽量做到每封邮件都要有明确期望的行动或反馈,这样能让邮件所要求的事项得到快速处理及回应,从而避免信息传递和接收出现延迟,甚至被忽略。

例如在项目管理中,项目经理通常需要与团队成员或者客户协商项目进度和交付期限。在邮件中,项目经理可以明确提出任务和项目完成的截止日期,并鼓励团队成员及时提供所需的信息和反馈。这种明确的期限设定有助于提高工作效率和项目进度的管理水平。

(五)保持礼貌和专业态度

无论是在公司与上级、同级、下属的邮件沟通中,还是在对外与其他单位的邮件沟通中,都应当保持礼貌和专业。在问候语、正文内容和结束语中,使用适当的礼貌用语,能够体现出对收件人的尊重和关注,建立良好的工作关系和沟通氛围。

语句表达的语气要友善和蔼,避免使用过于直接或严厉的措辞。可以使用一些礼貌用语,如"请""谢谢""请注意"等,来增强礼貌度。在邮件的最后,使用适当的结束语,如"祝好""谢谢您的理解与合作"等,表达对收件人的尊重和感激之情。

（六）及时回复邮件和反馈信息

在确认收到对方的回信时，我们需要及时根据邮件内容进行回复和积极响应。及时回复客户的邮件，可以给客户一种被重视的感觉，有利于增加客户的满意度。在回复邮件时通常采用以下方式：一是专人在线回复，虽然可能增加企业成本；二是设置自动回复模式，当收到邮件时按设置的内容自动回复，可以节约成本，但是必须有专人进行回复跟踪；三是设置特殊提醒邮件，可以在用户的生日、结婚纪念日或节日当天发送一些小礼物，为用户送一份祝福等等，让对方收到这种定制化、个性化的内容反馈，从而拉近与客户的关系，加强双方的理解和联系。

举例来说，如果在处理客户投诉或要求解决问题的邮件时，客户服务代表应第一时间回复邮件，并始终保持专业和礼貌。我们可以使用非常礼貌的问候语，并表达对客户问题的高度关注。在解释和解决问题时，客户服务代表应使用清晰简洁的语言，语气要谦卑和善，避免引起误解或进一步激怒客户。最后，我们可以用礼貌和感谢的话语结束邮件，并表达希望获得客户满意度的回馈。

高效的电子邮件沟通策略是企业成功的关键之一。通过设定明确的沟通目标和主题、选择适当的收件人和抄送对象、使用清晰简洁的语言和结构、强调行动项和期限，以及保持礼貌和专业态度，并且及时回复和反馈，可以提升电子邮件沟通的效率和质量。在现代商务环境中，良好的电子邮件沟通策略不仅仅是技术性问题，更是管理和领导团队的有效手段。

【案例5-2】

主题：重要项目进展更新

正文：

亲爱的团队成员们，希望大家一切安好。

我们最近完成了项目的重要阶段，我很高兴地通知大家，我们的团队在过去的几周里辛勤工作，最终实现了关键功能的开发和测试。我相信这将是我们项目取得成功的一个重要里程碑。

请查看附件中的详细报告，其中包含了我们的成果和下一步的计划。我们计划在下周召开会议，进一步讨论项目的进展并分配新的任务。请在会议前阅读报告，并准备分享你的想法和建议。

如果你有任何疑问或需要进一步的信息，请随时回复邮件或直接联系我。

期待着我们的下一次会议，继续推动项目向前发展。

再次感谢你们的辛勤工作和支持。

问题讨论：

1.如何改进邮件的主题和内容概述，以使其更具体和直接？

2.如何更好地提供详细和清晰的信息，以满足收件人对项目进展的需求？

3.如何更有效地引导收件人准备会议并提供他们的反馈和建议？

实 训

活动一　提出明确的电子邮件沟通主题

假设你和同事正在从事一项项目企划。你们两人一组,一人当组长,一人当企划管理,如果企划管理手下有10个小组组长,每个组长每天会发给他10封电子邮件,那么他每天就要阅读100封相关的邮件。因此现在有垃圾信件过滤系统,依据邮件主题为你挑出重要的邮件。

企划组长的任务:写5封电子邮件,每封邮件的英文主题不超过四个词,中文主题不超过十个字,目标是使邮件不会被归为垃圾邮件,能够通过垃圾信件过滤系统,被对方阅读到。

企划管理的任务:根据这些主题决定要阅读哪些邮件,按照什么顺序阅读。

如果你们是在团体内进行这项练习,让大家看看邮件的全文,判断企划管理决定的顺序是否恰当？可以怎么改善这些主题？头脑风暴一下,想想可以用哪些不寻常却意义明确的关键词？试着把每个英文主题缩减到一个词,中文主题缩减到五个字。

活动二　提升你的电子邮件沟通能力

1.活动背景及目标。电子邮件是现代工作中不可或缺的沟通工具,有效的邮件沟通能力能够提升工作效率和团队协作。希望通过本实训项目提升参与者的电子邮件书写速度和回复速度;培养参与者在电子邮件沟通中的礼貌和专业态度;帮助参与者理解不同场景下如何调整语气和表达方式。

2.实训内容与活动设计。根据提供的几个邮件案例,请同学们进行分组讨论并提出改进建议。

案例一

主题:关于您的投诉

你好,我们已经收到您的投诉。你提到的问题不是我们的责任,我们不能解决它。你可以自己解决这个问题。

案例二

主题:项目进展问题

各位,由于某些人的懒惰和不负责任,我们的项目现在已经推迟了。这是无法接受的! 请确保按时完成你们的工作,否则我们将错过最终交付日期。

谢谢。

案例三

主题:关于上周的会议

你好,我觉得你在上周会议上的提议完全不切实际。你总是提出这些毫无价值的点子,这真的很浪费时间。请在未来的会议上,考虑一下我们实际需要讨论的事情。

谢谢。

3.互相点评与讨论。同学之间互相检查语法和拼写正确性、邮件结构和逻辑清晰度、礼貌度和专业性等,实时或定期提供邮件评估反馈。教师再进行检查与点评,指出参与者在书写和沟通中的优势和改进点。演示示例邮件,并进行集体讨论和反思。

4.总结与反馈。推荐关于电子邮件沟通的书籍、在线资源和示范视频,由有经验的导师或指导人员提供指导和答疑服务,帮助参与者在实训中获得支持和反馈。最后要求同学们撰写总结报告,总结其在实训项目中的学习成果、经验和未来改进计划。

自测题

1.在电子邮件的问候语中,为什么要重视个性化和礼貌?请举例说明。

2.撰写电子邮件正文时,为什么要注意语言的简洁性和清晰性?

3.在电子邮件中,为什么需要明确的行动项和期限?如何有效地表达这些信息?

4.如果你收到一封不清晰或不专业的电子邮件,你会如何处理?列出你的应对策略。

5.你认为电子邮件在商务沟通中的优势是什么?列举两个具体的例子说明。

任务二 掌握手机短信沟通

一、手机短信沟通的内涵

(一)手机短信沟通的定义

手机短信沟通是指利用手机设备通过短信服务(Short Message Service)进行文字信息的交流和传递的过程。它是一种基于移动通信网络的即时通信方式,通常以文本形式发送和接收信息。

手机短信沟通主要通过文字信息来传递沟通内容,包括简短的消息、通知、询问或回复。短信通常能够实现较快的传输速度,使得信息可以几乎实时地传递到接收者手中,这为有效沟通提供了超快速通道。由于短信长度的限制,发送者需要在有限的空间内表达清晰、简洁的信息内容,做到言简意赅。手机短信作为一种通用的通信方式,几乎所有手机用户都能够使用这项服务,不依赖于特定的应用程序或互联网连接。短信发送和接收操作简单直接,不受时间和空间的限制,用户可以随时随地进行沟通,不要求双方同时在线。相对于电话通话或者其他即时通信服务,短信通常费用较低,使得其在大多数沟通手段中能够控制成本支出。短信沟通既不影响信息传递的准确性,又给沟通双方留下相对自由的思考空间,更重要的是可以有效避免沟通双方因情绪激动而引发的强烈语言冲突,从而提高沟通成功的几率。

(二)手机短信沟通兴起的原因

1.手机短信不受时间、空间、主客体的限制

手机短信作为移动电话的一项功能,具有便利、迅捷的一面。随着智能手机和移动互联网络技术的发展,手机具备了在互联网上沟通交流的功能,同时又突破了电脑携带不便的限制,可以不受时间、空间、主客体的限制。手机短信可以在任何时间、任何地点被编辑发送或被接收。手机短信的收发也不受主客体的限制,同一条短信可以被不同的主体发送,可以被不同的客体接收。

2.手机短信的传播成本比较低廉

手机短信拥有按量计费、价格低廉的优势。除去无线电频率、通信网络和终端外,无需再耗费任何其他资源,单位信息量的传播成本比传统媒体低得多。由于特殊的电信管理体制与收费标准,使得发送、接收短信比手机通话更便宜。

(三)手机短信沟通的人际传播特征

1.手机短信具备人际传播的特点

(1)交流的互动性。短信收发是双向互动的。传、受双方既是传播者也是受传者,短信接收者对短信进行转发或回复时,就变成了短信的传播者。

(2)内容的隐秘性。短信是一种极其私人化的传播活动,是一种完全私密的沟通方式。除非手机用户自己愿意公开短信内容,否则没有人能了解到短信交流的信息。

(3)传播符号的多样性。多媒体短信业务使短信突破了简单的文本及字数限制,能够支持信息中的格式化文本、数据、图像、音频和视频等,还可以发送电子贺卡、个人名片、图片新闻等。多样的传播符号,赋予了手机短信更加丰富的内容和意义。

2.手机短信成为人际沟通中自我表达和"面子"协商的重要途径

(1)短信交往中的自我表达。所谓自我表达,即传播者"将自己的心情、意志、感情、意见、态度、考虑以及地位、身份等向他人加以表达的活动"。传统的人际传播通过语言符号和非语言符号进行自我表达,而手机短信主要通过文字语言符号进行自我表达,客观上减少了自我表达的渠道,增加了自我表达的难度。但对那些患有社交恐惧症等心理障碍的人群来说,短信交流比面对面交流更能准确地表露自我。

(2)短信交往中的"面子"协商。所谓"面子",是指在他人在场的情况下一个人的自我形象,包括尊严、荣誉、地位、社会关系等等。也就是说,"面子"意味着在特定的社会情境下你期望的自我形象,或者是别人赋予你的身份。中国人的"面子"观是根深蒂固的,在人际交往中,"面子工作"是很重要的。收发手机短信的双方谁也看不见谁,在一些请

求可能被拒绝的情况下,不论对于传播者还是接受者,都可以保全"面子"和避免尴尬,也可以让彼此有一个回旋的余地。如利用短信表达爱意,以前传情表意的主要方式是写信或者打电话,但在现代年轻人看来,情书显得有点俗套,电话又比较肉麻,还担心被当场拒绝,而短信这种非面对面的表达方式则使爱意的表达不再难以启齿。

(四)手机短信沟通的基本特性

1.流行性

手机短信具有很强的流行性,它随着手机这个传播载体的出现,在大众生活中迅速流行起来。一个短信文本经过复制后可以发送给更多的人,它实现了人们随时随地、随心所欲传播基本信息的愿望,比如节日祝福短信等,再也不用受制于时空,为民众的生活提供了越来越多的便利。

2.高效性

手机媒体不仅能实现点对点的沟通,而且还可以依靠现代通信网络和终端,实现跨越时空的信息传递,因此成为大众广泛运用的信息传播和沟通手段。同时,手机已成为现代社会的生活必备品,全天24小时皆可开机,这让其他传统沟通手段望尘莫及。可以说,在保证信号畅通的条件下,只要手机在身边,就可以接收到短信,这就使得受众对实时性信息的管理更有操作性。

3.交互性

交互性是手机短信沟通的另一重要特性,一般的人际沟通是面对面进行交流,双方都可以感知对方的声音、表情、动作,但短信沟通不同,双方都无法感知对方的现场反应,这种沟通脱离了限定的场域,对双方而言都更为轻松、随意、自由自在。手机用户在接收信息的同时也可以对信息进行加工处理,实现传播和反馈的同步。

4.广泛性

只要能识字,都可以用手机短信进行消息的传递,手机短信沟通具有很强的普遍性。手机即时通信作为交流沟通类应用的代表,是目前移动互联网发展的主流应用。根据工信部的数据,2023年全国移动短信业务量为18693亿条,移动短信业务收入为450亿元。手机短信已经深入我们的生活。

手机短信在当前这种数字化、智能化的条件下依然有其存在的价值和发展的空间,它在人民大众中广为传播,尤其是在节假日祝福、工作日常安排等场景依然具有很强的应用功能。

二、手机短信沟通的内容

手机短信沟通的内容涵盖多个方面,具体取决于沟通双方的关系、沟通目的以及具体情境。常见的手机短信沟通内容包括以下几个方面。

(1)日常问候。在手机短信沟通中,日常问候和交流是人们经常沟通的内容,它包含日常的问候,通常以简短的问候语开始,比如问候朋友或家人"早上好!"又或者"早安!你今天过得怎么样?"日常交流也会涉及具体的信息交流,比如询问对方的近况、工作情况或者家庭生活,或者分享自己的近况和心情,例如"最近忙吗,工作或者学习进展如何?"等。

(2)明确行程安排。进行行程或者事务安排的时候,尽量用简洁的语言表达清楚意思,避免使用过多的词语或长句子。确保在消息中明确时间、地点和具体安排,避免造成误解或混淆。最好使用具体的日期和时间,而不是模糊描述,比如使用"明天下午3点"而不是"明天"或"下午"。如果需要对方确认或者回复,请在消息中明确表达,例如:"请确认您是否能在指定时间到达。"如果需要对方采取行动或做出响应,请最后确认他们是否收到了你的消息,以确保信息已传达到位。比如,如果要提前进行会议的安排,短信息可以这样发:"你好,我们计划明天上午10点在会议室举行会议。请确认你能否参加。谢谢!"如果是要确定约定会面时间和地点,可以这样发:"明天下午三点见面,地点是某某咖啡馆,怎么样?"

(3)通知、提醒重要事项。首先要确保消息内容简洁明了,避免歧义和误解。直接、清晰地表达出需要提醒和通知的事项内容。例如:"明天是截止日期,请记得完成报告。"使用肯定语气或者建议语气,让接收者清楚地知道你的意图。比如使用"请记得"或者"提醒您"等词语。如果是关于时间安排或者期限的提醒,确保提到具体的日期和时间。例如:"明天下午2点将举行××的会议,请准时参加。"如果需要对方采取相关的行动,请在短信中提供相关的细节和指示,确保对方能够清楚明白该做什么。无论提醒的内容如何重要,我们都要保持礼貌和尊重。比如在通知临时变更或突发情况的时候,可以说:"抱歉,我今天有点突发情况,晚一点到。"

(4)表达感谢和赞扬。直接明了地向对方表达感激和赞扬,避免过多修饰或拐弯抹角。也要说明为什么感谢或赞扬对方,让对方知道他们的行为或贡献对你有何种积极影响。用诚挚的语言表达你的感情,让对方感受到你的诚意和喜悦。当然,同样需要保持短信的简短,确保信息准确传达到位,让对方一目了然。比如:"您好,我想感谢您在今天会议中的出色表现。您的建议和见解非常有帮助,让会议进展顺利,真是太棒了!感谢您的付出和贡献。"

(5)求助与建议。首先需要向对方清晰地表达出需要的帮助或建议,避免含糊或不明确的描述。简要描述问题的背景和具体情况,让对方了解背景信息,有助于他们理解并提供有效的建议。比如:"请问,面对这种情况,您觉得我应该怎么处理呢?"表达请求时保持礼貌和尊重,使用恰当的称呼和语气。尽量具体化你的问题或需求,让对方知道你需要什么样的帮助或建议。在结尾表达感谢,并表明你会欣赏对方提供的帮助或建议。例如:"您好,我在处理这个项目时遇到了一个挑战,想听听您的建议。如何更有效地处理客户的反馈?如果您有任何想法或经验,请联系我们,非常感谢!"

(6)庆祝与祝福。庆祝和祝福的短信沟通,在我国注重礼仪的环境中,经常会使用。

比如生日祝福、节日祝福等，或在对方获得某一项工作或取得重要成就时，表达对他们的祝贺。有一些特别的活动，比如婚礼、婴儿出生、搬家等重大事件，也可以向对方发送短信，表达对他们新生活的祝福。在短信沟通时，需要注意用简洁直接的语言表达你的祝贺，确保明确传达你的喜悦和祝福。简要说明庆祝的原因或背景，让对方了解庆祝的重要性。当然，也要用诚挚和热情的语气表达你的祝贺，也可以增添一些幽默或开心的语气，增加互动的乐趣。比如生日祝福短信："生日快乐！希望你的生日充满欢笑和惊喜。祝你一切顺利，幸福快乐！"

以上的内容阐述，基本涵盖了手机短信沟通中常见的主题和情境，希望能帮助你更好地进行有效的手机短信沟通。

【案例5-3】

小明和他的好友小玲是大学同学，因为工作忙碌，他们很少有时间面对面聚会。一天，小明收到了一条短信。

小玲：Hi，小明，好久不见了！最近过得怎么样？

小明：Hi，小玲！好久不见，最近工作挺忙的，有点累，但还好。你呢？有什么新鲜事儿吗？

小玲：我最近换了新工作，挺开心的。你有空吗？我们可以找个时间喝杯咖啡，一起聊聊。

小明：太好了，恭喜你！我这周末有时间，怎么样？

小玲：周六下午可以吗？

小明：可以的，我来安排一下。

小玲：好的，那我们约定周六下午见面！

通过这段简短的短信对话，小明和小玲成功地确认了约会的时间和地点，同时还了解了对方的近况和情感。虽然他们因为工作忙而不常见面，但通过手机短信可以保持密切的联系，让彼此感受到关心和支持。这种轻松、便捷的沟通方式不仅帮助他们合理规划日程，还加强了他们的情谊。

三、手机短信沟通的策略

手机短信沟通虽然简单，但也有一些技巧可以帮助你更有效地表达自己的意图和理解对方的信息。

(一)主题简洁明了

短信是一种快速交流方式，在短信沟通时，需开门见山地明确表达主要内容或请求，避免过多的背景描述。使用简洁明了的语言表达，避免使用复杂或难懂的词汇和句式。每条短信尽量只涉及一个主题或一个请求，避免混淆或信息过载。适当使用缩写或简略语，但要确保对方能够理解，避免引起误解。在发送信息之前，检查短信内容，确保语法正确,信息完整,没有遗漏。比如会议通知:"明天早上10点在会议室开会,请准时参加。谢谢!"

(二)保持礼貌和使用友好用语

编辑短信时,始终保持礼貌,如使用问候语和感谢语,这有助于维持良好的沟通氛围和关系。根据双方关系,选择适当的称呼,比如称呼对方的职务或者选择合适的称谓;选择友好和温暖的词语,例如"您好""谢谢""请"等,这些简单的用语可以增加交流的友好感。在表达意见或请求时,避免使用过于直接或严厉的词语,而是尽量以建议或询问的方式来表达。尊重对方的意见和立场,即使有分歧也要以尊重和理解的态度进行沟通。适当地表达感谢和赞扬,让对方感受到认可和尊重,这有助于加强沟通的积极性。结束短信沟通时,可以使用礼貌的结尾语,比如"祝好""感恩""期待您的回复"等,展示出礼貌和期许。

(三)尽量避免歧义和误解

因为手机短信沟通缺乏对语气的感知和面部表情的辅助,会容易导致信息理解的误差。因此,我们在进行沟通时首先就要清晰明了地表达,避免使用模糊、含混或具有歧义的语句,尽量直接表达意图。在发送重要或复杂信息之后,可以请对方确认他们是否理解了你的意思,以确保没有被误解。适当使用标点符号来帮助澄清语义,比如问号、句号等。在涉及重要信息或容易引起误解的情况下,尽量规避简化或者缩写,以免造成理解上的困难。如果发现可能存在歧义或误解,需要及时通过后续的短信进行澄清,以确保双方理解一致。比如:"请您确认是否收到我的邮件,并明白了我提出的请求。谢谢!"另外,还需要尽量避免拼写错误和语法问题,这不仅有助于增强信息的清晰度,也能提升专业性和表达的准确性。

(四)及时进行回复

在收到对方信息后,必须及时回复,表示出对对方的尊重和重视。即使不能立即回复,也应尽快给予回应,如"收到,会尽快给您回复",从而避免使对方感到被忽视。我们可以通过设定优先级的方式,将重要和紧急的信息放在优先处理列表中,并优先回复这些信息。尽量保持手机处于在线和来信提醒状态,以便及时接收和回复信息。如有必要,可以设定专属声音或者振动提醒,以确保不会错过重要信息,并及时回复对方消息。不能拖延,需要快速给出简洁的回复,表明已收到对方信息并理解内容。如果无法即时回复,可以告知你预计的回复时间,让对方知道你会尽快处理。比如:"收到,我会立即处理此事。谢谢!"

(五)避免长时间的文本对话

在一条短信中尽量传递完整的信息,在表达意见和观点时,避免冗长的描述或解释。在短信最后明确请求对方确认是否理解了你的意思,避免多次往返的信息交流。在对话开始时设定一个结束点,明确在什么时间或在什么条件下可以结束对话,避免无休止的延续。尽量在有效的时间段内回复消息,避免间隔时间过长导致对话被拉长。面对复杂或涉及详细讨论的话题,手机短信可能不是最佳的沟通方式。这时,可以在短信中建议通过电话或面对面会议进行更深入的交流。

(六)注意隐私与安全

进行手机短信沟通时,还必须注意隐私和安全防护。避免在短信中透露过多的个人信息或敏感信息,尤其是身份证号码、银行账号、密码等敏感的财务信息或与身份相关的内容。收到陌生人或未知来源的短信时,尤其是短信带有链接时,谨慎点击,谨防被骗。要确保链接的来源和安全性,以防受到钓鱼或恶意软件的攻击。如果条件允许,使用支持端到端加密的即时通信应用来传递敏感信息,确保通信内容不被第三方轻易截取或窃取。定期清理手机中的短信和聊天记录,尤其是包含敏感信息的内容,以防泄露。

【案例5-4】

在一家跨国公司,全球市场部门经常需要与不同时区的合作伙伴和客户进行沟通和协调。小张是该部门的项目经理,他负责与欧洲的合作伙伴商讨下一季度的市场推广计划。

一天,小张接到了欧洲合作伙伴Peter的来信,小张提议通过视频会议进一步讨论计划。由于时差和双方日程安排的复杂性,他们很难找到一个合适的时间进行实时的视频会议。在几轮邮件沟通后,小张决定通过短信与Peter直接联系,以尽快确认会议时间和内容。他发送了以下短信。

小张:Hi,Peter,你好!我们可以考虑这样一个时间吗?北京时间明天下午4点(你们的时间是早晨10点)进行视频会议?我们可以就市场计划和策略进行深入讨论。

Peter:Hi,小张,那个时间对我来说正好。请确认会议链接和议程。谢谢!

小张:好的,我会准备会议链接并发送给你。会议议程我会稍后发送给你确认。

通过这番短信沟通,他们成功地确认了视频会议的时间和内容安排,避免了长时间的电子邮件往来和时差带来的沟通障碍。这不仅节省了双方的时间,还保证了重要讨论的及时进行,有助于推动公司市场策略的协调和实施。

问题讨论:在商务场合中,手机短信沟通有什么特殊优势以及需要注意些什么问题?请谈谈你的理解?

【案例5-5】

二十四节气是中国传统文化中的重要内容,每个节气都有独特的意义和习俗。以下是一些祝福短信,可以向朋友、家人或同事发送,表达节气祝福和关怀。

立春:"立春到,万物复苏,愿你在新的一年里事业如春,生活如意!"

春分:"春分已至,百花争艳,愿你的生活如春天般美好,充满生机!"

小满:"小满节气,谷物渐满,愿你的事业步步高升,家庭幸福美满!"

小暑:"小暑时节,暑气渐起,愿你的心情常凉爽,身体健康!"

白露:"白露时节,露水渐凉,愿你的心情如秋水般清澈,前途一片光明!"

提问:请根据二十四节气的其他相关内容拟几条祝福短信,可以根据不同的节气和情境进行适当调整和个性化表达,表达对亲朋好友的美好祝愿和关怀。

实 训

活动一 根据不同情境进行手机短信沟通

1.你是公司项目经理,需要向客户确认下周一的会议时间和地点。请用一条短信完成这个任务,确保信息清晰、礼貌。

2.你和朋友约定本周末一起去看电影,但时间需要再次确认。请用一条短信向朋友确认具体时间和地点,并表达期待之情。

3.你是学生会成员,需要向所有会员通知明天紧急开会的时间和议程。请用一条短信通知所有会员,确保信息简洁明了并及时到达。

4.你在网上购买的商品出现了质量问题,需要向商家提出退货请求。请用一条短信表达你的问题并请求解决方案,包括退货流程和时限。

5.你很久没联系的朋友突然发来问候,你想回复一条短信表达你的近况并询问对方的情况。请用一条短信进行回复,展示你的关心和友好。

短信的评估要求:

1.信息是否清晰、完整,没有遗漏重要细节。

2.语言表达是否礼貌、得体,使用的语言是否适合具体场合。

3.短信的排列顺序是否合理,逻辑是否清晰。

4.是否能够用简洁而有效的语言达到沟通的目的。

每个自测题都可以在完成后由他人或教师进行评估和反馈,以帮助提升沟通能力和改进书面表达的技巧。

活动二 职场手机短信沟通技能训练

背景介绍:同学们正准备进入职场,需要掌握有效的手机短信沟通技能,以便能够在工作中进行高效的沟通。

预期目标:帮助同学们理解和应用手机短信沟通的基本原则,包括简洁明了、礼貌和效率,并提高同学们的沟通技能和自信心。

具体情境设计如下。

任务一:安排会议

学生被要求通过手机短信与同事安排一次重要会议。学生需要选择适当的时间和地点,并用礼貌和明了的语言进行邀请和确认。

任务二:求助和建议

学生被要求通过手机短信向导师或同事求助和请求建议,例如寻求项目方面的帮助或指导。他们需要清晰地表达问题和需求,并礼貌地请求对方的帮助。

任务三:庆祝和祝贺

学生被要求通过手机短信向同事或朋友发送祝贺消息,例如生日祝福或工作成就的祝贺。他们需要使用友好和礼貌的语言表达祝福,并确保表达的内容恰当和真诚。

任务四:应对紧急情况

学生被要求模拟一场紧急情况下的手机短信沟通,例如突发事件或客户投诉。他们需要快速、明确地回复,并在处理过程中保持冷静和专业。

评估方法:

1.学生提交完成的短信任务,并通过标准化的评分表对他们的短信进行评估,包括简洁明了、礼貌和高效等方面的表现。

2.可以通过角色扮演或模拟实际情境来评估学生在紧急情况下的应对能力和沟通技巧。

自测题

1.为什么在一些情况下,使用手机短信比面对面交流或电话更合适?

2.在商务环境中,用手机短信安排会议的方式有什么特别之处?

3.传统节日或重要场合,通过手机短信发送祝福的方式有哪些值得注意的文化因素?

4.在与长辈或上级沟通时,你会如何调整你的手机短信语言表达方式? 举例说明。

5.当你需要在短信中发送敏感信息(如账号、密码等)时,你会有什么特别的防范措施?

任务三　微信沟通

一、微信沟通的内涵

(一)微信沟通的定义

微信(WeChat)是腾讯公司于2011年1月21日推出的一个为智能终端提供即时通信服务的免费应用程序。如今微信作为一个社交媒体和服务平台,为工作和日常的沟通交流提供了新的思路。Facebook创始人之一马克·扎克伯格曾说过:"当我们谈论社交时,我们不仅仅是在讨论在线交流,而是在谈论一种全新的社会互动形式。"移动互联网迅猛发展的当下,微信走进千家万户,成为现代人工作、学习、生活中必不可少的沟通工具。

微信沟通是指利用微信这一即时通信和社交平台进行信息交流、沟通和互动的过程。微信作为一个综合性的移动应用程序,不仅提供了文字、语音、图片、视频等多种形式的信息传递方式,还包括朋友圈、群聊、公众号、小程序等功能,用户可以在个人生活和工作中进行广泛而便捷的沟通。目前微信的功能包括:即时通信、社交网络、支付、多媒体分享、小程序与公众号商业营销服务等等。微信主要用于即时的文字消息、语音消息、图片和视频传输等通信功能,使用户能够实时与朋友、家人和同事沟通交流。微信现在已经成为了一个非常重要的社交媒体平台,截至目前,根据腾讯公司数据,微信及 WeChat合并活跃用户达到了13.71亿。

微信用户可以通过建立个人资料、发布朋友圈动态、加入群聊等方式扩展社交圈。除了文字消息,微信还支持图片、视频、表情等多种媒体内容的分享和传输,增强了沟通的丰富性和互动性。微信还支持小程序和公众号,用户可以通过小程序进行更复杂的应用功能和服务,而公众号则提供了媒体资讯、企业服务等内容。微信已经成为许多企业和品牌进行营销、客户服务和销售的重要平台,通过公众号和小程序提供多样化的服务。微信支付是其重要的功能之一,用户可以通过微信支付进行转账、支付账单、购买商品和服务等。微信成为了日常生活必不可少的一部分。微信注重用户数据的安全和隐私保护,采取了多种措施来确保用户信息的安全性,例如端到端加密技术等。

(二)微信沟通的特点

1.信息传播的即时性

微信消息的即时传递性使信息能够迅速在用户之间传播。无论是文字消息、图片、语音还是视频,用户都能在第一时间收到和反馈信息,有效提升了信息传播的速度和效率。微信是功能强大的社交软件,一个公众号可以有成千上万的粉丝,都可以对信息进行评论、点赞和举报,实现与作者的互动。即时沟通,能让彼此的联系更加紧密。

2.具有社交网络效应

微信的朋友圈和群聊功能使用户能够轻松分享内容并与朋友、家人、同事等社交圈子互动。这种社交网络效应扩大了信息的传播范围和影响力,一条内容可以通过朋友的转发和评论快速扩散到更广泛的人群。如今的移动互联网时代,每个微信用户都可以通过微信随时随地发布自己喜欢的信息,发布的过程很便捷,不需要繁杂的程序,所以能保持高速传播,在朋友圈好友或众多粉丝的传播下,信息的影响面非常广。

3.个性化推荐和定制化

微信通过算法分析用户的行为和兴趣,能够向用户推荐个性化内容,包括订阅号、公众号、小程序等。这种定向传播使得用户更有可能接收到他们感兴趣的信息,提高了信息的传达效果和用户的参与度。在进行项目沟通时,微信沟通还可以实现定制化。

比如为加强特殊信息的保密与在限定人员之间的流通,可以根据工作需要,在微信平台中随时组建专业领域或特殊人群的互动群甚至是临时群,可随时发起、随时解散。由于工作领域、专利技术、商务经济、团队议事等事情的需要,部分信息往往要限级、限人和限部门流通,以防止重要信息外传或扩散从而影响其价值。建立与业务、岗位相关的多频道内部互动群,既是满足项目内部沟通的需要,也是满足提高对特殊信息进行保护的需要。

4.多媒体形式的丰富性

微信支持多种形式的内容传播,如文字、图片、语音、视频等。用户可以根据信息的性质和目的选择合适的传播形式,使得信息更加生动、丰富,同时也增加了对信息的关注度和参与度。微信利用超速网络和移动智能设备,实施图文适时传输,通过移动智能设备与5G高速网络技术的结合,可以随时、快速地获取除文字外的图片、视频等画面感强、图文声集成的"超大容量"信息,极大地提高了信息的"现场真实性"和传播速度,能全天候地让信息接收者"身临其境",第一时间掌握现场实际情况。

5.群体互动和意见领袖效应

用户可以通过各自的微信号发起建立一个可以相互沟通的微信平台,把不同层级、不同部门和不同岗位的管理人员全部集中到一起,"打破"现有的行政体制与管理层级,改变传统意义的"金字塔"式的沟通管理方式,彻底实现"虚拟扁平化"。另外,微信群聊和朋友圈的互动功能也促进了群体内部的信息共享和讨论。在群体中,一些具有影响力的用户或意见领袖可以通过他们的行为和言论对群体的观点和态度产生重要影响,进而影响信息的传播路径和效果。

6.社交信任和口碑传播

微信的社交性质使信息传播更具有信任度和说服力。用户更倾向于相信朋友或认可的公众号发布的信息,因此通过微信传播的内容常常伴随着社交信任和口碑效应,有助于信息的广泛传播和接受。以手机通讯录和QQ好友为基础建立的微信交流,大部分都是熟人,所以信息更为安全可信,传播也很广泛。另外,用户之间的交流还是私密进行的,包括用户的动态信息也只是在认识的人之间进行传播,进而确保了信息沟通的隐蔽性。

二、微信沟通的内容

微信作为一种综合性的即时通信和社交平台,其沟通内容涵盖了多个方面,具体包括以下几个方面的内容。

(一)文字消息沟通

文字消息是微信最基本的沟通方式,用户可以直接输入文字,发送给好友或群聊。文字消息可以涵盖各种内容,包括日常闲聊、问候祝福、交流感受、互动分享等。使用微信发送文字消息,可以邀请朋友或同事参加聚会或其他社交活动;可以传递工作中的信息和计划安排,如活动时间、内容安排、工作任务等;也可用于提出对工作计划的建议和意见,帮助高效率完成工作,以及用于专业环境的场景沟通,如商务沟通、客户服务、项目讨论等。

(二)语音消息沟通

微信语音消息允许用户通过录音的方式发送语音信息,最长的不超过60秒。这种方式比文字消息更直观、便捷,适合需要快速表达的情境或者无法打字的情况。语音消息可以有效地传达语调、情感和信息,比纯文字更富有表现力和生动性,也比文字更快速地传达信息,特别是在需要快速反馈或者表达复杂意思时,比打字更为高效。另外,微信还提供语音消息转文字的功能,使得接收者可以选择将收到的语音消息转换成文字,便于阅读和理解,增加了消息的灵活性。

(三)音视频通话

微信支持视频通话和语音通话功能,用户可以通过网络进行实时的视听交流。这种方式不仅可以实现个人的远程沟通,也广泛应用于工作和商务会议等场合。音视频通话适用于即时沟通、快速决策或直接交流的情况。音视频通话不仅可以准确传递语言信息和情感,还能通过视觉和非语言的方式更加直观地交流。微信的音视频通话功能可以跨终端支持,还能实现屏幕共享功能,这样便于沟通时的信息实时共享以及实现不同场景、设备的实时高效协作。

(四)表情和动画表情

微信沟通提供丰富的表情符号和动画表情,用户可以在沟通中丰富和表达自己的情感、态度,增加沟通的趣味性和互动性。表情包操作便捷,微信免费提供相应的表情包,用户也可以自制表情包,还可以通过付费定制方式拥有更多内容丰富的表情包。生动、富有表现力的图像能精准地传达出用户希望表达的信息和情绪,不仅受到年轻人的喜爱,也全面进入各类互动场景之中,扩大了社会各群体之间的信息流动。微信表情沟通功能极大地推动了用户之间个人喜好与情感信息的交流。

(五)图片和视频分享

用户可以通过微信发送、接收图片和视频,即时分享生活中的瞬间、活动、风景等。这种沟通方式不仅用于个人社交,也广泛应用于群组间的沟通交流、项目工作进展分享、团队会议记录或者产品展示等等。图片和视频分享功能也常被用来表达情感和关怀,如发送节日祝福、生日祝福或者慰问和安慰的图片视频,增加了沟通的情感色彩。

(六)朋友圈动态

朋友圈是微信沟通的重要功能之一,用户可以在朋友圈发布文字、图片、视频等动态,与好友分享生活中的点滴和心情。朋友圈支持互动评论、点赞等功能,这加强了用户之间的社交互动,从而增进双方之间的情感联结。朋友圈同样可以用于公司的宣传活动、项目或者产品推广、公益信息传播等。用户还可以发布活动通知、捐款募集或其他活动的相关内容,从而扩大信息的传播范围和影响力。

(七)群聊和群组沟通

微信沟通允许用户创建群聊和加入群组,群组成员可以通过文字、语音、图片等多种方式进行群内沟通和交流。群聊和群组功能广泛应用于各类团队协作、兴趣爱好群组等场景。群聊支持多人实时语音、视频聊天,也可以在同一个聊天窗口中进行文字消息、语音消息和表情的发送和接收,从而实现各级范围的团队讨论、朋友群的互动等场景。微信群聊还支持定制化功能,如群聊内置小程序、群接龙、群待办、群问卷、群投票、群红包等,丰富了群聊的互动形式和应用场景。用户还可以加入或创建行业群组和兴趣小组,与志同道合的人分享行业动态、技术经验、兴趣爱好等。这种形式有助于扩展社交圈子、获取行业信息、加强团队沟通、实现个人成长。微信群组还常被用于组织和管理各种活动和社交聚会,如聚会邀约群、活动筹备群等,方便组织者和参与者之间的沟通和协调。

(八)商业和营销领域沟通

微信作为一个强大的社交平台,也被广泛应用于商业和营销领域。微信已经成为许多企业和品牌进行营销推广和客户服务的重要平台。通过微信的各种功能,企业可以与用户建立更紧密的联系,推送产品信息、促销活动和品牌故事,提供在线客服和售后服务,实现线上线下的无缝连接,促进销售和用户体验的提升。微信可以说是一种精准营销,潜在用户转发后,可以发掘潜在用户的朋友圈资源,产生"乘积效应",让更多的人关注和参与其中,实现成倍营销。微信粉丝的稳定性及真实性使得微信成为获得用户稳定、持续联系的良好渠道。点对点的交流保证了沟通的顺畅和及时,便于了解用户的真实需求和真实身份。微信的针对性很强,在客户调研方面可以提高调研的有效性,从而降低调研的成本。

【案例5-6】

小明是一名忙碌的白领,他每天需要处理大量的工作任务和日常琐事。他通过微信与家人、朋友和同事保持联系,并且利用微信的多种功能来提高工作和生活效率。

具体使用情境如下。

日常生活:小明每天早上利用微信给家人发消息询问他们的早餐和安排,确保家庭成员的日常生活有序进行。他还会通过微信语音消息向家人表达关心和问候,尽管工作繁忙,他也能保持亲情交流。

工作沟通:小明在工作中经常需要与同事进行及时的沟通和协作。他通过微信群组或私聊与团队成员讨论项目进展、安排会议和分享文件,保持工作的高效协作。

社会交往:尽管时间有限,小明也能通过微信朋友圈了解朋友们的生活动态和分享,通过点赞和评论与朋友们保持联系和互动。

兴趣发展:除了工作和生活,小明还通过微信加入兴趣小组和社交活动,参与运动、旅行、学习等,扩展自己的社交圈和个人兴趣爱好。

问题讨论:小明通过微信与团队沟通和协作,是否提高了工作的效率? 如果有,是因为哪些方面的便利和功能支持?

三、微信沟通的策略

(一)个人沟通策略

通过微信与朋友、家人、同事、客户、领导沟通的过程中,保持友好、真诚是建立良好关系的基础,通过使用文明用语、尊重对方的观点和感受以及避免冲突和误解等方式与对方沟通。如果发送语音消息,要尽量选择安静的环境,避免背景噪声干扰,以确保语音的清晰和可听性,同时要注意语速和清晰度,确保接收者能够清晰地听到并理解所传达的信息。

及时回复对方的微信消息是必要的,能显示出你重视对话和尊重对方,从而建立良好的沟通习惯和形象。即使不能立即回复,也应给予简短的文字或者表情表明已经看到消息,并将在稍后回复。通过微信提供的文字、语音、图片、视频、文件分享、在线协作等多种形式进行沟通,需要沟通双方根据情境和内容选择合适的沟通方式。避免在公共场合或不信任的环境中发布敏感信息。避免含糊不清的表达,尽量直观、清晰地传达自己的意图和想法,以减少沟通误解和不必要的回复。通过微信表达对他人帮助和支持的感谢,对他人成就和贡献表达赞扬,从而增强人际关系的正面影响力。

(二)群体沟通策略

微信的群组和群聊功能为群体沟通提供了便捷,适用于团队协作、行业交流和兴趣分享等多种场景。在具体沟通时,需要注意在群组中建立明确的群规和良好的管理机制,维护群内秩序和氛围,促进信息的有序交流,禁止发布虚假和违规信息等。群主可以定期分享有价值的相关信息,如行业动态、项目进展或专业知识,以增强群组成员的参与感和价值感。利用微信群组的多媒体、文件分享、协作文档等功能,能够方便成员之间的文件传递、讨论和决策,提升团队工作和协作效率;鼓励群组进行积极互动和讨论,通过互动话题、群待办等方式,激发群体成员参与和表达意见的热情;使用微信群体沟通,也促进了团队协作、信息共享和专业交流,能进一步提升工作效率和团队凝聚力。

(三)企业和品牌沟通策略

利用微信进行企业和品牌沟通时,可以在公众号和个人名片上展示专业形象,包括清晰的头像、详细的个人资料和对行业的专业评论。企业则可以定期发布有价值的行业资讯、产品信息介绍、使用教程、实用建议和服务更新等内容,吸引目标用户关注和订阅公众号。微信沟通运营人员需要与关注者保持互动,建立稳定和持久的关系,提升影响力和认知度;还可以通过微信公众号或朋友圈分享专业见解、行业新闻、新颖观点和个人成就,树立个人品牌和专业形象。

通过微信沟通积极与粉丝互动,回复评论、点赞、参与讨论等,增强用户参与感和信赖感,建立良好的社群氛围。鼓励用户在群内或者公众号评论区提出问题和反馈,及时回复用户的疑问,从而提升用户满意度和体验感。利用微信平台进行限时促销、折扣优惠和特别活动推广,激励用户参与和购买。企业还可通过微信沟通提供在线客服支持,帮助用户解决订单、产品使用、技术支持、售后服务等方面的问题,提升用户对产品和服务的体验和忠诚度。

(四)团队协作和管理沟通策略

团队成员在微信群组沟通中需要设立清晰的沟通规则,如工作时间、优先事项等,确保信息的及时传达和理解。设立清晰的规则和目标,可以促进团队成员之间的沟通和协作。利用微信群组和云存储功能,方便团队成员共享文件、资料,更新项目进度、讨论问题,在线文档协作可以在线编辑和提供建议,群待办或者群投票可以促进团队决策。定期使用微信进行团队会议、进度更新和发布重要通知,讨论项目进展、解决困难和制定下一步行动计划,确保团队成员间的信息同步和工作效率。通过微信群组分享团队成员的成就和奖励,增强团队的合作精神和工作动力。通过微信平台进行员工培训和信息发布,如培训资料的分享、政策的解读和企业文化的传播,提升员工的归属感和幸福感。

(五)微信沟通的礼仪策略

微信作为一种社交和沟通工具,在使用中需要遵循一定的礼仪规范,以确保良好的沟通效果和人际关系的维护。比如,与领导的微信沟通,担任"话题终结者"角色的应是下属,不要让领导的信息成为"句号"。如果是面向大众的通知类信息,简单回复"收到""知悉"等即可,避免回复单字"好",通常单字的回复出现在上级对下级的沟通中。如果是工作执行类的消息,回复"收到"还不够,此时,需与领导进一步确认工作细节等必要的内容和环节,解除领导觉得"你不知道"或"你知道得不够全面"的疑虑和担心。同时,其他的微信礼仪也应重视。没有经过允许不发聊天截图,不滥用截屏,遵守群规则,慎用语音,信息沟通简明扼要、高效。如果需要对方协作,需要把要求对方做的事情放前面,先列出结论再说明事情,避免一句一条地聊天,使发送的信息一目了然,重要内容清晰直接。特别需要注意的是,重要的事情可以直接通过微信电话沟通;同时,应区分朋友圈和工作圈,勿滥用私人化表情,并及时回复信息等。

微信作为一个多功能的沟通平台,适用于个人社交、商业营销、客户服务、团队协作等多个领域。有效的微信沟通策略能够帮助个人建立良好的人际关系,帮助企业扩展市场和提升品牌影响力,提升用户的体验和满意度以及团队成员的归属感和幸福感,也能帮助团队提升工作效率和团队凝聚力,最终通过灵活运用微信提供的各种功能和工具,更加高效地实现沟通目标与效果。

【案例5-7】

某医院建立了一个日间多学科团队微信沟通群,成员由各专科组医生、麻醉师、手术室和日间病房护士组成,共同制定工作流程,他们利用微信进行了以下内容的沟通。

1.信息传递

团队成员可以通过微信快速传递与手术相关的信息,如手术时间、手术室安排、患者病历等。

2.术前讨论

团队成员可以在微信群中进行术前讨论,分享手术经验、研究最新的手术技术和治疗方案。

3.术中协作

在手术过程中,团队成员可以通过微信实时交流,协调各自的工作,提醒注意事项,确保手术顺利进行。

4.术后反馈

团队成员可以通过微信分享手术结果和术后病情,讨论手术效果和改进措施,并阶段性讨论工作中发现的问题和改进措施,对工作流程进行不断优化。

问题讨论:如何在微信群中促进有效的团队沟通?有哪些方法可以确保所有关键信息都被充分讨论和考虑?

实 训

活动一　基于微信沟通的项目团队协作

预期目标:通过实际项目模拟,培养同学们在微信平台上的团队协作和沟通能力,包括信息共享、决策协商和任务分配等方面的技能。

项目的任务与实施:

1.团队建立与沟通规则制定

参与者根据项目需求,创建一个微信群组作为团队协作的主要沟通平台,并制定团队沟通规则,如工作时间、信息共享频率等。

2.项目任务分配与进度管理

团队领导或项目经理在微信群组中发布项目任务,并根据成员的专长和兴趣分配不同的任务角色。

3.信息共享与协作讨论

团队成员利用微信群组分享项目进展、遇到的问题和解决方案,并展开讨论和协商。

4.文件和资源管理

团队成员利用微信群组或微信文件传输功能共享项目文档、数据和资源。

5.危机管理与团队建设

模拟项目中可能出现的问题或危机情况,在微信群组中进行讨论和解决方案的制定。

项目总结与成果展示:项目结束时,团队成员总结项目经验和成果,撰写项目报告或在微信群组中分享项目成果。评估团队项目的完成情况和成果展示,包括任务完成度、团队合作度和成果质量等方面。组织参与者填写反馈表,收集对项目流程和微信沟通工具使用的意见和建议。总结项目经验和教训,为未来类似实训项目的设计和实施提供改进建议。

活动二　评估你的微信沟通能力

下面的自测题为单项选择题,请从给出的四个答案中选择一个你认为的最佳答案。

1.在微信中,以下哪种方式可以最有效地保护个人隐私?

　　A.公开分享个人生活细节和照片。

　　B.定期更改微信账号密码。

　　C.接受陌生人的好友请求。

　　D.使用微信朋友圈设置隐私权限。

2.如果你在微信群中遇到争议或冲突,你会选择如何处理?

　　A.不予理睬,并立即退出群组。

　　B.发不屑表情和语气强硬的消息表达自己的立场。

　　C.私下与相关成员沟通解决问题。

　　D.在群里公开争论直到解决问题。

3.当你收到微信好友发送的令人不适的内容时,你的第一反应是?

　　A.直接删除、拉黑对方。

　　B.保留消息作为证据,向平台客服举报。

　　C.回复对方,表达你的不满并要求对方停止这种行为。

　　D.在群聊或朋友圈展示截图,公开点名批评好友的行为。

4.在微信上的朋友圈发表内容时,你认为最重要的是什么?

　　A.只是确保每天都有内容更新。

　　B.发布未经证实但有卖点的内容并吸引大量关注。

　　C.保证内容的价值和真实性。

　　D.只管发布,不会考虑是否有负面情绪或争议。

5.在微信群组中有效沟通的关键是什么?

　　A.积极发表自己的观点,尊重彼此,礼貌沟通。

B.看到他人的消息和问题,已读不回。

C.发送大量的表情符号和图片。

D.有不同意见时,与群内其他成员直接争论。

6.如果你需要在微信上与同事进行重要的工作协作,你会选择使用哪些功能?

A.微信语音消息和视频通话。

B.微信群组聊天和文件共享。

C.微信表情和动态表达想法。

D.微信红包和游戏活动。

7.在微信中,如何有效地保护账号安全?

A.使用简单易猜的密码。

B.避免在公共网络上登录微信。

C.随意接受陌生人的好友请求。

D.绑定手机号码以便找回密码。

8.你如何评估在微信上与他人交流时的礼貌和尊重?

A.经常使用大写字母和感叹号来表达强烈情绪。

B.定期发送无意义的信息以保持联系。

C.尊重他人的观点和意见,避免冲突和争论。

D.在微信群里公开批评他人的行为和态度。

答案解析:

1.D 使用微信朋友圈设置隐私权限是保护个人隐私的有效方式。

2.C 私下与相关成员沟通解决问题是处理争议或冲突的建议做法。

3.C 回复对方,表达你的不满并要求对方停止这种行为是处理不适内容的第一反应。

4.C 保证内容的价值和真实性是在朋友圈发表内容时最重要的考虑。

5.A 积极发表自己的观点,尊重彼此,礼貌沟通,是在微信群组中有效沟通的关键。

6.B 微信群组聊天和文件共享是与同事进行工作协作的有效功能。

7.B 避免在公共网络上登录微信是保护账号安全的建议。

8.C 尊重他人的观点和意见,避免冲突和争论是在微信上交流时的礼貌和尊重的体现。

根据你的答案,评估你在微信沟通方面的了解和应用能力,以及是否需要进一步加强某些方面的知识和技能。

自测题

1.如果你在微信上有个人品牌或公众形象,你如何利用微信朋友圈或公众号来管理和塑造自己的形象?你认为内容的质量和发布频率对个人品牌建设有何影响?

2.微信群组和朋友圈如何成为你社交网络的一部分？与传统社交方式相比，它们的优缺点是什么？在虚拟社区中，你如何维护和培养真实的人际关系？

3.在使用微信时，你如何保护个人隐私和信息安全？是否曾经遇到过隐私泄露或安全问题？如何应对和预防这些问题？

4.微信朋友圈和群聊如何影响你的社交互动模式？它们是如何促进或阻碍你与朋友、家人和同事之间的交流的？

项目六
会议沟通

知识目标

• 了解组织高效会议的方法与步骤。

• 掌握参加会议的即兴发言模式和主持会议的技巧。

• 掌握召开网络会议的关键步骤与沟通技巧。

能力目标

• 能理解沟通在组织高效会议中的重要性,并能选择正确的沟通步骤与方法。

• 能遵守会议规则恰当发言,并能目标明确地主持会议。

• 能熟练运用工具召开网络会议并有效组织视频会议。

素质目标

• 培养时间观念和效率意识。

• 培养团队精神和大局意识。

• 培养包容、尊重、平等、互利的品质。

案例导入

部长在 4 月 7 日告诉小杨,在五一劳动节之前,想要召开一次以"发展经济、推广经验"为主题的全市各大企业负责人会议,共同商讨经济发展相关问题,对某些杰出企业进行表彰并开展经验推广。因为这次会议规模较大,所以,小杨接到通知之后,先是与其他几位秘书进行了分工合作,设立了相应的资料组、联络组、宣传组、后勤接待组、保卫组。

每个不同的小组都有自己的独立任务在身:资料组主要负责各种会议文件的准备、起草、印发、清退等工作;联络组负责各机构间的传达反馈;宣传组负责会议的宣传工作;后勤接待组负责会议的接站、报到、签到、资料发放、食宿、参观、车辆调度、会场安排、设备保障等工作;保卫组负责会议期间的安全保卫、车辆停放指挥等工作。小杨因为参与了多次大型会议的组织,被分配到了资料组中。虽然最终一共有十几位秘书人员参与了整个会议的筹备,但会议前期准备工作依然用了长达 15 天的时间才完成。

问题讨论:

1. 如何组织与筹备此次会议?

2. 如果你是小杨,你会怎样做好会议沟通工作?

3. 如果你是会议参与者,在大会发言时有哪些注意事项?

4. 除了组织大型现场会,还可以采用什么形式召开会议?如何沟通?

> 管理者的最基本功能是发展与维系一个畅通的沟通管道。
>
> ——切斯特·巴纳德

会议是组织内部或外部的一种沟通形式,任何企事业单位都不可避免地要开会,会议组织是一项极为纷繁复杂的工作,从上述"某机关秘书小杨的会议准备"案例可以看到,会议沟通是会议管理的重要手段,是一种重要的职场沟通方式,是共享信息、交换意见、达成共识、解决问题、做出决定的重要管理行为。有调查表明,管理者生涯中有至少 25% 的时间花在团队会议上,多则高达 70%—80% 的时间花在与他人或团队的沟通交流上。一个单位的员工越多,执行关联任务的复杂性就越高,越需要通过会议的纽带来协助各方有效运行。

会议沟通对提高组织会议的效率起着关键性的作用,良好的会议沟通是高效组织会议的保障,是事业发展的推动剂,也是管理者获得成功的核心能力。

任务一 组织高效会议

一、会前筹备

组织高效会议包括会前筹备、会中把控和及时跟踪三个步骤,提前周密地筹备会议是前提和基础。会议筹备是会务相关人员进行会议管理的主要内容。不管是大型会议还是小型会议,在会议筹备阶段需要工作人员关注的问题非常多。大致而言,在会议组织和筹备中,秘书人员需要重点沟通和明确的是"5W1P"内容。

(一)Why——为什么要开会

如果想提高会议效率,首先应该明确会议的首要目的是什么,组织会议时应想清楚究竟为什么要召开此次会议。如果组织者无法将会议目的简化为一句话,这就意味着会议的目的不够明确。为了明确会议目的,需要问三个问题:一是这次会议是不是非开不可?二是有没有其他可以实现目标的方法?三是有没有别的方式召开会议?如果会议并不是非开不可,还有其他手段一样能实现目标,或者不一定需要开现场会议来解决问题,就不要浪费时间,不要为了开会而开会。

(二)What——开会的主要议题是什么

如果决定召开会议,必须要明确开会的主要内容。无论是正式会议还是非正式的会议,无论会议时间长短,都应该准确地找到要解决的问题,确定会议议程。有了会议议程,与会者才能更好地聚集议题、参与讨论,并就将要完成或未完成的事情做出决定,从而确保会议围绕议题高效展开,便可大大地提高会议的效率。特别需要强调的是,会议越重要,组织者就越有必要提前分发会议议程。

(三)When——会议什么时间召开

每场会议都会产生直接或间接的费用,即会议成本。计算会议成本的一种简单方法是用所有与会者的时薪总和乘以开会的时间。因此,组织会议需要考虑会议什么时候召开?持续多长时间?什么时候结束?要不断反思会议的时长是否合理,一般而言,会议简练、有序、流畅、用时短,就意味着效率更高,会议更有价值。

(四)Where——会议地点在哪里,环境和场景如何

对会议地点的选择是会议能否成功召开的关键因素。会议组织者要对会议地点以及会议召开的环境和场景进行精心安排,包括找到合适的会议室,并提前检查会议室布局,确保会议室具备满足会议需要的一切设施和条件,如足够的桌椅、舒适的照明、适宜的温度、良好的通风、适当的茶水等等,提前做好会场布置工作。会议地点及场景的选择目的是使与会者能够舒适自在地开会,不受会场环境的干扰,发挥最佳思维,确保会议的有效性。

（五）Who——会议应该邀请哪些人参加

从控制会议成本的角度看，出席会议的人数应控制在最低限度，并不是邀请所有人参加才能保证公平，而应该只邀请那些需要处理议程上议题的员工参加会议。作为会议筹备者，要不断问自己：真正需要谁参加这次会议？谁可以对决策作出贡献或解决问题？谁更需要知晓这些信息，是否有更好的方式向他们传递信息？

（六）Preparing——会议准备

充分做好会议安排，准备预案，预测会议中可能会出现的问题，做好应对计划。

在将以上事情做好之后，秘书人员应向与会人员发放会议通知，一般情况下，派发会议通知要在会议正式举行前3—7天进行。规格较高或与会人员准备工作较复杂的重要会议，派发会议通知可提前1—3个月，比如国际研讨会等。例行性的小会议可以使用电子邮件、微信、电话等便捷方式通知与会者。重要会议的通知、非常规例会的通知，需要秘书人员亲自送达，重要人物的邀请，需要重点对接落实。

会议组织者要尽可能确保所有与会者为会议做好充分的准备：充分理解会议目标、议题和日程，做好资料准备和思想准备；为参加会议提前预留足够的时间，按时出席会议；做好思想和心理上的准备，愿意和其他与会者共同实现会议目标。

【案例6-1】

某建设工程有限公司总经理秘书文君请前台秘书张萌协助，向公司的各部门主管发送一次重要的临时会议通知。

张萌没有向各主管发送通知，她想反正是内部会议，只要在公司布告栏上贴一张通知就可以了，可是她忽视了一个问题：此次会议是临时召开的重要会议，并非公司例会。因此，有应参会人员因为一直在工程现场，未能及时看到通知，造成了3位主管未能准时到会，等到发现时，已是星期三的中午，张萌只得匆忙用电话通知3位主管迅速赶到开会地点。其中销售部龙部长接到电话后不满地说："这么重要的会，为什么不早下通知？我下午约了客户，会议只能让我的助手去开了。"张萌急忙说："那可不行，总经理特别指示，有关人员务必准时出席。"龙部长说："可是我已经通知了客户，改期也来不及了，你说怎么办？"张萌张了张嘴，可什么也说不上来。

问题讨论：前台秘书张萌在会议通知中出现了什么问题？如果你是前台秘书，你会怎么做？

二、会中把控

一是说好开场白。在会议开场环节，主持人应形象得体、主持到位，根据具体情况灵活应变。主持人应控制好开场白的时间，一般情况下，开场白的时间要控制在5分钟以内。直截了当宣布会议的主题、目标、议程及规则等，特别要讲清楚问题，强

【知识链接】

调问题的重要性、迫切性,吸引与会者的兴趣和注意,确保与会者清楚预期的结果、议程、基本规则和对活动的期望,增强与会者的责任心和参与感。

二是引导会议进程。如何引导和控制会议进程?紧盯会议目的,紧扣会议议题,把控好会议方向、会议节奏,保持警觉,积极倾听,并保持良好的兴趣和参与度,为其他参与者树立一个好的榜样。注意倾听和观察与会者的情绪变化,调节好会议气氛,防止与会者讨论与议题无关的内容,随时准备以主持人的方式进行干预,引导与会人员更好地参与,防止出现会议偏离主题、拖延会议时间、浪费所有与会者的时间和精力的问题。

三是总结会议成果。概括已经取得的成绩或已达成的共识、做出的决策等,强调下一步的落实要求,任务分配到部门和个人,让决策能执行,执行有方向。

【案例6-2】

林辉刚成为销售部经理,他规定每周一召开工作例会,要求每一位销售人员都要作上一周的工作报告,报告的主要内容是总结上一周的工作情况、主要业绩及在销售方面遇到的问题等。

由于刚上任,林辉并没有主持会议的经验,不能很好地控制会议节奏,严重延时。会议上常出现由于一些小事相互争执而跑题的情况,员工在私底下常常抱怨。

由于销售业绩下滑,林辉在某次会议开始后对每一名销售人员进行具体分析,找出其存在的问题,并指出改进的措施,就这样一连说了两个多小时。员工在领导没有说到自己的时候经常小声说话或偷看手机,会议秩序变得很混乱,以致会议到中午12点也没有结束。林辉告诉大家,下午接着开会。

到了下午,到场人数不足,有的员工下午要与客户见面,有的员工要准备产品资料,总之,他们觉得这样开会打乱了他们的工作安排,心里不满。林辉也慢慢意识到这样开会的效率确实不高。

于是,林辉开始做出调整。对个人问题,他会单独与员工面对面沟通,帮助员工提升自己;对团队中存在的共性问题,就放在会议上重点讨论;同时,把每周例会改为每月例会。这样,会议效率提高了不少,销售部门的业绩也快速提升。

问题讨论:

1.为什么林辉之前开的每周例会时间长且效率低?

2.从案例中你能领悟出哪些会议把控的技巧或方法?

三、及时跟踪

三分部署,七分落实。有一副对联:"今天会,明天会,天天开会;你也讲,他也讲,大家都讲",横批"无人落实"。这副对联批评的就是会议开了以后不能落实的情况。会议决议只有在工作中落实,会议才能取得实效,否则会议就开得毫无意义。所以,一旦通过会议形成了决议,对会议决议的跟踪非常重要,会后及时跟踪检查督办,这是组织高效会议的一项重要工作。

首先,跟踪要及时。会后应立即对会议达成的一致意见或者形成的有关决议进行跟踪。应对下一步的落实制定明确的计划和任务清单,并进一步明确责任部门及责任人、配合部门及配合人、完成标准及具体内容、完成时限、牵头领导等。

其次,督办要定期。综合督办部门要通过材料督办、现场督办、集中督办等形式对会议决议的落实情况和进展情况进行检查,对定期检查的结果要及时沟通反馈,也可定期通报,以便掌握进度,发现问题,督促改进,尤其是对推进过程的新情况新问题及时协调沟通,在事事有部署的基础上真正做到件件有落实。

再次,考核要兑现。跟踪的有力有效靠什么来保障?要靠考核这根指挥棒。要建立组织部门牵头抓总、责任部门相互配合、上下联动的考核工作联动机制,通过开展多方位、立体化考核,紧紧围绕会议决议及工作目标,通过考核发现薄弱环节及有效成果并兑现奖惩,实现"定性与定量相结合、考事与考人相统一"的最佳效果。

最后,总结要及时。决议执行完毕后进行及时总结,总结的方式多样,可以在阶段性综合报告中通报,也可以在相关的会议中通报反馈,确保会议决议得到有效的贯彻落实,件件有回音,事事有着落。

【案例6-3】

快下班了,分管安全工作的公司副总经理段玉一个电话把小向叫到办公室,吩咐小向通知一个会。小向接过段总递过来的文件,原来是下午刚呈送给公司总经理刘总审阅的上级单位《关于做好春节期间安全生产工作》的通知。

文件之前先送公司总经理刘总阅示,刘总批示了"请隆主任(也就是小向所在的综合部的主管)牵头落实"之后,文件才由小向呈送段副总经理。

段副总对小向指示:明天上午9点,召集综合部、安全质量部、资产管理部、财务管理部等几个部门开部署会,传达文件精神,研究具体方案,之后现场走访几个安全生产关键部位,小向你先弄个方案,我看过后马上通知。

小向心里一沉,明天不是周六吗,有这么着急吗?就不能下周一再开吗?于是小心翼翼地提示领导:"领导,明天是周六,把部门召集过来是不是不太好?周一开会是不是也不晚?"

段副总斩钉截铁地说:"安全生产无小事,对于上级的要求,回应态度是关键,及时开会研究部署就是态度的表现。下周末就是春节,怎么能再拖到周一!那不就晚了吗?出了问题我们谁也担不起!"

小向立即落实会议筹备各项事宜,于周六上午9点紧急召开了公司安全生产部署会,第一时间传达学习了会议精神,结合公司实际提出了在春节这个重要时间节点贯彻落实上级通知精神的具体举措,并研究了春节前重点岗位走访计划。

会毕,走访毕。领导吩咐小向:"你把上午会议和走访情况拟一段话,说明主题、参会单位、议程、研究的举措、传达落实的效果等问题,尽快发给我。"

小向疑惑,新闻有宣传部门跟踪记录报道啊,我写这个是做啥用途。

领导似乎看出小向的困惑,补充道:"你发给我,我改一下,发个短信把情况跟总经理报告一声。"

小向凝神一思,频频点头答应。

问题讨论:

1.为什么段副总要求加班也要立即召开会议?

2.领导为什么要吩咐小向把上午的会议和走访情况尽快发给他?如果你是小向,你还会做哪些会议跟踪的具体工作?

四、高效会议沟通的注意事项

一是事先做好计划,避免有会不备。会议筹备时必须想清楚要开什么类型的会议,小型会议、中型会议、大型会议,还是信息发布会、研讨会、座谈会、讨论会、培训会、分享会,需要谁参加、何时能与部分与会者讨论与他们相关的议题,用什么样的会议室,会议室如何布局,怎样排位,需要多少桌椅和其他设施,所有细节都需要提前沟通并一一落实。

二是尽早提供议程,避免议题不清。会议的议程就像一块清晰的"公共汽车站牌",在任何会议或任何报告中提高效率的一个好方法就是宣布"公共汽车站牌",指明在哪里上车,往哪里走,目的地是哪里。秘书或管理者要践行"无意外"原则,尽可能提前向与会者说明会议的目的并提供与会议主题相关的信息,也就是报"站牌",以便他们有机会准备和组织自己的想法。如果没有书面的议程,或者议程所列的议题不明确,与会者不清楚讨论的内容和会议的目标,也就无法聚焦主题,不能实现预期目标。

三是遵守时间约定,避免拖沓。按照会议安排时间准时开会和不拖延会议时间是会议的基本规则,会议时间也是一笔不小的"投资",因此,要树立会议召开的时间观念,按时开始与结束,按规定时间控制发言时长,养成不浪费开会时间的良好习惯,最大限度地节约时间和管理成本。

四是紧扣主要议题,避免议而不决。会议是管理的重要工具,会议的组织必须紧扣主要议题,不能偏离主题。对于需要讨论的议题,从一开始就明确发言时间,并要求直奔主题。当与会者意识到会议的时间有限或者讨论会议中某项议题的时间有限时,他们更会开门见山,抓住重点。这样,更有利于协调组织其他人帮助或合作完成工作,为组织争取最大的好处,取得更好的效果。

五是及时跟进督办,避免落实不力。会议的目的不是谈话,而是为行动做准备。如果会议结束时没有得出一个行动结论,没有具体的人做出具体的行动承诺或行动部署,那么这次会议只是一场无意义的讨论。如果会议讨论出一些很好的想法,但是因分工不明确、行动不迅速而没有落实,或者没有机制督办落实,这样的会议也谈不上高效。因此,每次会议结束时,都应就下一步的行动制订出明确的计划,并就以下问题达成一致:谁要去做什么? 需要谁来配合? 什么时间完成? 达到什么标准? 也就是说通过会议形成的路线图、时间表、任务清单等都要十分明确,每个人都知道要做什么,什么时候完成以及下一步将要做什么,并可督办可检查,真正做到会而必议、议而必决、决而必行。

实　训

活动一　讨论与分享

请同学们回想自己参加过的会议,如班会、茶话会等,请谈谈你的感受,思考并讨论什么样的会议才算高效会议。

活动二　情境训练

2023年12月,某局要按照上级要求贯彻"过紧日子"思想做次年的内部预算,分管预算的副处长谢梅认为内部预算年年都做,无非就是那些内容,今年上级下达的预算指标未增反减,矛盾重重,不如发几张表下去摸个底,让计财处负责汇总,然后对照去年的比例,按部就班弄个预算方案提交党委会研究算了。不集中开会,一方面,年底大家都忙,省去了组织会议的麻烦;另一方面,现在资金预算本来就紧张,不开会就不用回答各部门提出的难解的问题。计财处处长陈理则不这么认为,内部预算是财务管理的重要一环,是预算执行的基本前提和重要保障,虽然是每年的常规工作,但是召开内部预算工作会议仍有必要,有利于通过会议,统一思想,收集信息,让预算做得更加科学、合理,有助于重点工作推进及较好满足各部门需求。

如果你是分管计财的局领导,你会要求计财处怎样做? 为什么? 如果需要召开局年度内部预算工作会议,由你来组织筹备会议,你将开展哪些沟通工作以明确会议主题、时间、参会对象及会议议程等? 请以小组为单位开展讨论并展示小组集体讨论成果。

如果你是案例6-3中的秘书小向,你会怎样拟定会议方案? 在方案明确后将如何进一步做好会议沟通工作,让会议收到应有的效果? 请以小组为单位,进行角色扮演,将公司副总经理段玉、秘书小向、综合部隆主任的角色代入场景,展示会前、会后沟通协调对话情境。

自测题

1.会议筹备时的"5W1P"分别指什么?

2.会中把控的方法是什么?

3.及时跟踪有哪几个要点?

4.用自己的话来描述一下高效会议的沟通步骤及注意事项。

任务二 会议发言技巧

一、参加会议发言

会议是重要的沟通手段，出席会议是一种了解政策、掌握信息、参与决策的重要方式和渠道。参加会议可以从相关的背景资料中掌握重要的资讯，可以发表你的想法、观点和建议，了解并参与和你工作直接相关的决策，通过会议讨论进一步了解你的同事及领导，在倾听他人的发言中受益，从而更好地汲取经验，对照检查自己的短板与不足。

我们应该充分了解参加会议的基本要求，掌握参加会议的发言技巧和主持会议的方法。

（一）参加会议的基本要求

1.认真做好准备

参加会议前，要根据会议通知的要求进行准备，记牢会议的时间、地点，了解与会范围、议题、议程，阅读分发的材料，思考所要讨论的问题，准备好发言的要点，并关注与会议相关的注意事项，带好会议记录本及笔。

2.倾听他人观点

参加会议时要认真倾听他人的观点，关注具体讨论事项。一方面要关注问题讨论的焦点，发现问题关键点、争论点等，会议过程中虽然可能枝节蔓生，但应特别留心问题的焦点所在，以免偏离主题。另一方面，通过倾听他人观点，为接下来或见机行事，或顺势而为，或据理力争，更好地表明自己的立场而作准备。

3.发表自己的见解

参加会议不但要带耳朵听，还得要用嘴巴讲。会议沟通的目的是充分交流，集思广益。但在会议场上，有的人往往表达不得其法，致使其意见很难被人重视和采纳。一般情况下，可以首先使用简练的措辞提出自己的观点；其次，用具体而充分的理由来证明自己观点的正确性；最后，强调自己的观点。

4.做好汇报和传达

参加会议不仅代表个人，也代表所在部门、单位。所以，要认真做好会议记录，会议结束后，将会议议题、会议精神、各方态度、形成决议及部署要求等相关信息进行整理，并及时汇报或传达，使会议研究事项得到落实落地，真正使会议实现统一思想、统一意志、统一行动的组织目标。

（二）会议发言的技巧

在会议中发言时，发言者要遵守礼仪规范，掌握发言技巧。

1.随时做好即兴发言的心理准备

人们在毫无思想准备的前提下,突然被要求发言,常常都会顿觉紧张:怎么要我说啊？于是思路紊乱,脑子一片空白。就是勉强站起来说一两句,也是词不达意,漏洞百出。

为了避免这种情况出现,我们应该预先对情况有所估计。比如:去参加会议或活动前,就要事先分析、研究这种场合,并想一想,如果在这种场合发言,该说点什么,怎么说,这样在临时上场时,就会自如自信许多,少一份心理压力,效果自然差不了。

为了消除紧张,还可以用以下具体做法予以缓解,比如:站起来发言时,做深呼吸,对自己进行积极的心理暗示;面带微笑,降低紧张的程度甚至消除紧张;站起来之前先喝口水,放慢动作,用沉稳的动作使慌乱的情绪归于平静,利用这个间隙迅速组织语言,找到话题;用自己最擅长的方式,在自己最了解的领域里寻找发言角度,自然就会少一点紧张,多一份从容。

2.准确把握发言的基本原则

(1)重点突出,观点明确。发言内容要结构清晰,重点突出。一是内容要得体,即与会议要求的议题吻合,不能言不对题,自说自话;二是观点要明确,即在阐述观点时,要有自己明确的态度,讲事实、讲道理;三是发言要精练,发言的控时能力在正式的会议中显得十分重要,因为会议时长有限,那么,参会者的发言也应该有时间观念,发言时要严格控制发言时间,将自己所表达的内容提炼概括,争取在最短的时间内把思想观点表达清楚,必要时可以借助辅助资料,如通过视频、图片、数据等形式增强观点的说服力及形象性。

(2)表述清晰,情绪稳定。发言者的声音要清晰,表述要流畅,声音要悦耳,语调要自然,感情要真挚,情绪要稳定。应根据会场的大小及与会者的人数采用适当的音量与合适的声调、语速,国内会议尽量使用普通话,以保证与会者都能听清楚,必要时可使用话筒。另外,面对他人的提问和质疑,发言者应当保持冷静,自信、平静地表达自己的想法,而不被情绪所左右,甚至被激怒。

(3)善于倾听,会思辨。认真倾听他人发言,多维度吸纳他人观点,有助于从不同角度看问题,从而帮助提高个人参谋决策能力,提高会议质量。因此,会议中要尽量避免先入为主的思想,不能阻碍其他人提出合理的建议,不要句句找漏洞、事事唱反调;要尽量避免讨论过程中喋喋不休,甚至咄咄逼人,使他人无法插话;要尽量避免不加思考盲目认同他人观点,没有独立思考和辩证思维能力。

(4)善用幽默,调节气氛。当一个人要表达内心的不满时,如果能使用幽默的语言,别人听起来会顺耳一些;当一个人需要把别人的态度从否定改变到肯定时,幽默具有很强的说服力;当一个人和他人关系紧张时,幽默也可以化解不愉快的窘境并消除矛盾。所以,幽默是调节人际沟通的润滑剂。一个妙语连珠、谈笑风生的幽默之人,能让人开怀大笑,能使现场气氛更轻松、融洽。

（5）态势语言彰显自信。发言者发言时应面带微笑，注意和与会者进行目光交流。如果站立发言，应双腿并拢，腰背挺直；如果坐着发言，应挺直上身，双臂屈肘，肘部轻放于桌沿。发言时，表情要配合，谈到轻松之处时，表情要自然微笑；谈到尖锐的问题时，应适当地锁紧眉头；拿发言稿发言时，不能一直低头读稿，要时常抬头环视会场上的与会者，保持目光交流。这些细节既能提升与会者的专注力，还能很好地彰显发言者的自信。

（6）态度真诚懂分寸。发言者要注重讲话的态度，讲话时应真诚友善、落落大方、平易近人，有礼貌、有分寸地巧妙避开敏感的问题。发言者讲话的态度如不得当，会降低与会者对会议内容的关注度，削弱与会者对会议进程的注意力。同时，分寸感还表现在时间的利用与掌控上，严格按照会议要求的时长组织语言，把握节奏，掌握好时间。

【案例6-4】

在2000年8月举行的南部非洲发展共同体首脑会议上，曼德拉作为南非前总统出席了开幕式，主要是为接受南非共同体授予他的"卡马勋章"而来。

他走到讲台前说："这个讲台是为总统们设立的。我这位退休老人今天上台讲话，抢了总统的镜头。我们的总统姆贝基一定很不高兴。"话音刚落，笑声四起。这时，主持人为他搬来一把椅子，请他坐下演讲。他在谢过主持人后说："我今年82岁，站着讲话不会双手颤抖得无法捧读讲稿；等到我百岁讲话时，你再给我把椅子搬来。"会场里又是一阵笑声。曼德拉在笑声结束后开始正式发言。

讲到一半，他把讲稿的页次弄乱了，不得不来回翻看。他脱口而出："我把讲稿页次弄乱了，你们要原谅一位老人。不过，我知道在座的一位总统，在一次发言时也把讲稿页次弄乱了，而他自己却不知道，照样往下念。"这时，整个会场哄堂大笑。结束讲话前，他说："感谢你们把用一位博茨瓦纳老人的名字（指博茨瓦纳开国总统卡马）命名的勋章授予我这位老人。我现在退休在家，如果哪一天没钱花了，我就把这个勋章拿到大街上去卖。我肯定在座的一个人会出高价收购的，他就是我们的总统姆贝基。"这时，姆贝基情不自禁地笑出声来，连连拍手鼓掌，会场里掌声一片。曼德拉即兴的、一连串妙语连珠的幽默话语征服了上千名与会者。

问题讨论：你从曼德拉的会议即兴发言中，受到了什么启发？

3.灵活运用即兴发言的常用模式

学习几种即兴发言的常用模式，让你可以轻松应对会议中的即兴发言。

（1）问题—原因—对策

所谓问题，就是现实生活中事物的不足、毛病和欠缺。我们每天都会在生活与工作中遇到各种问题，各种会议的目的，就是要发现问题、分析问题并且解决问题。所以，会议讨论发言中可以运用"问题—原因—对策"模式来组织语言，发表意见。这个模式就是使用三个立题来组织语言：是什么——问题，为什么——原因，怎么办——对策。

（2）PREP结构

PREP结构包括提出观点（Point）、理由或原因（Reason）、举例（Example）和强调观点或升华观点(Position)。此结构形式采用开门见山的方式提出观点,然后举例证明自己提出的观点,最后再强调观点。主要运用于就某一现象、某一事件或某一问题发表观点时,这个模式也叫"观因举华"。

该模式的完整架构如下:第一步讲是什么,直接亮明自己的观点;第二步讲为什么,可以提出自己赞成或反对的两点或三点理由;第三步举例说明,这时可以举一个有说服力的案例来证明自己的观点;第四步讲结论,对自己的讲话进行总结并予以升华。

(3)过去—现在—将来

这个模式特别适合各种聚会、联谊会、座谈会等场合的即兴发言。此类聚会类会议往往都是以感情交流为主,而感情交流都要讲一讲往事,要叙一叙旧情。

该模式的完整架构如下:第一步过去,就是讲为什么——为什么要来参加今天的聚会,一般都是讲到一些往事,这时会加上许多感谢的话语;第二步现在,就是讲是什么——今天有什么特别之处,有些什么收获与感悟;第三步将来,就是讲怎么办,对自己的期待,对别人的建议与希望,对别人的祝福。

(4)正—反—合

这个模式就是我们常说的辩证法。有许多话题我们不能只站在某一边,因为现实生活中往往充满矛盾,在选择上具有两面性,即这样也可,那样也可,没有什么绝对的正确。比如:孩子要不要高中毕业就送出国外留学,这样的话题,你可以赞成,也可以反对,也可以觉得具体情况具体分析,都可以选择。这时候,用"正—反—合"的模式,更容易表达自己的观点。

该模式的完整架构如下:第一步讲"正",就是讲为什么赞成,通常是讲好处、优势、有利条件等等;第二步讲"反",就是讲为什么不赞成,通常是讲风险、危害、不利条件等等;第三步讲"合",就是讲怎么办,就是讲如何在正反两方面达成一个平衡,如何把握恰当的度。

(5)故事+观点

在相对宽松而且时间充裕的场合,我们可以采用这个模式,多讲讲故事。但是,故事讲完之后,一定要进行总结,形成自己的观点。其实,这个模式的故事就是在讲为什么,而观点就是在讲是什么以及怎么办。

【案例6-5】

上级领导到某公司视察,公司需要召开专题汇报会,向上级领导汇报信息化系统的建设情况。为了有理有据地阐述信息化系统建设利大于弊的问题,并争取上级领导对公司信息化系统建设项目的大力支持,公司领导安排工作人员制作了一份汇报PPT,依据PREP结构形式梳理PPT的思路如下。

P(提出观点):信息化系统建设对本公司而言利大于弊。

R(理由):信息化是大势所趋,需要跟上时代的潮流;信息化系统建设有利于提高本公司的工作效率,实现标准化管理。

E(举例):信息化系统上线后,对公司整体而言,营业额会增加××万元,各部门效率分别提高××%。

P(强调观点):信息化系统建设对本公司而言利大于弊,有利于公司的高质量发展。

问题讨论:你认为以上汇报PPT的思路如何? 如果你是公司领导,你会着重在哪个部分汇报,为什么?

(三)会议发言的注意事项

1.事先准备,有熟悉度

如果是提前告知的会议发言,作为会议议程之一安排的主题发言或者中心发言,那就必须做好书面发言材料准备,会议开始后,可再根据现场情况进行微调和应变处理。如果事先并没告知需要发言,会开到一半又突然被叫起来,非说让你也谈谈看法,就得即兴发言,即兴发言的背后也可以是不即兴。也就是说,应当在会议开始时就考虑到发言的可能性,尤其是一些学习会、座谈会、征求意见会、内部员工会等,不能把自己摆在纯听众的位置上,从会议开始时就得转动脑筋,做好记录,积累素材,提前构思,找好角度。

2.踊跃发言,有参与度

参加会议既能从发言信息中接受资讯,也可以从他人的发言中汲取智慧,还能了解并参与相关工作的决策过程,彰显自身价值,因此,应该珍惜每一次出席会议的机会,把出席重要会议当成连接同事或同行的一次学习机会。以什么样的方式参与呢? 踊跃发言就是一种很好的参与方式。具体来讲,可以套用"感谢+自谦+认同+观点"的方式参与。

3.尽早发言,有积极度

会议的前5—7分钟很关键,在这一时间发言的人会对会议的结果产生最大的影响。如果你想树立团队中有价值成员的形象,那么最佳方法不是发表评论或观点,而是向会议主持人或正在就自己的活动领域做报告的人提出机智、正确的问题。因此,你应该在会议最开始的5—7分钟提出问题、做出肯定的陈述或赞同别人所说的内容。

4.贡献价值,有认可度

不为会议作贡献的人往往会被认为无法作出任何贡献,在会议上一言不发的人也会被认为无法贡献有价值的观点。当召开员工会议时,某些团队成员一言不发,几乎没有贡献。因此,所有与会者在参加会议时都要积极参与、积极发言,贡献自己的价值。同时,在会议中的表现也能够表明你是否具有领导者的潜质。如果你在会议中的表现会引起关键人物的注意,也意味着你将获得更多的机会。

二、主持会议

每场会议都需要主持人,会议的主持人是整场会议的实际推进者,能否从容地驾驭整个会议,将会直接决定会议的结果,自信地主持会议将提高会议实效。

(一)主持会议的基本要求

1.步骤一:做好会前准备

会议主持人是宣布开会、散会、休息及主持会议进行的人。会议准备工作包括4个关键问题:会议的目的是什么? 会议内容是什么? 会议开得成功的标志是什么? 应该邀请哪些人参加会议? 这些问题将帮助我们判断这次会议有没有必要召开。每次会议都应有其最终目标,即使不能达成最终决议,至少应制订一个行动计划。会议准备工作如何,决定了会议是否顺利紧凑、富有成效。

2.步骤二:说好开场白

会议的顺利进行,不仅有赖于良好的会议气氛,更有赖于精彩的开场白。必要的介绍之后,主持人应向与会人员讲清楚开会的目的、预期效果与会议结束的时间,应遵守的基本规则,应直接说清楚,并确保会议议程能被全体与会者接受。

会议的类型多种多样,要根据会议实际情形,营造会议气氛。如征求意见会议,应要求与会者畅所欲言,集思广益,需要营造生动、热烈的气氛;研究解决问题的会议,则需要严谨、严肃的气氛;欢迎会的气氛要热情洋溢;欢送会上则要流露出依依惜别之情。

3.步骤三:引导会议进程

在会议进行过程中,应在加快讨论进程和让所有与会者都畅所欲言这两者之间保持平衡。在一个问题上争论不休的做法既浪费时间,又可能造成关系紧张。为避免发生这种情况,应限定讨论时间,紧凑有效地推进会议议程,最终实现会议目标。

4.步骤四:总结会议成果

会议总结是会议的重要一环,总结会议成果是会议主持人的重要职能。无论是什么类型的会议,都应在会议结束前重新回顾一下会议的目标、取得的成果和已经达成的共识,以及需要执行的行动,并对与会者表示感谢,最后在一种和谐的气氛中宣布会议结束。

【案例6-6】

天地公司总裁秘书施林受总裁委托,去公司的生产车间主持第一季度的生产运营会议,会议开始时,她首先发言:"今天,我们主要谈一谈2023年第一季度的生产运营计划,大家自由发言吧!"大家先是面面相觑,会议出现冷场,过了一会儿,张副厂长开始说到生产设备需要更新的问题,王副厂长又由生产设备更新说到食堂设备也需要更新,大家七嘴八舌,施林发现讨论越来越偏离主题,谈了半天,正题也没说几句,而且就听几个人在夸夸其谈,大多数人无法发表自己的见解。会议就这样不了了之。

问题讨论:总裁秘书施林在担任会议主持时出现了哪些问题? 应该如何避免?

(二)主持会议的技巧

1.把握会议环节

主持一次富有成果的会议,需要注意把握好会前、会中、会后三个环节。会前确认确实需要开一次会议,设定现实的、能够取得的目标,准备和分发会议日程,邀请重要的人物;会中确保与会者发言不跑题,制定决策而不是交换看法,总结和记录决策,让与会者保持参与感;会后将会议记录发给参加会议的人,跟踪大家同意进行的行动,向上级领导汇报。

2. 准时开始会议

等待迟到的人是对准时到场的人的惩罚;迎合迟到者实际上是在惩罚守时的人。主持人应准时开始会议。如果某些与会者因为迟到而错过了重要的信息,那么管理者切勿重新开始或为他们回顾会议内容,让迟到的人吸取教训并接受惩罚,明白下次开会要准时到场。

3. 鼓励公开讨论

会议的目的是解决问题,主持人重要的职责之一,就是邀请每位与会者都参与讨论,提供价值。不仅要鼓励那些能够作出重大贡献的并且渴望发言的人表达自己的看法,也要鼓励那些沉默寡言、不太爱表达的人发表意见。此外,主持人也要积极听取那些不太愿意与强势的或自负的人抢话的人的意见。内向的人如果受到了鼓励,得到了发言的机会,也会为会议作出较大的贡献。

4. 紧扣议程议题

无法紧扣主要议题、不能立即结束某项议题是浪费会议时间的两大因素,也是与会者抱怨最多的事情。会议主持人的一项重要工作是使讨论的内容始终围绕会议的主要议题。主持人应坚持紧扣议程上的议题,避免偏离议题。一旦会议开始讨论某个议题,请进行彻底的讨论。在开始讨论下一个议题之前,请先结束对已经决定的事情、谁将做什么,以及什么时候做的讨论。

5. 及时进行总结

主持人在每项议题讨论结束时以及在会议结束时要进行总结,列出并重申时间要求和实施计划,以及任务分配。然后,让所有与会者对已决定的内容和具体的任务分配达成共识。一般而言,会务部门应在会议结束后的24小时内发布会议记录。会议做出的决定越重要,管理者就越有必要以书面的形式发布会议纪要。

【案例6-7】

华富商业集团公司要召开年终总结表彰大会。领导商议,由新上任行政助理的何萌主持会议。何萌因第一次主持这样的大会,不免紧张,于是找出了公司历次大型会议的会议记录,仔细研究了会议主持人的发言,又向经常主持会议的罗万象总经理请教。罗经理说:"小何不用紧张,你只要注意主持时更多地关注参会的人和会议本身,而将自己忘掉,会议就会成功。"何萌似有所悟。开会时,何萌按罗经理的指点,密切注意发言人的发言,注意会议本身的进程、主题等,并在主持过程中恰到好处地对发言人的发言进行评价、用语言推动大会的进程,圆满地完成了这次主持会议的任务,得到了大家的好评。

问题讨论：

1.你认为案例中罗经理给何萌的建议有建设性吗？为什么？

2.说说你印象最深的一次主持会议的经历，或亲历会议时其他主持人的表现，并试着归纳成功主持会议的诀窍。

（三）会议主持人常见问题

主持人不称职是会议效率低下的主要原因之一，会议的主持人可能会犯一些错误，从而减弱会议的作用，常见问题如下。

1.会议延迟

有时候，主持人为了能够让迟到者参加会议，会推迟会议开始的时间。这样一来，准时参加会议的人每次开会时都需要等待迟到的人，他们认为这是浪费自己的时间，也开始在开会时迟到，久而久之，原定上午十点的例会拖到十点半才能开始。因此，一旦确定了会议的开始时间，会议主持人就不要拖延。

2.偏离主题

有时主持人不会过多发言，但却放任其他与会者长篇大论，偏离会议主题。当主持人未能使团队的讨论保持在正轨上，导致会议偏离主题时，会议的效率就会降低。一些人喜欢发言，喜欢让别人听到自己的声音，他们会频繁地谈论自己感兴趣的内容，即便这些内容与会议主题毫无关联。另外，与会者虽都在参与讨论，但可能都在兜圈子，没有商定出可行的解决方案。会议的主持人必须始终确保讨论不偏题并且能够及时地推进会议流程。

3.主导讨论的话语权

会议不是演讲，如果大部分时间都是主持人在讲话，那么根本没必要开会。一旦主持人主导了某一内容的讨论，大多数人就会对该主题失去兴趣，会议就得不到更多的参与和支持，因此，主持人应该是会议讨论的促进者，要避免说教或占用讨论时间。

4.未能得出结论

有些会议效率低下的原因是该团队未能达成共识，得出结论。与会者的发言都是在兜圈子，不愿发表自己真实的观点从而商定出最终的结论。他们可能害怕犯错，也可能是担心自己没有足够的信息来做出正确的决定，或者担心如果决定不奏效，自己就会受到牵连。因此，会议主持人必须有勇气督促大家共同讨论，得出结论。

实　训

一、讨论分享

【知识链接】

1.在工作中随时都有可能被点名进行会议发言，如果在某个会议讨论过程中，领导要你说几句话，你能应对自如吗？请详细介绍一种即兴发言的模式，并举例说明。

2.介绍一位印象深刻的会议主持人或会议发言者,列举印象深刻的细节,并分享你从中受到的启发。

二、情景案例

1.某省电力公司准备开展集体大调研活动,要求从群众中来,到群众中去,深入一线倾听民众的声音,通过集体访谈和个别访谈的方式进行信息交流和沟通,掌握基层实情,为公司领导层正确决策提供现实的参考和依据。公司工会选择的调研主题是"四新五小"活动的开展情况调研,拟通过调研,收集公司基层"四新五小"的创新举措,听取基层单位意见,并征求一线员工的建议,为公司高质量发展建言献策。张军是公司工会的办公室主任,要陪同工会主席雷力一同前往基层单位调研,并担任调研座谈会的主持人。

请以工会办公室主任的身份主持会议,说一段主持开场白。

2.2023年1月10日,和顺工程造价咨询公司要召开年终总结表彰大会。领导商议,由新上任的陈副总经理主持会议。陈副总工作能力很强,但不善言谈,再加上第一次主持这样的大会,他想好好准备一下。因此,陈副总把秘书黄强叫到办公室,请黄强帮他拟出总结表彰会的主持词,要求尽量详细。

假定你是黄强,请按陈总要求并对照下面的会议议程拟出主持稿。

会议议程:

一、会议开始(奏唱《国歌》)

二、上级领导讲话(省造价工程咨询协会黄会长)

三、张总作年度工作报告

四、宣读表彰劳模的决定

五、劳模代表讲话

六、宣读表彰先进工作者的决定

七、会议结束(奏唱《国际歌》)

3.谈心谈话会后总结点评。

先以小组为单位开展一次集体谈心活动,谈心结束后,每个小组派出一名代表上台总结本组谈心会的发言,内容包括小组成员的表现、谈心后的感受、最大的收获以及下一步的建议等情况。

自测题

1.参加会议的基本要求有哪些?对你而言最有挑战的是哪一点,为什么?

2.会议即兴发言有哪些常用模式?请举例说明。

3.主持会议的基本要求是什么?

4.主持会议应该掌握哪些技巧和注意哪些问题?

任务三 召开网络会议

一、了解网络会议

网络会议是一种利用互联网技术,将身处不同地理位置的人员连接起来,进行实时沟通和互动的在线活动形式。参与者可以通过电脑、移动设备等接入网络会议平台,通过音频、视频、屏幕共享、文件传输、电子白板、投票等多种功能进行协作和交流。

网络会议可以细分为不同的类型,如视频会议(通过摄像头进行实时视频交互)、电话会议(仅通过音频通话进行交流),以及结合多种媒体形式的综合型网络会议。现代网络会议系统通常具备高清音视频通信能力,以及强大的数据共享和协作工具,如Zoom、Teams、Webex、腾讯会议等,使用户能够在任何地方参与讨论、进行演示、协同编辑文档,甚至举行线上培训课程或远程研讨会等活动。

网络会议对于企业、教育机构、医疗机构以及其他需要跨地区合作的组织来说,具有显著的优势,如便捷性、高效性、节约成本、减少差旅时间等。随着网络技术和软件应用的发展,网络会议已经成为现代工作和生活中不可或缺的一部分。

二、召开网络会议的关键步骤

(一)会前

1.确定会议渠道

网络会议系统有很多,腾讯、微信、QQ等一般的即时通信软件都能实现网络会议功能,虽然大同小异,但作为会议组织者和参与者,会前一定要了解、试用、熟悉系统。例如,系统的容量有多大、稳定性好不好、是否支持文件传输、是否支持视频、是否支持录音录像、是否带有文字转译功能等等。要结合开会人数、议题、时长等因素确定一个适合的会议系统。

2.确定会议的时间

会议时间有两个,一个是正式开会时间,一个是提前20分钟的调试设备时间。如果开会人数太多,调试设备的时间就需要再提前一些。

3.确定会议的主题、目的、议题、程序

网络会议与线下会议类似,所不同的是,网络会议的议程最好设计得更紧凑一些、明确一些,例如发言的时长、要求提供发言稿等等。

4.确定会议的主持人、参会人

如果参会人员多的话建议将参会人员分为两类:一类是参会人,这些人是要发言的;另一类是列席人,这些人只听不发言。有的会议系统还有这样的分类设置。

5.形成会议议程

以上事项确定了之后形成一份文件——《某网络会议议程》，报领导审批。

6.发送会议通知

会议通知除了传统会议通知所必需的信息，还包括参会渠道应注意的事项、调试设备的信息、会议纪律(礼仪)等等。会议通知要确保每个人都收到，没有回复的要电话通知确认。

(二)开会

1.调试设备

提前20—30分钟开始调试设备，可播放背景音乐，跟进入会场的人员打招呼，保持互动。确认会场音频是否正常、清楚，视频是否正常、流畅，必要时提醒对方注意衣着，协助调试设备。如果开会人数较多，此时就需要多个工作人员协同。打开、共享会议资料，以免开会时手忙脚乱。会前几分钟再请上司进入会场。

2.正式开会

主持人介绍会议主题、议程，强调会议纪律，宣布会议开始。按照会议议程依次发言，工作人员监控会议进程，做好会议记录。

3.选好主持人

会议主持人非常重要，主要有四个作用：一是宣布会议开始和结束；二是控制会议进程；三是提醒发言人；四是总结会议成果；最后主持人宣布会议结束，参会人依次离会。

4.按照会议议程和发言顺序发言

每一位发言人限定发言时间，到时间主持人打断发言，掌控会议进程。发言要围绕主题，主持人发现发言人离题时要立即提醒，必要时直接打断，进入下一个议题。

5.做好会议总结

包括达成的意见和未达成的意见，安排会后工作，落实责任人，明确完成时间或工作时间节点，提出下次会议时间等。

(三)会后

1.整理会议记录

一般按照会议进程(议程)完整记录。

2.拟定会议纪要

将会议的精神和议定事项以书面的形式确定下来。

3.签发会议纪要

请领导及其他参会人员审阅会议纪要并签发会议纪要，将会议纪要分发存档，并按照文件贯彻执行。

三、网络会议沟通技巧

(一)会前准备要细致

主持人是会议沟通的桥梁,一要熟悉会议的目的、内容、流程及参会人的情况,应全面了解会议的目的、主旨,深刻把握会议背景;二要检查会前的材料准备情况,包括会议程序、讲话稿、相关资料等;三要注重自己的形象,在着装、言谈举止、气质等方面应充分展示个人的能力和魅力。

(二)设备操作要熟练

认真检查网络会议设施设备情况,确保会议顺利进行,并提前做好如下4个方面的工作:一是与每位发言人沟通,了解大概发言的内容、发言时长,确保发言与主题相关,要求发言人准备文字稿(提纲);二是安排会议记录,包括录音、录像、录屏、文字记录等,如果会议系统自带记录功能,一定要提前调试并安排专人负责,有些重要的会议甚至可以安排专业的速记员;三是确认与会人员收到会议资料,包括会议议程、会议纪律(礼仪)、参会注意事项、与议题相关的资料等等;四是准备一段轻音乐。

(三)提前入场营造"我群感"气氛

"我群感"是从心理上让与会者对会议有认同感,也就是想方设法使与会者有一种对会议群体的强烈归属感。"我群感"对于调动与会者的积极性、承担其职责、增强会议内聚力、实现会议目标很重要。主持人可以在讲话中反复使用"我们""我们的""我们这次会议"等术语,使与会者产生"我们"是一个整体的感觉。同时,尽量避免使用"你们"来称呼与会者。另外,可以使用特殊的会议标志Logo或统一的会议虚拟背景,以划定会议群体与非会议群体之间的界限。

(四)机智处理意外情况

网络会议进行过程中可能会出现意想不到的情况,此时需要主持人保持冷静,机智处理。如遇到冷场,要善于启发,或选择思想敏锐、外向型的与会者率先发言;有时可以提出有趣的话题或事例,活跃一下气氛,以引起与会者的兴趣,使之乐于发言。遇有离题情况,可接过讨论中的某一句话,或插上一句话做转接,巧妙柔和地使讨论顺势回到议题上来。主持人要善于观察与会者的性格、气质和特点,并根据各类人员特点,区别对待、因势利导,确保会议顺利高效进行。

实　训

一、讨论分享

网络会议与现场会议有什么异同?请举例说明。

二、情景案例

某省教育厅准备开展全省教育系统师德师风主题视频会议,请拟定会议方案,并模拟组织一次视频会议。

自测题

1.召开网络会议有哪些关键步骤?

2.组织网络会议应掌握哪些沟通技巧?

项目七
书面沟通

知识目标

- 理解基础概念与结构：学生应了解各类文书的基本格式和结构，包括通知、请示、函、纪要、感谢信、邀请函、欢迎词及答谢词等的特定要求和组成部分。
- 掌握语言表达与风格：学生需要了解正式文书的语言风格，包括正式、礼貌的语言用法，以及各种文书特有的语言风格。
- 了解文书的应用场景：学生应掌握不同文书的适用场景和目的，理解何时以及如何恰当地使用每种文书类型。

能力目标

- 能独立撰写相关文书，正确运用格式和语言，掌握常用文书的写作能力。
- 掌握书面沟通与表达能力，能够有效地表达意图和需求。
- 掌握模仿和创新能力，在遵循传统例文的同时，还应学会如何在必要时根据表达的需要对内容进行适当的创新和调整。

素质目标

- 职业素养方面，培养严谨的工作态度和高标准的职业道德，学会在撰写文书时考虑到保密性、正确性和礼貌性。
- 提升自我管理和时间管理能力，能够在规定时间内完成高质量的文书工作，具备自我管理能力。
- 具有终身学习的意识，持续学习和改进写作技巧，对新的写作风格和写作技巧保持开放和好奇的态度。

案例导入

某大型跨国公司正在进行全球范围内的新产品发布会。为了确保所有地区的营销团队都能准确、及时地获取产品信息,总部决定通过书面形式将相关资料发送到各地分部。

总部的市场部专员张女士,负责此次资料的撰写与整理工作。她需要确保所编写的文档准确无误、逻辑清晰,并且易于各地团队理解和应用。她首先通过邮件向各地团队发送了一份简要说明,告知他们即将收到的详细资料包的内容和使用方法。随后,她准备了一份包括产品说明书、产品使用手册、市场推广策略及常见问题解答的综合文档。

在文档发送之后,张女士还特意在邮件中附上了她的联系方式,以便各地团队在阅读文档时遇到问题能够及时得到解答。经过周密的准备和沟通,这份详尽的书面资料包顺利到达了各地团队手中,并得到了积极的反馈。

问题讨论:

1.常用的书面沟通文书包括哪些?

2.在语言风格方面,书面沟通与口语表达的区别有哪些?

3.《党政机关公文处理工作条例》是公务文书拟写的重要依据,如何在书面沟通文书的写作中做好结合?

4.书面沟通文书的格式可以随意改变吗?为什么?

> 随事立体,贵乎精要;意少一字则义阙,句长一言则辞妨。　　——刘勰
> 文章合为时而著,歌诗合为事而作。　　——白居易

通过这个案例,我们可以看出,书面沟通在信息传递中起到了至关重要的作用。首先,书面文档能够确保信息的精准传达,不容易出现口头沟通中的误解和遗漏;其次,书面资料方便各地团队随时查阅和参考,提高了信息的可用性和持续性;此外,书面沟通也为后续的沟通提供了一个清晰的基础,使得交流更加高效和有针对性。

书面沟通在现代企业中的应用具有重要意义。它不仅提高了信息传递的准确性和效率,也增强了各地团队的协作能力,为企业整体运作提供了坚实的支持。通过这一案例,我们更深入地领会到了书面沟通的价值所在,奠定了接下来进一步探讨这一主题的基础。

任务一　撰写行政公务文书

在日常工作中,行政公务文书使用非常广泛,学会撰写通知、请示、函、纪要等公务文书,可以让行政工作更加有效。

一、通知的写作

2012年7月1日起施行的《党政机关公文处理工作条例》是公文写作与处理的重要依据和基本参考。《党政机关公文处理工作条例》规定，通知适用于发布、传达要求下级机关执行和有关单位周知或者执行的事项，批转、转发公文。作为重要的行政管理工具，通知在党政机关公文体系中占据重要地位。它的存在极大地便利了组织内外部信息的传递，为管理工作的协调与有效开展提供了保障。

通知，作为一种正式的文书形式，其具体含义在于通过文字将上级机关的指示、决策以及相关信息准确无误地传达到下级机关和其他有关单位，以促进事务的有效处理和执行。它不仅是上下级之间沟通的桥梁，更是政策落实、信息共享和意见传达的重要手段。

根据《党政机关公文处理工作条例》，通知可分为以下具体类别。

1.发布性通知

主要用于发布和传达需要下级机关执行的重要事项。这类通知具有强制性，要求相关单位必须严格按照通知的指示和要求进行落实。如发布人事任命、政策文件的通知等。

2.传达性通知

旨在向下级机关或相关单位传达上级机关的指示和信息，其内容一般为信息传递，无强制执行的要求。例如传达会议精神、宣传重要政策等。

3.周知性通知

主要是为了让相关单位了解某些情况或事项，旨在提高相关单位的知情度和工作协调能力。主要起到通知和提醒作用，如对某些突发事件的通报等。

4.批转性通知

上级机关对某一具体事项或文件进行批示和转发，要求下级机关依照函件内容采取相应措施。体现了上级机关的决策和指示，如批转某项重要调研报告等。

5.转发性通知

上级机关将其他单位的意见、决策和指示等文件转发给本机关下属机构，供其参考或执行。具有较高的传达性和执行性，如转发上级部门的法规文件等。

总之，在党政机关公文处理工作中，通知是一种重要的沟通和执行工具，具有明确的指引和执行功能。通过不同类别的通知，党政机关能够高效、准确地传达信息和落实政策，从而保证行政工作的顺畅运行和政策的有效实施。

(一)发布性通知

发布性通知，主要用于传达上级要求、发布制度规定、邀请参加会议等。撰写发布性通知不仅要求内容准确、语言简洁明了，还需考虑到受众的接受能力和规范表述的要求。

以下是撰写发布性通知的几点原则及实例分析。

发布性通知应包括标题、称呼、正文、落款和日期五个基本部分。标题一般需要明确通知的主要内容，以吸引读者的注意。称呼部分应根据不同对象使用不同的敬语，一般是"各位同仁""全体员工"等。正文是通知的核心部分，需要详细说明通知事项、目的、要求和具体安排，语言需尽量简练明了、逻辑清晰。落款部分通常写上发布单位的名称，显示权威性。最后是日期，标注通知发布的具体时间。

以下是一个发布性通知的实例。

关于召开2023年年度总结会议的通知

各位同仁：

为了总结2023年度的工作成果和经验教训，谋划2024年的工作思路，公司决定召开2023年年度总结会议。现将相关事项通知如下。

一、会议时间：2023年12月20日（星期三）下午2:00

二、会议地点：公司总部第一会议室

三、参会人员：公司全体员工

四、会议主要内容：

1.各部门总结汇报

2.管理层工作总结

3.2024年工作计划布置

请全体同仁准时参会，提前安排好工作，确保会议顺利进行。

特此通知。

公司人力资源部

2023年12月10日

这个例子展示了发布性通知的基本结构和写作技巧。标题简练明确，直接点出会议的主题；称呼通用且得体；正文部分详细列明了会议的时间、地点、参会人员和会议内容，使读者一目了然；落款和日期则体现了通知的权威性和时效性。

总之，撰写发布性通知需要注重格式规范、内容清晰和语言简洁明确。通过遵循上述原则，可以有效提高通知的传达效果，增强公文的实用性和可信度。

（二）传达性通知

传达性通知是组织、公司或机构用来传达重要信息或要求的一种正式文件。写作传达性通知需要遵循一定的格式和规范，以确保信息明确、准确地传递给接收者。

首先，标题要简明扼要，直接表明通知内容。例如，"关于春季培训安排的通知"或"关于调整办公时间的通知"。让接收者一目了然地了解通知的主要内容，以便更好地接收信息。

其次，正文部分通常包括以下几个要素：

1.引言

简要说明通知的背景或目的。例如,"为提升员工业务能力,公司决定进行一次春季培训"。

2.具体内容

详细描述通知的具体信息。这是通知的核心,须条理清晰,内容具体。例如,"培训定于5月1日至5月3日在公司培训中心举行,培训时间为每天上午9点至下午5点"。

3.相关要求

如果通知包含需要接收者执行的操作或要求,应加以详细说明。例如,"请各部门于4月20日前将参加培训的人员名单报人力资源部。此外,培训期间请注意准时出席,不得无故缺席"。

4.结尾

结束语通常用简短而正式的语言表达,对接收者的配合表示感谢,并提供联系人以便咨询。例如,"感谢大家的理解和配合。如有疑问,请联系培训部,联系人:李女士,电话:123-456-7"。

最后,通知应当有日期和发布者的签名或盖章,以示正式和权威。

举例说明。

关于春季培训安排的通知

各位员工:

为提升员工业务能力,公司决定进行一次春季培训。现将相关安排通知如下。

一、培训时间:2024年5月1日至5月3日,每天上午9点至下午5点。

二、培训地点:公司培训中心(淮海路128号)。

三、培训对象:公司全体员工。

四、有关要求:

1.请各部门于4月20日前将参加培训的人员名单报人力资源部。

2.培训期间请注意准时出席,不得无故缺席。

3.培训期间食宿由公司统一安排。

感谢大家的理解和配合。如有疑问,请联系培训部,联系人:李女士;电话:123-456-7。

公司人力资源部

2024年4月10日

(三)周知性通知

周知性通知,是指一种公开告知特定事项的文书。其主要目的是让所有相关人员或公众知晓这一事项。因此,周知性通知不仅要内容清晰、直白,而且要具备法律效力及规范化,以确保通知对象能够准确理解并依规行事。

在撰写周知性通知时,有几个关键点需要特别注意。首先,标题应当简单明了,直接反映通知的核心内容。好的标题能够令读者一目了然,迅速获取实质性信息。

其次,通知正文的开头应当明确通知发布的主体及目的,以确保通知的合法性和权威性。一般来说,开头部分应包括发文单位名称、通知对象以及通知发布的时间和原因。例如,"为了进一步规范公司员工行为,现公司决定如下……"。

再次,正文内容必须具体且有条理。通知的内容应当逐条列出,条款清晰明了,避免使用模糊不清或含糊其辞的语言。这将帮助通知对象准确理解通知内容,并依照通知要求执行或遵守。

此外,语言应保持正式和简洁,避免冗长的陈述。周知性通知的受众可能范围广泛,因此语言应力求通俗易懂,但不失官方和正式的语气。例如,"请全体员工于2023年12月1日之前提交考核报告"。

最后,通知应当包含必要的附言或解释。例如,如果通知内容涉及具体的执行日期、时间安排或实施方式,应当在附言中进一步详细说明。这样做有助于避免执行过程中的误解和疏漏。

总而言之,周知性通知在内容和形式上必须严谨规范,并保证信息传递的准确性和权威性。只有这样,才能达到周知、规范和指导的目的,从而有效促进各类事务的顺利进行。

例文如下。

浙江省民政厅浙江省财政厅关于健全困难老年人补贴制度的通知

浙民养〔2024〕85号

各市、县(市、区)民政局、财政局:

为落实《浙江省基本养老服务清单》,完善老年人养老服务补贴、养老护理补贴制度,加强老年人照顾服务,强化政府兜底保障职能,现就有关事项通知如下:

一、项目与标准

(一)养老服务补贴。补贴对象为本省户籍经济困难老年人(60周岁及以上,下同),该项补贴用于日常照料等生活性服务。最低生活保障家庭老年人补贴标准为每月125元。低保边缘家庭的高龄老年人(80周岁及以上,下同)补贴标准由各县(市、区)人民政府确定。有条件的地方可以将补助对象扩大到其他低收入家庭老年人,具体对象范围和补贴标准由各县(市、区)人民政府确定。

(二)养老护理补贴。补贴对象为本省户籍生活不能自理的经济困难家庭老年人,该项补贴用于因生活自理能力缺失而产生的照顾服务、护理服务、购买护理用品等照护服务。根据《长期护理保障失能等级评估规范》(DB33/T 2476—2022)进行自理能力评估,最低生活保障家庭老年人当中重度受损的每人每月500元、中度受损的每人每月250元、轻度受损的每人每月125元。低保边缘家庭失能老年人的补贴标准按不低于上述低保家庭老年人补贴标准的50%执行。其他养老护理补贴对象的范围和补贴标准由各县(市、区)人民政府确定。

(三)基本生活补助。补助对象为本省户籍低保家庭老年人,每月按照当地低保标准的10%计发,用于解决低保老年人的基本生活困难。

二、认定与复核

(一)养老服务补贴。低保家庭老年人依据浙江省大救助信息系统共享在册人员数据,无需申请,随低保资格动态调整。其他养老服务补贴对象的认定程序,由各县(市、区)人民政府民政部门确定。

(二)养老护理补贴。本人或代办人在户籍地或常住地乡镇人民政府(街道办事处)发起申请,经老年人自理能力评估,参照最低生活保障的公示和审批流程,确定补贴名单和补助标准。补贴对象原则上为每年评估一次自理能力。其他护理补贴对象的认定程序,由各县(市、区)人民政府民政部门确定。

(三)基本生活补助。补助对象依据浙江省大救助信息系统共享在册人员数据,无需申请,随低保资格动态调整。

补贴对象新增的或自理能力评估结果发生变化的,自认定的次月起开始享受或调整补贴;退出低保的,自次月起停止享受。

三、发放与提供

养老服务补贴、养老护理补贴,可采取电子积分的形式按月发放至老年人本人的社保卡养老补贴专用账户中,以服务给付的方式用于日常生活照料、照护服务范围内的消费结算,偏远山区海岛等难以提供服务的地区,经县级民政、财政部门商定,可以货币形式发放。

老年人按服务目录支付给服务机构的电子积分,由各县(市、区)民政部门根据实际使用的积分数量按规定与提供服务的机构进行清算。补贴对象未使用的电子积分额度,死亡后结算清零。

基本生活补助与最低生活保障金同步发放至老年人本人或家庭的银行账户中。

四、政策衔接

符合条件的老年人,可以同时申领养老服务补贴、养老护理补贴、基本生活补助。既符合困难残疾人生活补贴条件,又符合养老服务补贴条件的老年人可同时申领困难残疾人生活补贴和养老服务补贴。领取工伤保险生活护理费或纳入特困人员供养保障的,不重复享受养老服务补贴和养老护理补贴、基本生活补助。已享受重度残疾人护理补贴的,不重复享受养老护理补贴。实行长期护理保险地区的参保人员,已通过基金支付了基本护理费用且待遇高于护理补贴标准的,不重复享受养老护理补贴。享受困难残疾人生活补贴或困难退役军人基本生活救助的,不重复享受基本生活补助。

五、工作保障

(一)加强服务供给。各地要加强养老服务保障,合理制订老年人日常生活照料和护理服务目录,加强养老服务供给,采取公平公正的方式选择服务供应商,提高养老服务质量,促进养老服务业的发展,更好满足老年人养老服务需求。

(二)加强资金保障。各市、县(市)要保障困难老年人补贴所需资金和老年人能力评估等必要的工作经费,省财政对低保家庭老年人的养老服务补贴、护理补贴、基本生活补助按省定标准、转移支付系数等给予补助。

(三)加强工作监管。民政部门要做好补贴对象的审核认定和补贴的发放,加强与医保、人力社保、退役军人事务部门的协调对接,做到不漏发、不重复发放,加强对服务供应商和享受对象的监管,防止弄虚作假骗取资金。民政、财政部门按照国库集中支付的相关规定和服务合同做好服务费用的结算。

本文件自2024年7月1日起施行,《浙江省民政厅浙江省财政厅关于印发浙江省养老服务补贴制度实施办法的通知》(浙民养〔2021〕164号)同时废止。

浙江省民政厅浙江省财政厅

2024年5月24日

(四)印发通知

印发通知具有传达上级要求、部署工作任务和告知下级机关或相关单位具体事项的功能。印发通知一般由各级政府机关、企事业单位以及其他组织根据工作需要进行发布,用以确保政令畅通、政策落实和信息共享。

印发通知通常包括标题、主送机关、正文、落款和印发日期。标题通常由发文机关、事由和文种构成,体现发文机关的权威与事项的具体内容。正文部分则包含通知的目的、依据、具体事项及要求,表达要准确、简洁且条理分明。落款和印发日期则标明发文机关的身份及发文时间,确保内容的权威性和时效性。

印发通知起到的重要作用不可忽视。首先,它是上下级机关沟通的重要手段。通过通知,上级机关可以及时将政策、决策和工作安排传达到下级机关,确保执行不偏离轨道。其次,印发通知有助于提高工作效率。通过明确具体要求和时间节点,各单位能够有条不紊地开展工作,减少模糊不清和推诿拖延的现象。最后,印发通知也促进了信息的广泛传播,使得信息传递更加透明化、规范化。

印发通知在公文体系中具有重要地位,是政府、企事业单位及其他组织进行政务传达和工作部署的重要工具。通过规范、精准、及时地印发通知,信息能够高效传达,政策得以有效贯彻,进而推动各项工作的顺利进行。

例文如下。

国务院关于印发《推动大规模设备更新和消费品以旧换新行动方案》的通知

国发〔2024〕7号

各省、自治区、直辖市人民政府,国务院各部委、各直属机构:

现将《推动大规模设备更新和消费品以旧换新行动方案》印发给你们,请认真贯彻执行。

附件:推动大规模设备更新和消费品以旧换新行动方案(具体内容略)

国务院

2024年3月7日

标题:国务院关于印发《推动大规模设备更新和消费品以旧换新行动方案》的通知,完整的公文标题是由三个要素组成的,发文机关+事由+文种。发文机关"国务院";事由,一般是动宾结构的词组,印发方案;文种,通知。

发文字号:国发〔2024〕7号,这是国务院2024年发布的第7份公文。发文字号由发文机关代字、年份、发文顺序号组成。联合行文时,使用主办机关的发文字号。

主送机关:主送机关是指公文的主要受理机关,应当使用机关全称、规范化简称或者同类型机关统称。"各省、自治区、直辖市人民政府,国务院各部委、各直属机构"是主送机关,运用的是同类型机关统称。

正文:公文的主体部分,用来表述公文的内容。例文中,"现将《推动大规模设备更新和消费品以旧换新行动方案》印发给你们,请认真贯彻执行",就是正文部分,将内容表述清楚即可。

发文机关署名:发文机关为"国务院",署发文机关全称或者规范化简称。

成文日期:署会议通过或者发文机关负责人签发的日期。联合行文时,署最后签发机关负责人签发的日期。2024年3月7日,为成文日期,年份写四位。

(五)转发通知

转发通知是上级机关或组织将某文件、决定、通知等原文或节选呈现,并经过必要的说明和强调,转发给下级单位或相关部门,其中包含了转发主体的意图和要求。

首先,主要目的是传达信息。上级机关制作转发通知是为了将某一重要文件或指示传达到每一个需要知悉的下级单位或部门,使信息得到全面覆盖。这种传达方式保证了信息的一致性和权威性,减少了因不同层级间传递信息而可能出现的误差和曲解。

其次,具有指导性功能。通过转发通知,上级机关不仅仅是传达信息,还会对如何贯彻落实文件内容提出具体的要求和指导意见。可以帮助下级单位准确把握上级机关的意图,明确自身的工作方向和任务,从而提高工作的时效性和有效性。

最后,起到规范行为的作用。上级机关通过转发通知统一了工作的标准、程序和要求,使各个下级单位在相关事务处理中能够步调一致,有章可循,从而提升整个组织的管理水平和工作效率。

在实际工作中,转发通知主要包括标题、主送机关、正文、印章和日期等部分,其中正文又分为引言、正文和结尾三部分。引言部分简要说明转发的原因和目的,正文部分包括被转发文件的主要内容或全文,结尾部分则往往是上级机关的指示或要求。

总之,转发通知作为公文体裁中的一种,发挥着传递信息、指导工作和规范行为的重要作用。它不仅是上级机关与下级单位之间沟通的桥梁,更是确保政策落实和工作效率的重要保障。理解并善用转发通知,对于每一个在组织中工作的人员来说,都是必不可少的基本功。

例文如下。

<h3 style="text-align:center">国务院办公厅关于转发国家发展改革委、住房城乡建设部
《加快推动建筑领域节能降碳工作方案》的通知</h3>

国办函〔2024〕20号

各省、自治区、直辖市人民政府,国务院各部委、各直属机构:

国家发展改革委、住房城乡建设部《加快推动建筑领域节能降碳工作方案》已经国务院同意,现转发给你们,请认真贯彻落实。

附件:加快推动建筑领域节能降碳工作方案(具体内容略)

国务院办公厅
2024年3月12日

这则转发通知,基本写法与上面的印发通知相同。在日常工作和生活中,转发通知是一项常见且必要的任务。正确、有效地转发通知不仅能保证信息的准确传递,还能提高工作效率。转发通知看似简单,但其中仍需注意多个关键细节。

首先,确保信息来源的真实性和可靠性。在转发通知之前,必须确认信息的来源是否可信,确保传递的信息真实无误。未经核实的消息容易导致误解和不必要的困扰,甚至可能引发更严重的后果。因此,核实信息来源是转发通知的首要步骤。

其次,保持信息的完整性。在转发过程中,原通知的内容必须被完整传达,不能随意删减或修改。任何遗漏或改动都有可能导致信息失真,影响接收者的理解和判断。此外,如果需要对原通知进行解释或补充,建议在转发时以附注的形式明确说明,以便接收者能够清楚区分原通知内容和补充信息。

再次,注意措辞的准确性和得体性。通知的语言应当简洁明了,避免使用模棱两可或过于复杂的词汇。在转发通知时,应尽量保持原通知的语气和风格,同时确保文字表达准确、清晰。得体的措辞不仅能提高通知的可读性,还能增强接收者的理解和接受度。

最后,保护个人隐私和敏感信息。在某些情况下,通知中可能涉及个人隐私或敏感信息。在转发此类通知时,应注意适当隐藏或保护这些信息,确保不会对个人隐私或公司机密造成泄露。根据具体情况,可以对相关信息进行模糊处理或使用代号,以确保信息安全。

二、请示的写作

(一)请示的含义及类别

请示主要用于下级机关向上级机关请求指示或批准。请示承载着上下级之间的信息传递和工作协调的功能,能确保各项事务的顺利进行。在实际工作中,请示主要用于:第一,工作中遇到不明确或无法自主决策的问题;第二,需要上级机关进行审批的事项;第三,希望上级机关提供协调帮助的工作。因此,请示在行政管理中具有重要作用,是确保各级行政机关协调合作的关键文种之一。根据内容和用途的不同,请示可以分为以下几类。

1.一般请示

主要用于请示一般性事务,如日常工作的指导意见和处理意见。

2.报告式请示

这种请示除了请求指示,还包含一定的情况汇报内容,通常适用于较为复杂或涉及多方面工作的事项。

3.审批请示

主要用于需要上级机关批准的事项,如财务支出、大型项目的立项等。

(二)如何撰写请示

一般来说,请示应包括以下几个部分。

1.标题

简明扼要地说明请示的内容,如《关于支持设立上海宝山高新园区(集团)有限公司的请示》。

2.主送机关

明确请示的接收单位,即上级机关。

3.正文

这是请示的核心部分,应包括背景情况、请示事项及请求内容。具体来说,背景情况部分应简明清晰,引出请示的必要性;请示事项部分应具体明确,注明所请示的问题或请求的批准内容;请求内容部分应提出具体的请求,包括希望上级机关给予的指示或批准。

4.附件

若有附加材料,应在正文末尾注明并附上。

5.落款

包括单位名称、日期和联系人信息。

(三)写请示的注意事项

在撰写请示时,应注意以下几点。

1.实事求是

请示内容需真实可靠,不可夸大或隐瞒事实。

2.一文一事

不得在报告等非请示性公文中夹带请示事项。简明扼要,语言应简洁明了,避免冗长,使上级机关能快速掌握请示要点。

3.明确责任

应清晰说明请示的原因和所需上级机关(特别是受双重领导的机关)的明确指示或批准,避免模糊不清。

4.尊重礼仪

在行文中保持礼貌,尊重上级机关的权威,使用正式语言。

5.注意格式

请示是上行文,格式与平行文和下行文不同。

总之,请示作为一种重要的公文形式,对于行政管理和工作协调具有重要作用。在撰写请示时,应遵循规范,注意细节,以确保其有效性和可操作性。通过请示,可以实现上下级机关之间的有效沟通和高效合作,为工作的顺利开展提供保障。

例文如下。

关于支持设立上海宝山高新园区(集团)有限公司的请示

宝工园管〔2022〕12号   签发人:×××

区政府:

为贯彻落实《关于进一步深化宝山区国资国企综合改革的实施方案》,进一步优化国资国企"1+5+X"的结构布局,推进宝山高新园区政企分离、市场化运作,更好地助力宝山打造全市科创中心主阵地,推进"北转型",园区拟新设成立上海宝山高新园区(集团)有限公司(暂定名),现将有关情况汇报如下。

一、拟新设公司基本情况

(一)公司情况

上海宝山高新园区(集团)有限公司拟由上海宝山国有资本投资管理(集团)有限公司100%全资设立,注册资本金10亿元。

(二)经营范围

以自有资金从事投资活动;工程管理服务;商业综合体管理服务;园区管理服务;物业管理;技术服务、技术开发、技术咨询、技术交流、技术转让、技术推广;信息咨询服务(不含许可类信息咨询服务);非居住房地产租赁;租赁服务(不含许可类租赁服务);创业空间服务。(除依法须经批准的项目外,凭营业执照依法自主开展经营活动)

(三)发展目标

以上海宝山城市工业园区开发有限公司、上海宝工园投资管理有限公司为基础进行战略性调整和重组,功能定位为积极推进产业发展、投融资管理和园区运营等实体化运作,主动参与市场竞争,提升盈利能力,做大做强做优区属国有企业,实现区属国资良性可持续发展。

二、有关请示

现根据上海市市场监管局工作要求,请示以区政府名义报送设立函,支持设立上海宝山高新园区(集团)有限公司。

以上请示妥否,请批示。

附件:关于恳请支持上海宝山高新园区(集团)有限公司设立的函(代【知识链接】拟稿)

从请示写作的角度来看,本文具有以下特点。

第一,标题规范、简明扼要。文章标题明确指出了请示的主要内容,即"关于支持设立上海宝山高新园区(集团)有限公司的请示"。标题简明扼要,直接点明了请示的核心诉求,使收文单位能够迅速了解请示的主要内容。

第二,背景及目的阐述详细。请示开篇即提到"为贯彻落实《关于进一步深化宝山区国资国企综合改革的实施方案》,进一步优化国资国企'1+5+X'的结构布局,推进宝山高新园区政企分离、市场化运作,更好地助力宝山打造全市科创中心主阵地,推进'北转型'"。这段文字交代了设立公司的背景和目的,突出了其重要性和必要性,请示理由充分、依据明确。

第三,内容结构清晰、层次分明。请示的内容结构十分清晰,分为两大部分:拟新设公司基本情况和有关请示。在"拟新设公司基本情况"部分,又细分为公司情况、经营范围、发展目标三个小节。每个小节内的内容也都条理清晰,信息详尽,便于阅读和理解。

第四,具体请示事项明确。在第二部分"有关请示"中,明确提出了具体的请示事项:"请示以区政府名义报送设立函,支持设立上海宝山高新园区(集团)有限公司"。请示事项具体明确,避免了模糊不清的表达,使得接收单位能够明确知道需要做什么。

第五,附件说明及代拟稿提供周全。请示最后附上了"关于恳请支持上海宝山高新园区(集团)有限公司设立的函(代拟稿)",这一附件不仅提供了详细的设立函内容,还展示了设立公司的具体细节和后续安排,显示了请示单位的周全考虑和细致准备。

第六,语言规范、正式。全文语言符合公文写作的要求。无论是背景阐述、内容陈述,还是具体请示,均使用正式的书面语,体现了公文的严肃性和权威性。

综上所述,这则请示在标题、编号、背景阐述、内容结构、具体请示事项、附件说明以及语言规范等方面都表现出了较高的写作水平和规范性,具有很强的参考价值。

三、函的写作

(一)函的含义

函主要适用于不相隶属机关之间的商洽工作、询问和答复问题、请求批准和答复审批事项。函在公文交流中发挥着重要的作用,因为其正式和规范的特点,使其成为机关、企事业单位之间沟通的桥梁。

函的含义主要涵盖以下几个方面:首先,函用于不相隶属或非上下级关系的单位之间进行联系和交流,具有正式性和权威性;其次,函用于传达事务、请求信息、寻求指导或做出批复,是一种较为正式的沟通工具;最后,函的内容通常比较简洁明了,直接针对所涉及的问题或事项进行具体表述。

(二)函的类别

函主要可以分为以下几类。

1. 商洽函

用于商洽工作或事务安排,如联合举办活动、合作项目等。例如,某文化机构向某公司发出商洽函,邀请其参与某次文化展览的合办工作。

2. 询问函

用于向对方单位询问某些具体问题或请求提供信息。如某学校向教育部门发出询问函,询问新教材的发行时间和具体内容安排。

3. 答复函

用于回应收到的函件,包括答复询问、回复请求等。例如,某公司收到某机关的询问函后,发出答复函,详细回答其提出的问题。

4. 请求函

用于向对方单位提出请求,如申请批准某事项、请求支持某项目等。如某科研机构向政府部门发出请求函,申请拨款支持某项科研项目。

5. 审批函

用于对申请事项进行批复,表达同意、不同意或需要补充材料等内容。例如,某企业向主管部门提交审批函请求办理经营许可证,主管部门则发出批复函件,告知审批结果。

(三)怎么拟写函

函的写作通常包括标题、称谓、正文和落款等部分。以下是一个示例。

关于进一步加强合作事宜的商洽函

上海方圆电子商务有限公司:

首先,衷心感谢贵公司对我们公司的信任与支持,并对之前我们双方在多个项目上的成功合作表示高度赞赏。我谨代表公司,向贵公司全体同仁表示最诚挚的谢意和最美好的祝愿。

基于双方之前形成的良好沟通及合作,结合我们公司对于未来发展的战略规划,我方希望就进一步拓展合作进行深入探讨。贵公司在贵行业领域内有着卓越的表现,技术优势与市场经验非常值得我们学习和借鉴,我们深信,双方的强强联合将会为彼此带来更为广阔的发展空间和丰厚的利益回报。

为此,我方计划就以下几个方面与贵公司进行商洽,希望贵公司予以考虑并反馈意见。

首先,关于新技术研发合作的探讨。贵公司的技术团队在业界享有盛誉,我们认为在新技术研发领域,我们双方可以发挥各自的优势,共同开发出新型高效的产品或解决方案。我们公司在数据处理、算法优化、用户体验设计等方面具有多年的经验,我们相信这样的合作将大大提升双方的市场竞争力。

其次,在市场拓展方面,我们希望与贵公司共同探讨国内外市场的发展趋势及策略。我们公司在国内市场有着稳定的客户群体和渠道网络,而贵公司在国际市场上崭露头角,双方可以就此进行资源整合,共同拓展市场份额。我们计划在双方市场部门之间建立紧密联系,定期进行市场信息交流及联合推广活动。

再者,关于品牌合作及推广。我们认为品牌是企业最重要的资产之一,良好的品牌形象和知名度能够大大促进业务发展。我们希望与贵公司共同策划品牌推广计划,通过联合举办行业峰会、参与业界盛会及联合发布品牌宣传资料等方式,进一步提升双方品牌的市场影响力。

除此之外,双方在企业文化建设、人力资源交流及可持续发展项目等方面亦有广阔的合作前景。我们愿意以此次商洽为契机,与贵公司深化多层次、多领域的沟通与协作,共同实现互利共赢。

综合以上,我们诚挚邀请贵公司代表在方便的时候莅临我公司进行实地考察及合作洽谈。我们也愿意派遣相关部门负责人前往贵公司进行交流,以便进一步了解双方需求和期待。

期待您的回复,并衷心希望能够尽早与贵公司开始新的合作旅程。在此,谨祝贵公司业务蒸蒸日上,蓬勃发展。

联系人:公司副总经理　李华　联系电话:×××××× 　邮箱:××××@×××.com

苏州速科电子商务有限公司
2024 年 7 月 16 日

例文点评:

一、内容结构

这封商洽函的结构非常清晰,遵循了传统商务信函的格式。具体分为以下几个部分。

1.开篇致谢

首先表达对合作伙伴的感谢及对以往合作的肯定,这是商务信函中的常见做法,既体现了礼貌,也增强了信函的亲和力。

2.合作背景与意图

阐述了双方之前合作的良好基础,明确表示希望在未来继续深化合作,目标明确。

3.具体合作领域

详细阐述了各个拟合作的具体方面,包括新技术研发、市场拓展、品牌合作等,条理清楚、层次分明。

4.期望与邀请

表达了进一步洽谈合作的意愿,并邀请对方进行实地考察,体现诚意。

5.祝愿和结束语

最后表达对对方公司的美好祝愿,语言恰当。

二、语言表达

1.正式与礼貌

信函使用了正式的商务语言,显得非常专业,如"衷心感谢""高度赞赏""诚挚的谢意"等词语,体现了良好的商务礼仪。

2.表达清晰

每段内容都非常明确,句子简洁但信息量大,读者可以快速抓住重点。

3.正面积极

文中多次使用正面词汇,如"卓越的表现""丰厚的利益回报"等,营造了一种积极合作的氛围。

三、逻辑性

1.前后呼应

文中每个部分之间有很好的逻辑衔接,从感谢过去的合作到希望未来的合作,再到具体合作方面的说明,逻辑非常顺畅。

2.逐层深入

从宏观的合作意向逐步延伸到具体操作,层层推进,不显突兀。

四、细节处理

1.具体合作领域的描绘

对于每个拟合作的领域,商洽函都给出了非常具体且实际的合作内容,这不仅表明了发函方的诚意和专业度,也使得对方在阅读时有具体的感知和考量。

2.联系方式的完善

信函结尾附上了联系人及联系信息,细节周到,为双方后续的沟通提供了便利。

3.日期的准确性

虽然信函中标注了日期的占位符,但在实际运用中需要学生注意使用准确日期,确保信函的时效性。

五、其他建议

1.个性化调整

虽然格式和内容大体符合商务要求,但在实际应用中,可以根据合作伙伴的具体情况和公司文化作适当调整,以增加商洽函的个性化和针对性。

2.具体实例的引用

在说明双方合作背景时,可以适当引用往期合作的具体实例,以增强说服力和真实感。

3.简洁明了

尽管正式信函需要详尽的信息,但要注意避免冗长,保持简洁明了,一目了然。

总的来说,这封商洽函在写作上有很高的水平,基本涵盖了正式商务信函的所有必要元素。以此为参考,我们可以在遵循基本格式的同时融入自己的风格和特色,提升商务信函写作的技巧和水平。

四、纪要的写作

纪要主要用于记录会议、谈话、调研等活动的主要内容和决定,具有纪实性、权威性和指导性。如何写好纪要,是每一个党政机关工作人员必须掌握的基本技能。本文将通过具体例子,详细说明如何写好纪要。

(一)明确纪要的目的和作用

纪要的主要目的是记录和传达会议或活动的主要内容和决策,为后续工作提供依据和指导。纪要必须准确、清晰、全面地反映会议或活动的实际情况。

(二)准备工作:充分了解会议或活动背景

在撰写纪要之前,撰写者必须认真研读会议记录,充分了解会议或活动的背景、议题和参与人员。这有助于撰写者在撰写纪要时能够抓住重点,避免遗漏重要信息。

(三)抓住纪要核心内容,重点突出

纪要的核心是记录会议或活动的主要内容和决策。因此,撰写者在记录时必须抓住核心内容,避免冗长和繁琐。例如,在拟写某次扶贫工作会议纪要时,撰写者应重点记录各部门的扶贫措施、存在的问题和解决方案,而不必详细将会议记录中每位发言者的全部发言内容纳入到纪要中。

突出重点。会议纪要应明确指出会议的重点内容,包括决定的事项和解决的主要问题。需要提炼出会议的精华部分,即关键点,确保不遗漏任何重要信息。

(四)结构清晰,条理清楚

一份好的纪要应具有清晰的结构和层次,便于阅读和查找。一般来说,纪要的结构可以分为标题、正文和附件三部分。标题应简明扼要,概括会议或活动的主要内容;正文应按照时间顺序或议题顺序,层次分明,条理清楚;附件可以包括相关文件、图表等辅助材料。例如,在撰写某次环保工作会议的纪要时,可以按以下结构进行。

1.标题

某某环保工作会议纪要。

2.正文

会议时间、地点、主持人及参会人员；

会议议题；

各部门发言要点；

会议决议和下一步工作安排。

3.附件

相关文件、数据图表等。

(五)语言简洁,表达清晰,忠于原意

纪要的语言应简洁明了,用词准确,避免使用模棱两可的词语和复杂的句式。应避免使用"可能""大概"等不确定的词语,而应使用"决定""要求"等明确的词语,以确保纪要的权威性和准确性。

忠于原意。在会议中,不同领导的发言风格和观点角度各有差异,因此,需要准确捕捉并反映他们的核心观点。会议主持人的讲话应成为纪要的中心内容,体现会议的主要精神。在此基础上,还需整合其他与会者的意见,进行有序的梳理和概括。

(六)审核校对确保无误,便于执行

纪要在完成初稿后,应进行严格的审核和校对,以确保内容的准确性和完整性。审核应包括对事实的核实、语言的润色和格式的检查。例如,在审核某次教育改革会议的纪要时,应核实各项数据的准确性,确保纪要内容与会议实际情况一致,并对语言进行润色,使其更加简洁明了。

便于执行。会议讨论的意见需要用恰当的语言清晰表达,以便下级和相关部门能够顺利执行。记录中应明确支持或反对的立场,对于需要调整或改变的具体内容,语言要简明扼要、易于理解,避免造成混淆。

(七)实例分析

以下是某市政府一次关于城市规划的工作会议纪要的简要摘录。

关于推进城市规划工作的会议纪要

2023年7月15日,在市政府办公楼二楼会议室召开了关于推进城市规划工作的会议。参会人员包括市长李明,副市长王华、刘婷,各区县主要负责人,规划局、财政局、交通运输局等相关单位代表。

会议包括四项议程:市长李明总结上半年城市规划工作情况;副市长王华部署下半年重点工作任务;副市长刘婷组织讨论和答疑;参会人员分组交流。现将会议内容纪要

如下

李明指出,城市规划是关系到人民生活质量和城市长远发展的重要工作。在上半年,我们在多个方面取得显著成绩,如完成了重点区域的规划设计,启动了一系列改善交通及环境的工程项目。

王华在部署下半年任务时强调,要继续坚持以人为本的理念,加大对老旧小区改造的力度,推进智慧城市建设,优化交通网络,提升城市管理现代化水平。

刘婷主持的讨论环节,各区县及相关单位代表畅所欲言,提出了切实可行的建议,如在老旧小区改造中引入社会资本,加强对公共空间的治理等。

会上主要形成了以下决议:

1.在全市范围内开展老旧小区改造试点工作,并逐步推广。

2.加快发展智慧城市交通管理系统,提升交通效率和安全性。

3.各相关部门要密切协作,确保各项工程顺利推进,按期完成。

会议结束时,李明再次强调了各项工作任务的重要性,并要求各部门提高认识,明确职责,全力以赴,确保城市规划和建设工作稳步推进。

×× 市政府办公室

2024 年 7 月 16 日

通过上述例文,可以总结出撰写高质量会议纪要的几点经验和注意事项。

1.真实准确地记录会议基本信息

会议纪要的首要任务是准确记录会议的基本信息,包括会议时间、地点、参会人员名单和议程。例文在开头部分简明扼要地列出了这些内容,为读者提供了清晰的会议背景。

2.结构清晰,层次分明

结构清晰的会议纪要更易于阅读和理解。例文通过划分议程和内容,采用层次化的叙述方法,使会议纪要层次分明,重点突出。

3.内容详实,重点突出

会议纪要的内容应当详细记录会议讨论的重点和决议。例文中的每一部分,不仅记录了具体的工作成果和任务部署,还特别强调了会议达成的决议,确保每一个参会者都能明确自己的工作任务。

4.语言简洁明了

纪要语言应当力求简洁明了,以便于传达会议精神。例文在叙述中,使用了大量简洁的句子和明确的表达,使人一目了然。

5.注重会议精神传达

纪要不仅是会议内容的记录,更是会议精神的传达工具。例文通过市长、副市长的发言摘要和决议形成,使参会人员和阅读者都能深刻理解会议要旨和精神,并自觉将其贯穿到实际工作中。

6.注意表述时的人称

纪要要用第三人称来写,如"会议认为""会议决定"等。

撰写一篇优秀的会议纪要不仅需要如实记录会议过程,还应力求结构清晰、内容详实、语言简洁和精神传达到位。借鉴和学习真实的党政公文纪要,可以为实际工作提供有力的参考,进一步提高党政机关的工作效率和管理水平。优秀的会议纪要不仅是日常工作的记录,更是督促和指导各项工作顺利推进的重要工具。

实　训

查找资料,分析"会议纪要"与"会议记录"的区别与联系。根据总结出来的内容,分组讨论,形成一致性的答案。

自测题

1.查找资料,分析"请示"与"报告"在使用时的区别。

2.江南机修有限公司基层第一党总支部拟利用"五一"假期,组织党总支部2024年50名党员去井冈山参观学习,接受革命传统教育。此事要花交通费、生活补助费及其他费用约两万元。请代公司第一党总支部向公司写一篇请示,请求在经费上给予支持。

3.根据下面的内容写一份公函。

某职业技术学院现代文秘专业的120名学生,将于明年年初进行为期4个月的岗位实习。学校将对接多家实习单位,请以学校的名义发函。管理学院将由院长李琼带队,包括教务处实训科科长张敏、管理学院副院长王朝阳、管理学院办公室主任赵刚一行4人到A公司进行洽谈,商量学生实习实训事宜。

任务二　撰写社交礼仪文书

中国是礼仪之邦,社交礼仪文书在日常工作中的使用非常多。撰写社交礼仪文书中的感谢信、邀请函、欢迎词、答谢词是秘书工作的重要组成部分。

一、感谢信

沟通与交流是所有职业群体中必不可少的一部分。无论是员工与上下级之间,还是企业与客户之间,表达感激之情的方式多种多样,其中感谢信因其正式和真诚的特质,使用得非常广泛。

(一)感谢信的含义

感谢信是指表达对某人或某群体在特定事件或情境中提供帮助、支持、指导或其他形式的积极行为所表示感激之情的书信。它不仅是一种礼仪形式,更是一种人与人之间真情实感的交流。感谢信能有效促进双方关系的和谐以及深化彼此间的信任,从而有助于整个团队或组织的稳定和发展。

(二)感谢信的特征

感谢信通常具有以下几个特征。

1.真诚相待

感谢信的核心在于真诚。信中的感激之情必须是真实的,而不是泛泛之谈。收信人能够感受到发信人的真实心意,这样的感谢信才有价值和意义。

2.形式正式

感谢信通常采用正式的书信用语和格式。无论是措辞还是书写形式,都需要展现出一定的礼貌和尊重,以体现发信人的诚意。

3.简洁明了

在表达感谢之情时,语言应简洁明了,避免冗长啰嗦。直接点明对方的帮助及其带来的积极影响,以便收信人能够迅速理解并感受到这份感激。

4.具体详细

在信中具体描述对方所提供的帮助或支持,以及这份帮助对自己的重要性或影响,这样能让收信人更加明确感激的内容和原因。

(三)如何写感谢信

写一封得体的感谢信并非难事,关键在于抓住其核心要素,并注意特定的书写规范。撰写感谢信的步骤如下。

开头称呼:感谢信的开头应使用尊敬的称呼。例如,"尊敬的某某经理"或"亲爱的某某"。

明确表明感谢主旨:在开头的段落中,应直接点明写信的目的,即表达对收信人的感谢之情。

详细陈述感激之情:在主体部分,应具体描述对方所提供的帮助或支持,以及这对自己的积极影响。可引用具体事例来增强表达的生动性。

强调感激的重要性:在总结部分,可以再次表达感谢,并指出对方帮助的重要性与特别之处,使其更具分量。

结尾致意:感谢信的结尾应使用礼貌且正式的致意语,例如"此致敬礼"或"衷心感谢"。

落款与日期:最后,署上自己的姓名和日期,以示正式与郑重。

（四）感谢信举例

在生活的旅途中，我们常常会遇到那些值得我们一生铭记的瞬间和那些为我们无私奉献的人。感恩是一种美德，它不仅能够让我们铭记曾经的恩惠，更能让我们在感恩的过程中获得心灵的升华。以下是一篇感谢信，希望能够启发大家如何用文字传递真诚的感激之情。

感谢信

尊敬的王老师：

　　您好！

　　展信佳。我怀着万分激动和感激的心情给您写下这封信，感谢您在我高中阶段给予的悉心教导和无私帮助。

　　回首三年来的时光，您慈祥的面容和宽厚的笑容依然历历在目。您不仅在课堂上为我们传授渊博的知识，更在生活中关心我们的成长。记得我面临高考压力倍增时，您常常抽出宝贵的时间，与我促膝长谈，鼓励我坚持不懈，教导我用积极乐观的心态面对一切困难和挑战。不仅如此，您还在我的学习道路上给予了宝贵的指引和建议。您的教诲让我在学习中找到乐趣，也让我更加坚定自己的目标。正因为有您这样的好老师，我才能在高考中取得优异的成绩，顺利进入理想的大学。

　　其实，感谢的词语真的无法完全表达我内心对您的感激之情。您的无私奉献和辛勤付出将成为我一生的珍贵回忆。王老师，正是您的言传身教，让我明白了知识的力量和教师的伟大。我会将您的教诲铭记于心，并在未来的日子里，努力做一个对社会有用的人，以此来回报您的恩情。

　　最后，祝您身体健康，工作顺利，桃李满天下。

　　此致

敬礼！

您的学生：李明
2024 年 8 月 6 日

通过这封简洁却充满真情的感谢信，我们可以感受到作者对王老师的无比感激。它不仅表达了对老师教导之恩的深深敬意，更传递出学生真诚的情感。在纷繁复杂的生活中，让我们学会用感恩的心去面对每一个扶持我们前行的人，用真情实感的文字去传递我们的感谢之情。总之，感谢信在工作中起到的重要作用不可小觑。它不仅可以有效表达感激之情，更能促进人与人之间的理解与合作。撰写一封得体的感谢信，不仅是对他人劳动和付出的一种肯定，更是自身涵养和礼仪的体现。在日常工作中，学会如何正确而真诚地写一封感谢信，是每一个职业人都应掌握的技能。

二、邀请函

邀请函是一种正式的书面文件,用于邀请他人参加某个活动、会议、庆典或其他形式的聚会。邀请函的主要目的是对被邀请者表示诚挚的期盼,并提供必要的信息以便对方做出应邀决定。其形式既可以是电子邮件,也可以是传统的纸质信件。

邀请函与一般信函有以下几个主要区别:(1)目的明确。邀请函的主要目的是邀请对方参加某个具体的事件或活动,而一般信函则可能涉及各种沟通需求,如商业联系、个人通信、投诉等。(2)正式性强。邀请函通常具有更高的正式性,采用更为礼貌和严肃的语气。这与一般信函中的随意、非正式语气形成对比。(3)结构清晰。邀请函的结构通常更加严谨,有明确的开头、主体和结尾部分。它通常包括事件概述、时间地点、联系信息和对对方的期望。而一般信函的结构则比较灵活,可以根据内容进行不同的安排。

写一篇规范邀请函的基本步骤如下。

1.开头

邀请函的开头部分应简洁明确,通常包含发件人的称呼和收件人的称谓。例如,"尊敬的李教授"。

2.引言

简要说明写信的目的。例如,"我们非常荣幸地邀请您参加由我校举办的'国际文化交流论坛'"。

3.事件详情

详细说明活动的具体信息,包括日期、时间、地点和活动内容。例如,"本次论坛将于2023年12月15日上午9点,在北方大学百年讲堂举行"。

4.附加信息

提供额外的必要信息,如是否需要提前确认参加、活动的具体安排和联系信息。例如,"请您于12月1日前回复是否能够参加,如有任何疑问,请联系王老师,电话:123-456-7890"。

5.结尾

用礼貌和恳切的语气结束,通常包括再次的感谢和期盼。例如,"我们期盼着您的莅临,非常感谢您的支持与合作",并签上发件人的姓名及日期。

6.签名

在信的最底部签上发件人的姓名或单位名称。

以下是一个简短的例子。

邀请函

尊敬的李教授:

我们非常荣幸地邀请您参加由我校举办的国际文化交流论坛。本次论坛将于2023

年12月15日上午9点，在北方大学百年讲堂举行，内容涵盖国际文化交流与合作的最新趋势和实践。

请您于12月1日前回复是否能够参加，以便我们做好相应的安排。如有任何疑问，请随时联系王老师，电话：123-456-7890。

我们期盼着您的莅临，非常感谢您的支持与合作。

此致

敬礼

北方大学文化交流中心

2023年11月1日

综上所述，邀请函作为一种正式的通信工具，不仅具有明确的目的和高雅的形式，还能有效地传达邀请信息。正确书写一封规范的邀请函，不仅有助于达到邀请目的，还能体现发件人的礼貌与细致。

三、欢迎词

(一)欢迎词的含义

欢迎词，顾名思义，作为一种富有礼仪色彩的语言表达形式，是对来宾表示欢迎和致意的言语。它通常由主办方在某个正式或非正式的活动开始时，向来宾表达诚挚的欢迎和感谢之情。这种表达形式不仅能有效拉近主宾之间的情感距离，还能通过礼貌周到、真诚热情的言辞为活动营造一个和谐友好的氛围。

在哪些场合需要使用欢迎词？欢迎词的使用场合非常广泛，具体包括但不限于以下几个方面。

会议和论坛：在学术会议、商业论坛、主题研讨会等场合，欢迎词是开幕仪式的重要组成部分。主办方通过致欢迎词，向与会嘉宾、专家学者、合作伙伴等表示热烈欢迎。

典礼和仪式：在开学典礼、毕业典礼、颁奖仪式等正式场合，欢迎词可以表达对所有来宾的感谢与欢迎，并提升活动的正式感。

宴会和招待会：在一些商业宴会、聚会和招待会上，主人通过致欢迎词表达对每一位来宾的尊重和谢意。此外，还可以通过简短的欢迎词来活跃气氛。

接待和访问：在友好访问、国际交流、企业接待等活动中，欢迎词是增进彼此友谊、强化合作的重要桥梁。无论是私人的接待场合还是公共的欢迎场合，都少不了一篇热情洋溢的欢迎词。

文化活动和演出：如在音乐会、戏剧表演、艺术展览等文化活动中，欢迎词不仅是对参加者的礼貌问候，还能起到渲染气氛、吸引观众注意的作用。

(二)欢迎词的特点

一篇成功的欢迎词通常具备以下几个显著特点。

礼貌周到:欢迎词应体现出对来宾的尊重和问候,言辞间要有礼貌,语气要友善,不能有任何冒犯之意。

真诚热情:一篇动人的欢迎词应充满真诚之感,能够让来宾感受到主人发自内心的欢迎和谢意。辞令虽然可以斟酌,但真情实意不可缺少。

简洁明了:虽然欢迎词要情感真挚,但过长的篇幅可能会让来宾产生厌倦感。因此,欢迎词一般要控制在适中的长度,言简意赅尤为重要。

针对性强:一篇成功的欢迎词还应具有较强的针对性,根据不同的来宾对象和不同的活动性质,精心设计欢迎词的内容,让来宾感受到主办方的关心与重视。

语言优美:语言的艺术在欢迎词中表现得尤为突出。一篇好的欢迎词应辞藻优美、文笔流畅,不仅能传递友谊,还能给来宾带来美的享受。

(三)欢迎词例文

欢迎词

尊敬的×××公司代表团的各位贵宾:

大家好!

在这祥和丰收的季节里,我们非常荣幸地迎来了来自贵国的友好使者,在此,我谨代表×××公司,向远道而来的贵公司同仁表示最热烈的欢迎和最诚挚的问候!感谢你们在百忙之中抽出宝贵的时间,远涉重洋,莅临我们公司进行交流和合作。

天下相识无远近,四海友谊本同心。作为全球化浪潮中的一员,我们深知在当今高度竞争的市场环境中,合作共赢才是企业健康、持久发展的基石。贵公司在全球电子商务领域享有盛名,拥有卓越的营销网络和技术优势。我们对贵公司在创新管理、市场拓展等方面取得的成就深感钦佩,并衷心地希望通过此次会晤,能够更好地了解贵公司,学习贵公司的先进经验。

此次贵公司代表团的到访,不仅是一次双方企业间的交流,更是增进两国行业友谊、实现资源共享、共谋发展的重要契机。通过信息的互递、技术的交融和经验的分享,我们相信此次会议必将为双方进一步的深入合作打下坚实基础。我们希望能够借此良机,探讨更多合作的可能性,以期望在未来的合作中实现互惠互利,共同发展。

我们深信,在双方的不懈努力和密切配合下,我们一定能够在电子商务领域开创更加辉煌的事业篇章。不仅仅是商业利益的提升,更重要的是对中外企业间友谊、合作以及共同成长的进一步推进。信息化、全球化浪潮的推进,既是我们面对的挑战,也是我们共创未来的机会。让我们共同欣赏这一美好的机遇,携手并肩,勇往直前。

亲爱的贵宾们,今天的欢迎宴会虽然不足以表达我们对贵公司来访的欢欣之情,但希望在接下来的日子里,你们能够感受到我们最诚挚的款待。让我们共同举杯,祝愿两公司关系更加紧密,合作更加顺利,友谊更加长久,事业更加辉煌!

最后,衷心祝愿各位贵宾在此期间身体健康,工作顺利,心情愉快!

谢谢大家!

四、答谢词

(一)答谢词的含义

答谢词是一种用于表达感谢、赞美和敬意的正式演讲或书面材料,常常用于各种社交和商务场合。它不仅体现了表达者的礼貌和修养,还能增进人与人之间的情感和互信。答谢词通常包含对某人或某团体的诚挚感谢,表达感谢者的感激之情,同时也可以包含对对方某些美德或行为的赞美与肯定。

(二)答谢词的使用场合

答谢词广泛应用于各种场合,包括但不限于:

1.商务活动

如公司间的合作洽谈、签约仪式、项目发布会等。

2.社交活动

如婚礼、聚会、生日庆典等私人活动。

3.学术活动

如学术研讨会、论坛、学术交流会等学术场合。

4.正式会议

如各种庆典、颁奖典礼、表彰大会等正式场合。

5.公益活动

如慈善晚宴、筹款活动等。

(三)答谢词的特点

1.真诚

答谢词必须真诚,不能貌合神离。它应该让接受者感受到发自内心的感谢,触动接受者的内心。

2.简练

答谢词虽然可以详尽描述感谢的理由和背景,但语言须简练,不宜冗长。

3.尊敬

答谢词中应体现对受谢方的尊重与敬意。

4.得体

答谢词应契合场合和对象,避免过于花哨或者过度谄媚,保持正式而不失亲切。

5.具体

答谢词应尽量描述具体的事例来强化感谢的理由,使感情更为真实可信。

(四)答谢词例文

答谢词

尊敬的各位领导、各位同仁朋友：

大家晚上好！

今晚,我们怀着无比激动的心情齐聚一堂,共襄盛举。在此,我谨代表我们公司的全体员工,对贵公司的盛情接待表示最诚挚的感谢。感谢你们的热情款待,感谢你们无微不至的关怀,更感谢你们为此次交流合作所付出的辛勤努力。

贵公司作为行业内的佼佼者,不仅在电子商务领域取得了令人瞩目的成绩,更在企业文化、管理经验和技术创新等方面树立了行业标杆。今天的访问与交流,让我们在贵公司身上学到了很多宝贵的经验,这将为我们今后的发展注入新的动力和活力。

在座的每一位同行朋友都是业界精英,你们严谨的工作态度、卓越的创新精神和无私的合作精神,无不让我产生深深的敬佩之情,特别是贵公司领导的谆谆教诲和热情接待,让我们感受到了宾至如归的温暖。此次访问不仅让我们增进了彼此的了解,更为我们未来的合作打下了坚实的基础。

同时,我还要特别感谢今晚这场盛大的欢迎宴会。在这雅致的氛围中,我们不仅享受了美食佳肴,更体验到了贵公司精心营造的温情。这一刻,我们感受到的不仅是欢聚的喜悦,更是对未来合作的美好憧憬。

我们坚信,在双方的共同努力和紧密合作下,我们一定能够克服一切困难,迎接更美好的明天。让我们携起手来,共同谱写电子商务行业更加辉煌的新篇章！

再次感谢各位领导和同行朋友的热情接待,愿我们的友谊地久天长,愿我们的合作蒸蒸日上！

谢谢大家！

实 训

任务实践:在本次实训中,学生将学习如何撰写一篇正式的欢迎词。欢迎词通常用于会议、活动或仪式的开幕式上,旨在欢迎与会者并为活动定下基调。学生需要根据给定的场景和受众,撰写一篇简洁而有感染力的欢迎词,要求如下。

1.明确场景和受众:选择一个具体的场景(如学术会议、公司年会、婚礼等)并明确受众群体。

2.结构清晰,语言得体,注意语气和措辞。

3.字数要求:欢迎词应控制在500字以内。

4.时间限制:需在30分钟内完成撰写。

1.某公司举行消防安全培训,邀请该公司所在的某市消防大队副队长张军对公司安全员进行培训,请以公司的名义写一篇邀请函。

2.写一封感谢信,内容自拟。

任务三　提升阅读写作能力

　　阅读与写作能力是现代社会中不可或缺的基本能力,它不仅是个体学习、工作的基础,同时也是有效进行人际交往和融入社会的桥梁。那么,究竟什么是阅读与写作能力?这些能力对大学生的人际沟通有何重要意义? 又如何具体提升这些能力?

　　阅读与写作能力是指一个人能够理解和分析文本信息,并运用恰当的语言、逻辑与风格表达思想的能力。阅读能力不仅限于理解字面意义,还包括分析、推理、评估以及综合多种信息的能力。写作能力则不仅是文字的拼接,更重要的是逻辑的严密性、表达的准确性以及风格的合理性。这两种能力相辅相成,共同构成了人类交流思想、传达信息的重要手段。

　　对于大学生而言,阅读与写作能力在学术生活和日常生活中都起着至关重要的作用。在学术生活中,大学生需要通过阅读大量专业文献来获取知识、理解前沿研究动态,并在此基础上撰写研究报告和论文。这一过程不仅需要大学生具备出色的阅读能力,还需要他们能够将所学知识转化为自己的研究成果,清晰且有逻辑地表达出来。此外,良好的阅读与写作能力还可以帮助大学生更好地参与学术讨论,与导师和同学进行高效的沟通与合作。

　　在人际沟通方面,提升阅读与写作能力对大学生同样至关重要。首先,具备良好的阅读能力可以帮助大学生更准确地解读他人所传递的信息,不论是书面信息还是口头信息。通过对文本的深入理解,他们能够更好地抓住对话的核心内容,并作出准确的回应。其次,写作能力直接影响到大学生如何表达自己的想法。在社交媒体、邮件和各种书面交流中,清晰、准确地表达自己不仅能提高沟通效率,还能树立良好的个人形象。

　　然而,阅读与写作能力并非天生具备,而是需要通过持续的学习与练习进行提升。在现代社会中,阅读与写作能力不仅是获取知识和文化素养的基础,更是个人表达和交流的重要工具。尤其是在大学阶段,阅读与写作能力的提升对于大学生的学习和未来职业生涯的成功至关重要。大学生如何提高这两方面的能力呢?

一、如何提升阅读能力

1.广泛阅读,涉猎多种类型的书籍

阅读不应仅限于专业教材,大学生应多接触不同领域、不同时期的经典作品,包括文学、历史、哲学、科学等。这种多样化的阅读可以拓宽知识面,提升思维的深度与广度。名著、畅销书、专业期刊、报纸等都是很好的选择。

2.合理规划阅读时间

大学生课业繁忙,合理分配时间尤为重要。可以每天固定时间段进行阅读,比如早晨起床后的30分钟或晚上睡前的一小时。通过这种固定的时间安排,逐渐养成阅读习惯。

3.培养批判性阅读习惯

在阅读过程中,不仅要理解文字表面的意思,还要对文本内容进行批判性的思考。这包括质疑作者的观点、分析文字背后的逻辑和推理,甚至联想到自己所学专业的相关知识进行综合评判。

4.做读书笔记

笔记不仅是对读过内容的回顾,也是加深理解和记忆的重要手段。可以采用思维导图、关键概念总结、个人观点记录等多种形式。定期翻阅这些笔记,对于知识的内化和长期积累十分有益。

5.参与读书会与讨论会

与他人分享阅读心得和观点,可以加深对读物的理解,开阔自己的视野。通过讨论,我们可以更加理性地看待问题,学会从不同的角度思考问题。

二、如何提升写作能力

1.坚持日常写作

日常写作是提升写作能力的有效方式。除了完成日常作业、学术小论文,大学生可以通过写日记、发微博、写随笔等形式进行写作练习。每日记录生活琐事、学习心得或者内心感悟,既能锻炼写作的连续性和流畅性,又能培养对文字的敏感度,还能促进思维的清晰性与表达的准确性。

2.多读优秀范文

通过阅读大量的优秀文章,我们可以模仿和学习其中的写作技巧和风格。特别是在写作初期,模仿是快速提高写作水平的一种有效手段。阅读范文时,可以多关注其结构布局、论证方法、语言表达等方面。

3.训练逻辑思维

写作不仅仅是文字上的呈现,更需要严密的逻辑和清晰的思路。因此,大学生应该多加训练自己的逻辑思维能力,可以通过练习议论文、分析文章等方式进行锻炼。写作时,要明确中心论点,并通过有理有据的论证来支撑观点。

4.定期完成写作任务

无论是课程作业还是个人练笔,定期的写作训练是必要的。可以给自己设定一些小目标,比如每周完成一篇读后感、每月写一篇长篇文章等。定期的写作练习有助于保持文思的灵活性和文字表达的生动性。

5.接受反馈与修正

写作不是一蹴而就的,反馈和修正是进步的关键。因此,可以请老师、同学或朋友对自己的作品进行点评,指出其中的优点和不足。通过不断地修正和完善,勇于面对批评与建议,逐步提高自己的写作能力。

6.参加写作课程和培训

许多大学都会开设写作课程,大学生可以通过选修相关课程来提升写作技能。此外,校外也有专门的写作培训班或工作坊,参加这些培训可以系统地学习写作知识,从而提升写作水平。借助现代信息技术,如在线词典、语法检查工具和AI写作工具等,可以帮助大学生提高写作质量,纠正常见错误,增强语言表达能力。

通过以上方法和举措,大学生可以有效地提升自己的阅读与写作能力。这不仅有助于他们在学术道路上取得更优秀的成绩,更能丰富个人的文化素养,为未来职业生涯的成功奠定坚实基础。

总的来说,阅读与写作能力的提升是一个长期且持续的过程,需要坚持不懈的努力和细致耐心的积累。正如一句老话所说,"书山有路勤为径,学海无涯苦作舟"。愿广大大学生在提升阅读与写作能力的道路上,不断探索,勇往直前,最终收获丰硕的成果。

项目八
与上司沟通

知识目标

- 了解上司人际风格的类型,掌握适应不同风格上司的方法。
- 了解口头汇报的步骤,掌握口头汇报的技巧。
- 熟悉说服的难点,了解劝说的方法。

能力目标

- 能准确分析上司的风格,具有适应风格各异的上司的能力。
- 能灵活运用口头汇报技巧,掌握正确的向上沟通能力。
- 能运用恰当的方式向上司提建议或劝说上司,具有一定的说服能力。

素质目标

- 培养主动沟通意识,学会构建和谐的上下级关系。
- 培养职业精神,学会换位思考。
- 培养尊重、诚恳、勤勉、好学的品质。

案例导入

长华公司的销售人员小陈入职一年多,努力工作,勤奋学习,在市场推广和项目谈判方面取得很大进步,这令林总十分欣慰,于是决定派给她一项重要任务,让她去某企业谈合作。

经过半个月的交流与谈判,小陈满意地回到公司。回来后,她稍做整理就去林总办公室汇报。

走进办公室,看到林总期待的目光,小陈说:"这次谈判的进展很大,对方公司目前有一大批货物正苦于找不到合适的买主……经过与他们的深入交流,我发现他们公司现在资金实力正在逐渐下降,但目前来看这笔订单应该还是能够成交的,我们不用担心资金链断裂……"

本来林总很高兴听她汇报工作,谁知她滔滔不绝地说着谈判细节,一口气讲了20多分钟。林总开始有些着急了,不停地看手表,因为他一会儿还有重要的事情要办。

但小陈并没有觉察到,还在阐述自己的努力和对方的诚意,直到林总做出打断她说话的手势。

"好了,小陈啊,你说了半天我都不知道你说了什么,我想听重点,我想要结果,所以最后你到底谈得怎么样了?"

"谈得可以,只要再稳定联系一段时间,这笔订单一定没问题。"

"你可以早说重点……"林总不悦地说。

小陈看到林总的反应,非常委屈,觉得自己每件事都详细汇报,正是尊重上司的表现,为什么上司就是不认可自己。

问题讨论:

1.什么是上行沟通?

2.与上司沟通与平行沟通或下行沟通有什么不同?

3.下属向上司汇报工作应该掌握哪些技巧和方法?

4.上行沟通时应注意哪些问题?

> 如果你是对的,就要试着温和地、技巧地让对方同意你;如果你错了,就要迅速而热诚地承认。
>
> ——戴尔·卡耐基

与上司沟通又叫上行沟通,是职场中一项经常性的沟通工作。秘书或下级通过一定形式就某一阶段内的工作或者某一专题性的工作向上司反映和报告,以便上级知晓和指导;秘书或下级在工作中遇到问题,需要上司给予答复;秘书或下级向上级提出请示,以争取上级的支持和帮助;秘书或下级就工作为上级决策服务,提出合理化建议与方案等等。

与上司的沟通大多数与工作有关。建立并保持良好的上下级关系,认真做好下情上达的工作,直接影响工作绩效,对一个组织的成功与发展具有重要意义。只有讲究方法,运用技巧,才能达到沟通的目的。

任务一　了解和适应上司

为什么你和同事的工作表现同样出色,但是被上司青睐的人不是你?为什么你勤勤恳恳地努力工作,承担了组织内部的许多责任,却享受不到组织分配的利益?为什么你的上司对你的态度总是不冷不热,即使你觉得自己已经足够忠诚,但上司仍然不信任你?

上司不认可你,源于你不了解和适应上司。了解上司是沟通顺畅的前提,了解上司后与上司说话才会有针对性,才能易于被上司接受。因此,在职场中,和不同的领导打交道,首先要了解领导的性格类型及交际风格,然后,根据不同类型性格上司的风格,有针对性地采用不一样的沟通方式。下属只有主动了解和适应上司,做到"见什么人说什么话",才能达到更好的上行沟通效果。

一、与上司沟通的原则

与上司说话,不是难在有礼,而是难在得体。因此,必须掌握以下这些原则。

（一）了解领导,适应领导

面对陌生的领导,大多数人都有一种本能的隔膜感、畏惧感和提防警戒心理。因此,下属在与新任领导沟通之前,应该对领导的社会背景、性格特点、事业目标、工作作风、个人好恶和语言习惯等有比较清楚的了解。这样,说话才会有针对性,才能易于被领导接受。总之,一个精明的领导总是欣赏那些了解他的脾性,能根据他的心境和愿望行事的下属。

（二）不卑不亢,有礼有节

下属的工作职能决定了必须与领导接触。与领导相处,首先要做到谦逊有礼,有些话应该尽量避免在领导面前说,比如"随便,都可以!""这事儿你不知道!""这事你不懂!""不行,是不是?"等,这些都是对领导不敬的语言。但这也不是要下属在领导面前低三下四,唯唯诺诺的人绝不会是领导欣赏和重用的人。下属应该在保持独立人格的前提下,采取不卑不亢的态度。

（三）有问必答,分寸得当

领导常常会就有关工作与下属谈话交流。此时,下属应冷静思考,有问必答,言之有物,言而有序,并且一定要注意仅答其所问,绝不随意发挥。遇到难以回答的问题,不要回避,不要推诿,应该大方地如实说明情况或者虚心向领导请教。能够做到"事事有回音,件件有着落"的下属,一定会得到领导的认可。

二、了解上司的主要内容

(一)了解上司的个性

下属要了解上司的个性类型。如果上司喜欢直来直去,就要顺应他的性格,多和他讨论结果和效率;如果上司关注细节,就要做好充分的思想准备,接受他对自己工作细节上的质问与探讨;如果上司做事果断,不太关注细节,就要说话直接简明,对细节进行确认并适时提醒;如果上司性格温和,慢条斯理,就要放慢语速,常带微笑……了解上司的个性,是为了更好地适应上司,不是为了讨好上司或与上司作对。适应上司,才能给自己营造一个良好的工作环境,并更加顺利地开展工作。

(二)了解上司的行事风格

每个上司的个性不同,每个领导者的工作风格不尽相同,要注意了解上司的想法、行事风格以及这种工作风格的优点和缺点。如果你的上司的工作风格是雷厉风行式的,你就要尽量适应他的节奏;如果你的上司节奏慢而严谨,你就不要总是向前冲;如果上司是典型的完美主义者,就要尽可能使自己的工作尽善尽美。

(三)了解上司的需求

下属必须把握上司每个时期的工作重点,了解上司的工作安排,领会上司的工作意图。要根据当前的工作,了解上司目前最需要什么数据或材料,需要自己完成什么工作,以便根据上司的需要来判断工作的轻重缓急,并随时根据上司的需要作出调整。因此,了解上司的需求,是下属与上司沟通的关键。

(四)了解上司的沟通习惯

你的上司喜欢什么样的沟通方式和渠道?倾向于什么样的沟通频率?你的上司喜欢书面沟通还是当面沟通?喜欢在什么时间和你沟通?作为下属,你要尽量适应上司的沟通方式和偏好。适应上司的沟通方式,是下属的职责。适应上司的沟通方式远比你想象的重要。

每个人的沟通习惯都不相同,不同的人有不同的获取信息的方式。当进行自下而上的沟通时,你必须了解上司喜欢的接受信息的方式,这会让你提出的意见更容易被理解。当上司理解了之后就很容易认同你的意见,从而接受你的意见。

【案例8-1**】**

"你明白了吗?""你听懂我说的了吗?""你到底听没听?"……

小王最讨厌听的一句话,就是上司总是问他的那句:"你明白了吗?"

每次上司向他交代工作,布置完任务,总是要不断地问他:"你明白了吗?"

如果小王说"明白了",上司还会继续说:"那你谈谈你的理解。"

然后小王就被迫复述一遍要点。如果复述的内容出错了,上司还会说"我说你没明白吧",然后不厌其烦地纠正。

小王抱怨说:"我又不是傻子! 为什么上司总是问我明白没,还不断要求我重复?"

问题讨论:

1.对于上司的提问,你怎么看?

2.如果遇到这样的上司,你会如何适应?

三、了解上司的技巧

(一)用心观察知上司

【知识链接】

下属可以通过查阅相关资料、请教办公室同事、参加会议、处理重大事项等途径或渠道全方位地了解上司,但更重要的是自己平时要用心观察,耐心地了解上司的方方面面。比如,每天上班的时间分配习惯,月初月末有什么固定的安排,处理要事一般会安排在什么时段,处理问题一般采用什么路径、关注哪个流程,喜欢什么时候开会,什么时候批阅文件,经常谈论什么话题,有什么话语习惯、表达习惯,常用什么表情和肢体语言等,从中总结归纳上司的性格特点。

(二)距离适度敬上司

秘书在处理与上司的关系时,既不要"不及",也不要"过分",而要使自己与上司的关系保持在一个有利于工作、事业以及两者正常关系的适当限度内。首先,交往心理要适度,如果从不积极与上司沟通,自己与上司关系自然不会亲密;如果与上司交往过于热情,也不利于建立正常的上下级关系。另外,交往频率要适度,交往时间过多或过少,间隔时间过长或过短,都不利于与上司建立和发展良好关系。

(三)真诚夸奖赞上司

上司毕竟是自己工作上的领导,无论从人际交流的策略,还是从工作关系的角度,秘书在任何情况下都要把上司放在主角的位置,上司也需要被看见、被肯定。当自己的工作取得成绩时,首先要感谢上司的栽培;当集体的目标得到完美实现时,不妨投去赞赏的目光和热烈的掌声;当上司表现出色时,不妨送上真诚的夸奖。无论在内部沟通还是外部交流中,都应习惯支持与赞美上司。给予足够的情绪价值,可以激发更多的正向反馈。

(四)维护形象挺上司

没有哪个领导不看重形象,并且往往把它看作衡量下属对自己是否尊重、自己是否具有权威的标志。如果下属不懂得这一点,轻者会受到批评,重者会被暗中压制,不得重用。上司不可能是完美的,维护上司的形象是下属与上司相处时应该特别注意的方面。

比如,当上司讲话出现差错时,不要立即指出并予以纠正,否则,上司会觉得有失脸面,降低威信。做到这一点,需要在工作中时刻保持谨慎,防患于未然。当上司出现失误或一时难以应付的情况,下属应及时帮忙补救;当工作的事态显示出不好的趋势时,你首先要汇报给自己的上司,千万不要把事情压着,等事情无法控制和隐瞒时再上报,这样往往会使事情变得更糟。

实 训

一、了解和分析自己

1. 自测人际风格特征。

2. 以小组为单位,将自测结果进行组内互评。

3. 谈谈自测、互评后的感受。

人际风格类型	特征	沟通方式
分析型	严肃认真,有条不紊,语调单一,真实,寡言,表情单一,动作慢,遵守逻辑,语言准确,注意细节,注重个人空间	注重细节;守时;尽快进入主题;认真记录;避免过多的眼神和身体接触;多用专业术语及数据、图表;语速适中,声音柔和
与分析型人沟通的关键技巧——说话的方法和态度要更加正式。		
和蔼型	合作,友好,赞同,耐心,轻松,在办公室摆放家人照片,表情和蔼,目光接触频繁,说话慢条斯理,声音轻柔,多用鼓励性语言	首先与其建立友好关系;多加赞赏(尤其对其家人照片);保持微笑;语速放慢,鼓励并征求其意见;保持频繁的目光接触
与和蔼型人沟通的关键技巧——建立亲密的个人关系。		
表达型	外向,直率友好,热情,不注重细节,令人信服,幽默,合群,活泼,动作和手势多,语调丰富,说服力强,常借助物体表达	声音洪亮,热情活泼;使用与其相似的动作和手势;注意从宏观上引导;说话直截了当;对细节进行确认并经常提醒对方
与分析型人沟通的关键技巧——给予其充分的时间表达自己。		
支配型	果断,独立,能力强,表情少,情感内敛,审慎,有作为,有效率,目光接触,语言直接,语速快,有说服力,目的性和计划性强	回答准确及时;常用封闭式问题体现效率;提供依据和创新思想;讲话直截了当,节约时间;声音洪亮,充满信心;直奔主题;目光接触;身体前倾
与分析型人沟通的关键技巧——直截了当地快速步入正题。		

二、情景实训

向婷在通化公司见习了两个月,很敬佩秦秘书的职业能力,觉得秦秘书平易近人,但他平时并不喜欢多说话;而张科长则对什么人都自来熟,似乎更容易接近;何部长则只有一次把向婷叫去送文件,他十分严肃,向婷在他面前简直什么话也不敢说。一天向婷见秦秘书不忙,想去请教他,怎样才能从容地跟不同的领导沟通。

1.讨论与分享

(1)见习生向婷为什么首先想到请教秦秘书?

(2)如果你是向婷,你会怎样分析见习单位何部长、张科长、秦秘书的人际风格?

(3)如果你是秦秘书,你会如何给向婷建议?

2.分组角色扮演

请分别编写见习生向婷与领导对话的脚本,并分组扮演脚本。

自测题

1.说说了解上司的重要性。

2.了解上司的基本原则是什么?

3.适应上司的方法有哪些?

任务二　灵活运用口头汇报

在职场中,有的人认为,我每天做好自己的工作就可以了,为什么要经常汇报工作?汇报工作只是一个形式,为什么我们要那么看重? 之所以会有这种想法,是因为他们对自己的工作内容不清楚。事实上,汇报工作不是一种形式,汇报本身就是工作,汇报工作本身就是你职责的一部分。

向上司汇报的形式有很多种,其中最常用的沟通方式就是口头汇报。如果能够掌握口头汇报技巧,做到得体和有效地与领导沟通,就能真正成为领导的"贴心人"。

一、口头汇报的类型

一般而言,口头汇报分为告知性汇报、请示性汇报、建议性汇报三种类型。

第一种,告知性汇报。汇报内容为应该让领导知道或掌握的情况,如综合情况、专题情况、工作动态、活动安排及突发性事件的汇报等。对于这类汇报,下属要运用逻辑性较强的语言进行客观表述,将时间、地点、人物、事件、原因、背景、开始、发展、结果以及利害关系等,实事求是、原原本本地汇报清楚,让领导一听就明白。

第二种,请示性汇报。下属经常要就工作中的问题向领导请示,它与告知性汇报的区别在于不仅要领导掌握情况,还要领导给予明确的答复。因此这类汇报要注意:一是陈述要全面,让领导通晓情况便于决策;二是陈述与请示二者要有因果关系;三是请示要具体、简洁,请示的问题不宜太笼统,范围不宜太大,宜简短、精练。

第三种,建议性汇报。在日常工作中,领导有时会就秘书所汇报的事情征求意见和看法,这时下属可以视情况提出建设性意见。有把握的,可以直截了当地将自己的建议和意见一条条地罗列出来,供领导参考;没有把握的,可以坦诚相告,或大方提出不成熟的看法,然后对领导说明自己想得不一定清楚,说的意见不一定正确等。

二、口头汇报的步骤

(一)明确目的

明确汇报目的是开展汇报的前提和基础。口头汇报的目的可以是在工作中遇到问题,需要上司给予答复,所以向上司提出请示;也可以是向上司反映和报告相关工作情况,以取得上司的认可和支持;还可以是就工作中遇见的问题提出自己的见解。提出请示须在事前或工作进程中进行,待上司批准后执行;向上汇报通常在某项工作完成中和结束后进行,即"事前要请示,事后要汇报"。

为达到汇报目的,需对汇报的问题事先酝酿,打好腹稿,力求具体详细,条理清楚,言简意赅。见到上司后,应先讲清楚汇报目的及需要汇报的重点事项,不要将所有的内容都滔滔不绝地讲出来。

(二)清楚陈述

根据汇报目的和上司的要求,陈述应找准切入点。请示汇报前最好列出提纲或形成文字材料,将汇报事项分条列项,阐述清楚。请示性汇报和告知性汇报表述的先后次序不一样。请示问题时,应先谈事由,然后再谈意见和建议;汇报情况时,应先讲事情的结果,然后再陈述事情发生的经过和处理过程。

请示汇报时非特殊问题无须过多解释,特别是有时间限制时,更要严格把握,要充分利用有效时间把该讲的内容都讲出来,尽量做到每句话都有分量,繁简适度,表达得体,让上司听得清晰明了。

(三)认真记录

向上司汇报工作时,要随身带着笔和笔记本,对上司的指示或要求,要仔细听认真记,以便及时准确地抓好落实。

记录可采用"5W2H"方法,即时间(When)、地点(Where)、执行者(Who)、为了什么目的(Why)、需要做什么工作(What)、怎样去做(How)、需要多少工作量(How many)。具体内容最好再简明扼要地向上司复述一遍,以防出现差错。

(四)及时复盘

向上司汇报工作后,要及时复盘上司的指示,领会上司意图,落实上司要求,让上司对你有"事事有着落、件件有落实"的印象。

汇报工作是一件非常考验能力的事情,如果你能做出好的工作汇报,就能让上司发现你的能力,进而对你刮目相看;如果你在汇报中表现得不够好,上司可能会对你有些看法。在职场中,要把每次汇报都当成自己展示能力的机会。

三、口头汇报的技巧

1.厘清思路

很多人在汇报工作时毫无章法,不知道汇报内容的先后顺序,也不知道如何规划内容的详略,思路不清,严重影响汇报效果。厘清思路可参照以下3种方法。

(1)"5W1H"方法。5W 即 Who、What、Where、When、Why,1 H 即 How。Who 指向谁汇报;What 指汇报的主要内容;Where 指汇报的地点;When 指汇报的时间,包括具体汇报时间和工作节点;Why 指事情的起因,即为什么要向领导汇报,领导为什么要接受汇报;How 指解决问题的方式或过程。

(2)STAR 模型。STAR 即情境(Situation)、任务(Task)、行动(Action)、结果(Result)。汇报者首先交代事件的背景,阐述需要完成的任务,说明采取的行动,最后说明产生的结果。STAR 模型常用于汇报工作进度和阐述行动建议等。

(3)列提纲法。针对汇报内容,汇报者可以借助提纲来梳理思路。对于较简单的问题,汇报者可以在脑海中将汇报内容按顺序列一个提纲,打好腹稿后再做汇报;对于较复杂的问题,汇报者可提前在纸上列好提纲,合理安排汇报的顺序与层次,并牢记在心,汇报时就可以做到详略得当,逐一陈述。

2.明确重点

主动汇报时,如果要陈述工作总结,那么自己所做出的成绩就是汇报重点;如果要请示决策或解决问题,那么自己提出的解决方案就是汇报重点。

被动汇报时,汇报者要清楚上司让自己汇报的用意,考虑清楚以下几个问题即可明确汇报工作的目的:首先,上司为什么要听自己汇报工作,是不是自己的工作出现差错,或者公司有重大的调整变化等;其次,在当前的环境下,上司希望获得哪些信息。

无论哪种汇报,汇报者要想让上司更好地接受内容,就要把握好汇报的方向与目的,在汇报中突出自己的想法,围绕自己的观点组织材料。

3.结论先行

汇报者在口头汇报工作时,表达方式非常重要。领导注重工作效率,喜欢先听结果,因此汇报工作要结论先行,即先总结后具体、先框架后细节、先结果后过程、先论点后论据,分层次汇报。

无论结果是好还是坏,汇报者都要开门见山,直奔主题,应在1分钟内说完重点内容,如果领导追问,再汇报细节。每次汇报工作时,汇报者应只谈1个重点事项或关键问题,不要超过3个,这样有助于领导迅速做出决策,同时领导也会欣赏汇报者的办事效率和工作能力。

4.语言精练

汇报者向上司汇报工作时语言要精练,切忌东拉西扯,词不达意。语言精练可以从两方面来考虑:一方面精简汇报内容,删去可有可无、次要的事情,只讲重点;另一方面,语言表达概括性强,层次分明,简明扼要。

另外,汇报者在汇报工作时尽量避免使用模糊性语言,如"大概""可能"等词语,模棱两可的语言不仅不利于上司做出正确决策,还会让上司觉得员工工作态度敷衍、不精细不认真。

5.掌握时机

汇报者要注意汇报的时机,一方面是选在恰当的工作节点汇报,另一方面是掌握好汇报的具体时间及时长。

关于工作节点方面,主要有工作前、工作中和工作完成后3种。工作前主要汇报工作计划,这有助于上司更好地把控全局,针对汇报者的计划给予合理建议,使员工更好地完成工作任务;工作中汇报的时机主要有3个,分别为工作出现意外情况、超出自己的职责权限、工作出现错误,以上3种情况出现任意一种,下属都要及时汇报,以保证工作的顺利进行;工作完成后汇报的内容主要包括工作中的收获、经验和教训,工作中遇到的新问题及解决方案等。

关于汇报的具体时间及时长方面,汇报者选择合适的汇报时机,有助于提高汇报效率,达到汇报目的。主动汇报应选在上司情绪平稳、比较空闲的时间,尽量避开周一,一般周一上司业务比较多;同时把握好汇报时长,宜短不宜长,那些工作效率高、懂得为上司节省时间的下属更容易赢得上司的好感。

【案例8-2】

某公司市场部王经理找领导汇报工作。他进入总裁办公室后,开始汇报近期的工作情况和计划方案,说了大约10分钟,仍然没有说到重点。总裁开始还耐着性子听,后来突然指着门说:"出去! 你先想好要说什么再来。"

王经理面红耳赤,默默退出了办公室,出了总裁办公室的门,他镇静了半天,仍然非常恼火:为什么自己才说了10分钟总裁就生气了? 为什么他不愿意听我汇报? 难道我汇报的内容不重要吗?

后来,在公司例会上,总裁发言:"你们知道每天有多少人找我汇报工作吗? 我上周统计了一下,合计116人次。这是什么概念? 如果每个人都汇报10分钟,那每周我听汇报就要听1160分钟,等于19个小时,平均每天3.87小时。如果每个人汇报工作用20分钟,那我每周听汇报就要花费2320分钟,等于38个小时,平均到5个工作日内,就是每天7.7小时。每天我的法定工作时间才8个小时,我却要花费7.7个小时听你们汇报,每个人来找我汇报之前,要先想好你要说什么、你说的重点是什么,想好怎么用简洁的语言、简单的方式汇报清楚。如果你做不到,那你不要来找我。如果你做不到3分钟内说清楚重点,做不到简明扼要,那你就不要进我的门。我没有时间处理你们那些废话连篇的问题!"

听完总裁的话,上周去总裁办公室汇报工作的公司市场部王经理回想自己汇报时从近期的工作情况到具体的计划方案,说了大约30分钟,仍然没有条理清晰、重点突出地汇报清楚,羞愧得无地自容。

问题讨论：

1.王经理口头汇报时存在什么问题？

2.如何针对总裁的特点,开展有效的沟通？

四、口头汇报的注意事项

(一)不能拖而缓报

对大事、要事、急事要及时请示汇报,需要领导了解和掌握的一般性工作,也要及时请示汇报,不能拖拖拉拉,更不能漏事、误事、错事。

(二)不能越级行事

对需要请示和汇报的问题,不能越级行事。部门领导不在时,要想方设法联系,得到许可后,再逐级请示汇报。

(三)不能多变请示

所谓多变请示,就是一件事情请示一位上司不同意后,又去请示另一位上司。这样做极易造成上司之间的误解和矛盾。

(四)不能有头无尾

请示工作要做到有头有腰有尾。所谓有头,就是上司答复;有腰,就是工作落实的全程;有尾,就是结果和回音。一项大的任务和重点工作结束后,要将完成情况逐级汇报,以便上司掌握工作落实情况。

(五)不能自说自话

请示工作要留意汇报的现场反应。人的心理过程具有外显性,能通过语言、姿态、脸色、眼神等流露出来,汇报者应观察对方的反应,分析对方的心理、情绪,调整语音语调,调整汇报内容或语言,或长话短说,或转移话题。

(六)不能单调呆板

汇报时应该精神饱满,语言连贯流畅,节奏适当,避免节奏单调呆板、没有变化的语音语调;禁用口头禅"这个""那个""然后""嘛";不能说话啰唆,颠来倒去。

【案例8-3】

一位经理吩咐公司的两位实习生:"我有事要办,不能参加2小时后的会议,你们要注意一下出席情况,等我回来后向我汇报。"

经理回到公司后,实习生张涛走进经理办公室。经理问他:"临时会议的出席情况还好吧?"

张涛回答:"还不错,本次会议虽然是临时通知,但出席情况良好,绝大部分人按时参加,几乎没有迟到早退的情况。"

经理等了一会儿,看到张涛不再说话,示意他先出去,然后让另一位实习生李明轩进来汇报。

李明轩自信从容地走进经理的办公室,他清楚、流利地说:"经理,本次会议应到200人,实到186人,没到的14人中5人请假,7人加班赶材料,剩下2人打不通电话,没法通知。会议期间,还有4位同志提前离会,经了解是去处理紧急事件。"说完,他看着经理,又问道:"不知您还有没有其他问题? 我会尽量回答。"

经理露出满意的笑容,说道:"我的问题已经解决了。"

实习期结束后,李明轩如愿成为公司的正式员工。

问题讨论:

1. 李明轩的汇报注意了哪些问题?

2. 这样的汇报能给上司带来怎样的印象?

实 训

一、讨论分享

比较下面几段话,你认为哪些说得好,为什么?

A1:"员工工资收入提高了,听说涨得最多的有1000来块钱,涨得少的也有100多块钱。"

A2:"员工工资收入增加了,整体上涨幅度是10%,人均增长工资额是300元,涨幅最大的是技术骨干人员,他们最少的增加了300元,最多的增加了1100元。"

B1:"我们走访了几家同类型的公司,发现……"。

B2:"我们走访了三家同类型的公司,分别是××、××和××。发现……"。

二、案例分析

恒生集团公司总经理李明最近心情比较郁闷,原因是上半年公司营销业绩出现了滑坡,在上一周的半年工作总结汇报会上,董事会对此表示了明显的不满。

这天,他一上班就把财务总监王伟叫到办公室,想听听本月的经营状况,结果本月的进账情况又不乐观,并且供货商好像商量好了似的一窝蜂地来催款,气得他将王伟大骂了一顿。人力资源部总监张宏民这时急匆匆地来到李明办公室,想敲门进去。行政助理任诗怡马上叫住他:"张总,您有急事吗?"张宏民说:"我准备汇报营销经理招聘一事。"任诗怡轻轻地说:"有好的进展吗? 您要是不急的话,改天再来吧。李总正在气头上呢! 您要是现在进去没有好消息告诉他,说不定他也会跟你急呢。""哦,谢谢你,那我过两天再来吧。"

你认为案例中任诗怡做得好吗? 好在哪里?

三、情景实训

行政部接到总部电话通知,总部领导一行10人将于三天后到公司来视察。总经理李明要求:"这次视察,涉及公司的发展战略,意义非同一般,总部来的领导职位高且人数较多,一定要高规格接待,且不能有任何疏忽。请行政部全方位做好接待工作。两天后,我要听取这次接待工作的专题汇报。"

如果你是行政部主任,你将如何向李总做一个全面的接待工作汇报?

(提示:遵循"5W1H"原则,从车辆、住宿、就餐、开会、考察五个方面汇报)

四、现场操作

根据自己的情况,选取"干部同学的工作汇报""顶岗实习的情况汇报""一学期来自己在校综合情况汇报""校外兼职情况汇报"等话题,按"5W1H"的方法做相应准备,参加课堂实训。

自测题

1.口头汇报有哪几种类型?它们有什么区别?
2.口头汇报的步骤是什么?
3.口头汇报的5种方法是什么?

任务三　熟悉说服与劝说

一、说服的难点

俗话说:良药苦口利于病,忠言逆耳利于行。实际工作中,领导也会犯一些错误,工作中也会出现一些疏忽,一个优秀的下属,不仅表现为对领导的言听计从,努力完成领导交办的工作任务,而且表现为善于给领导出主意、想办法,也就是提建议。尤其是当领导者的决策、指示不符合客观实际甚至出现错误时,下属能够及时说服领导改变初衷,这就是劝说。

有人说过,天底下最难的莫过于将别人的钱装进自己的兜里,将自己的观点装进别人的脑袋里。作为下属,为了完善工作,我们有义务为领导指出这些不足。但是一定要有技巧,你的说服和劝谏才会奏效,领导才乐于接受。

说服他人不是一件容易的事,没有人喜欢被说服,传递信息不难,产生影响也就是让人行动却不容易,更何况是你的上司。说服难在哪儿?主要障碍有哪些?如果从技术层面来说,至少有以下这些难点。

(一)说服者讲不清楚

说服者可能因为没想清楚而讲不清楚，这就造成表达内容问题。解决表达内容问题的关键在于"降噪"，即砍掉无关紧要的细节；说服者可能因为含蓄隐晦而讲不清楚，这就造成表达方式的问题。解决表达方式的问题，说服者应尽可能做到有话直说。

说服者的表达习惯也影响表达效果，可以有意识地训练语音、语速、语调，以及在规定时间内说清楚一件事的能力。

(二)被说服者听不明白

被说服者不能理解说服者想要表达的观点，即信号在解码阶段再次变形或损耗。信号过于复杂或过于简单都可能造成解码困难。

听不懂，既可能是说服者表达问题造成的，也可能是被说服者自身认知不足造成的。说服者除了意识到"知识的诅咒"的存在，还应尽量避免使用"行话""黑话""专业术语"，必须用"行话""黑话""专业术语"时也要注意进一步阐释，减轻被说服者的认知负担。

(三)被说服者听不进去

与被说服者无关的话题，或者看不出与自己有何关系的话题，自然无法获得被说服者的注意力。

人们天然对与自己相关的话题感兴趣，说服中应想方设法建立与对方的联系。即，你听我说有什么好处，以及你不听我说有什么坏处；销售技巧中的FAB法则可以用于说服，具体来说就是在介绍自己或一件事时，要说清楚属性、优点和能给对方带来的好处。

(四)被说服者不愿意行动

被说服者为什么要听你的？就是要解决说服者的可信度问题。有助于增加说服者可信度的因素有：社会认证、个人经历、知识和技能、名声与背书。损害信任的行为包括：情绪不稳定、过度承诺、不诚实和贬损他人。

(五)说服者自己的心理障碍

说服过程中最大的障碍是感情问题。不管说服者多么有道理，如果不能赢得被说服者的喜欢，也很难说服他们。人们的很多决定都是基于感情和直觉作出的，在作出之后再用理性去解释、正当化这个决定。

人们可以通过自己的行为、感受去影响对方的行为、感受。让被说服者喜欢的办法有很多，常见的有注意自己的外表与形象、展示自己与对方的相似性、真诚又有技巧的赞美。

【案例8-4】

有一天，张教授突然同时接到两家研习机构的演讲邀请函，一时之间，无法决定接受哪家邀请。

在电话中,第一家机构的邀请者是这样说的:"请张教授不吝赐教,为本公司传授说话的技巧给中小企业管理者。由于我不太清楚你所讲演的内容,就请你自行斟酌吧。人数估计不超过100人……万事拜托了。"

而另一家机构的邀请者则是这样说的:"恳请张教授不吝赐教,传授一些增强中小企业管理者说话技巧的诀窍。与会的对象都是拥有50名左右员工的企业管理者,预定听讲人数为70人。因为深深体悟到心意相通的时代离我们越来越远,部属看上司脸色办事的传统陋习早已行不通。因此,此次恳请先生莅临演讲的主要目的,是希望让所有与会研习者明白,不能用语言清楚地表达出自己想法的人,就无法成为优秀的管理人才。希望您的演讲时间控制在两个钟头左右,内容锁定在:一、学习说话技巧的必要性;二、掌握说话技巧的好处;三、学习说话技巧的方法。希望张教授能从这三个方面带给大家一次别开生面的演讲。万事拜托了。"

问题讨论:请问如果你是张教授的话,你会接受哪家的邀请? 为什么?

二、劝说的基本原则

(一)选择恰当的时机

建言献策要选择恰当的时机,方能取得最佳的效果。秘书要善于察言观色,揣摩上司心态,切不可心急火燎,不分时间、地点、场合、环境就提意见建议。一般来说,应选择上司时间充分、心情愉快之时,或者在上司遇到重大难题或陷入困境时提出建议,可以起到立竿见影的效果;反之,如果选择上司心情郁闷、工作繁忙、情绪急躁的时候谈问题、提建议,效果往往不理想,甚至引发上司的"无名之火"。

(二)正面阐发观点

秘书向上司提出意见建议时,要注意多从正面去阐述自己的观点,少从反面去否定和批驳上司的意见,有时要通过迂回变通的办法来避免与上司的意见产生正面冲突。许多时候要做好引导工作,让自己的想法变成上司的想法,使你提供的资料蕴含着结论,再留给上司定夺。

(三)多用数据和事例

提出对改进工作的建议,事先要做好准备。如果只凭嘴巴讲,没有很强的说服力。因此,事先要收集整理好相关的信息数据或典型事例,增强说服力。同时,说话要简明扼要,对于上司最关心的问题要重点突出、言简意赅,避免东拉西扯,分散上司的注意力。

(四)提出可供选择的方案

秘书向上司提出建议时,要学会提供几个方案给上司选择,将各种方案的优缺点陈述充分、透彻,让上司就问题做出最后的决策,从而发挥作为上司应起的作用。对秘书而言,要求自己面对一个问题时提出几种可行方案,能促使自己全面、深入地思考问题。

三、劝说的方法

当领导决策出现失误时,工作人员能否及时提出规劝性建议,促使领导收回成命,纠正决策失误,就成为检验参谋水平高不高、工作责任心强不强的标志。这种劝说领导纠正失误的做法固然重要,但并不是所有的劝说都能取得好的效果。那么,怎样向领导"进谏"呢?

(一)要有"进谏"的勇气

"进谏"的特点是纠正上级的失误,或提出不同的意见,它很容易冒犯领导的尊严,因此具有很大的风险性。这就要求工作人员一定要有勇气。这种勇气来源于自身的无私,是工作人员勇于负责的精神在工作中的具体体现,也是对机关工作人员以主人翁态度对待事业的必然要求。特别是在遇到一些重大问题或紧急关头时,即使会受到领导的训斥乃至处分,也要顶住压力,以强烈的责任感和无畏精神,勇敢地指出领导决策中的错误或不足,并提出自己的真知灼见。在这方面,古今中外,许多参谋人员"冒死直谏"的精神是值得我们学习的。

(二)要有"劝说"的底气

"进谏",首先必须有足够的理由证明领导的决策、意图有失误或缺陷。它的前提是对领导决策和意图的全面理解和深刻把握。如果自身对领导决策和意图一知半解,或仅凭一鳞半爪的材料就妄下结论,那么"进谏"只能引起领导的反感。此外,当自己的正确意见一旦形成,仍要反复论证,并尽量使它具体化、条理化,切实做到成竹在胸,然后方可提供给领导考虑采纳。可以说,"进谏"能否成功,关键取决于自己考虑问题的成熟程度。

(三)要有"劝说"的方法

人人都有希望得到外界肯定的心理需要,特别是作为领导者,为了维护指挥上的权威,更需要部下的理解、拥护和支持,因此做到"思贤若渴""从谏如流"在现实中往往并不容易。这就要求工作人员"进谏"时一定要讲究方法艺术。"进谏"方法主要有下列几种。

1.比照法

这种方式起源于中国古代。特别是春秋战国时期,封建等级制度已经开始确立,游说诸侯的志士有些意见和建议不便明言,常常采取讲寓言故事的形式,进行比喻和类推,形象地说明同类事物的道理,引起当权者由此及彼的联想,认识到自己的错误,改变原来的决策。比照式"进谏"作为一种规劝的方法艺术对于各级工作人员来说,仍然是有用的。运用这种方式,要求"进谏"者有广博的知识、灵通的信息和较强的类比思维能力。

2.先扬后抑法

所谓"扬"就是褒扬、激扬；所谓"抑"就是抑止、贬抑。"抑扬而发"是处理矛盾的技巧，用在参谋活动中同样能获得良好效果。"进谏"时，先肯定领导"七三开"或"八二开"的成绩，再谈问题，有助于减少领导的抵触或反感，使领导感受到你的善意，使气氛和谐，领导就容易冷静地接受建议了。当然，"扬"也要实事求是，不能无原则地吹捧；"抑"从根本上还是靠论证和说服。这里的"扬"和"抑"是从沟通艺术而言的。

3.消除对抗法

在某些情况下，工作人员的"进谏"还未涉及正题，领导的认识已"先入为主"，抱有明显的对抗情绪。这时，若不采取必要的措施加以淡化或消除，越提意见越会引起反感，也就谈不上"进谏"效果了。还有一种情况，就是当工作人员提出与领导意图相反的意见或指出领导决策的某些缺陷后，由于领导对自己的想法信心很足，反而认为提意见者是"找茬"，这时也要沉着解释，尽力证明自己的诚意，千万不可产生急躁或抵触情绪，那样会使事情更糟。总之，一旦发现领导情绪抵触时，即应想法消除对抗，缓和气氛，待领导能够接受时再接着讲。

4.婉转暗示法

这是创造和谐的"进谏"气氛的又一技巧。针对有的领导"爱吹不爱批"的心理特点，"进谏"时注意变换角度，使用委婉含蓄的语言，巧妙地暗示出对领导的间接批评，使领导在愉快的心境中接纳谏言。运用这种方法，"进谏"者应从掌握对方的心理意向出发，以求双方目标的统一，达到既定效果。

5.责己铺垫法

当组织管理系统遭遇挫折，或领导决策的失误已引起某些局部后果时，工作人员可采取先自我批评的方式，引导领导认识自己的错误，找到共同点，再恰当地指出教训，提出建议，启发对方在自觉承担责任的思路的基础上，接受"进谏"的内容。从理论上讲，一般工作人员无权决策，对于错误的决策并无太多责任。这里主要是从"进谏"的方法技巧上说的，责己只是手段，使领导接受规劝才是目的。

6.维护威信法

一般来说，领导者总是希望其工作结果得到上下各方的肯定，能提高自己的威信。而当领导者认识到自己的错误后，内心总是痛苦的，有时在自责中煎熬，自尊心和自信心变得比较脆弱。在这种情况下，任何伤害其面子的"进谏"活动，都不利于其认识和改正错误。因此，工作人员必须十分注意维护领导的自尊和自信，维护领导者的威信和形象。这样做，既能使"进谏"收到好的效果，也有利于上下级关系的和谐。

【案例8-5】

佳妮名品珠宝公司宣策部张部长在8月工作例会上宣布："为了促进公司新款珠宝的发售，公司决定加大宣传力度，这个月月末就在本市的水上乐园举行一次大型展览，希望大家努力办好这次展出。"

宣策部策划干事小林一听，觉得荒谬至极。他本来就觉得张部长太专制，什么事都喜欢自作主张，性格耿直的小林，当着众人的面，当场回了张部长一句："你这也太草率了吧，都不做市场调查吗？这可关系着我们公司下半年的销售额和资金的运转！"当时，会场上的人都屏住了呼吸。"你知道什么，等你坐到宣策部部长的位子再说！"说完，张部长气呼呼地离开了会议室。

但令小林不解的是，那次水上公园展览并没有举办，而自己的同事萧萧晋升到了宣策部副部长的位子。

原来，那天会上，小林的同事萧萧也很不赞同宣策部部长的做法，但是他并没有像小林那样不给部长留一点面子，而是在赞美领导做事风格的同时，分析了这一宣传策划方案的利弊："我一直都很佩服您做事的魄力，但这次我们推出的是公司今年的主打产品，去水上乐园的一半都是孩子，这么昂贵的奢侈品并不怎么适合在那里展出，到时候做了无用功就不好了。"张部长一听，觉得说得没错，不但采纳了萧萧的建议，还向总部推荐萧萧担任副部长，成为自己的左右手。

问题讨论：

1.同样一件事，为什么两种不同的说话方式，会有不同的结果和职业命运？

2.从中你领悟到了什么？

四、建言献策的注意事项

一是出以公心。公心，指建言献策的出发点。也就是说，工作人员的建议一定要从组织利益乃至整个国家的利益出发，而不是为了表现自己而轻率地提出建议，更不是贪图个人利益而献"好言"。因此，工作人员的任何一项建议都要认真调研，谨慎对待，三思而后行。只有这样，建议才有较高的成功率，才能确保与上司沟通顺利。

二是面带微笑。与人沟通时，有声语言和身体语言所传达的信息各占约50%，一个人若是对自己的意见和建议充满信心，那么他无论面对的是谁，都会表情自然；反之，如果对自己的提议缺乏必要的信心，也会在言谈举止上有所流露。因此，在向上司建言献策时，要面带微笑，学会用自信的微笑感染上司。

三是尊重上司。虽然每一个上司都不是完美的，但也应记住，给上司提意见建议时，要让上司心悦诚服地接纳你的观点，首先要尊重上司，注意维护其尊严，把握好说话的分寸，不要逼上司当场表态，避免在公开场合提意见。要在尊重上司的前提下，有礼有节有分寸地磨合，即使上司不愿采纳你的意见建议，也应感谢上司的聆听，同时让上司感觉到你工作的主动性和积极性。

四是讲究表达艺术。与人沟通，尤其是建言献策时，要讲究语言艺术。首先应做到言辞恳切，感情真挚，用言语充分表达出自己的真诚，让上司真正从心灵深处接纳你，然后上司才会乐意并认真听取你的意见建议，否则沟通无法继续；其次，在向上司提意见建议时,要善于运用条件句与选择句;换句话说,应多用征询的口吻,把自己放在一个请教上司问题的位置上,或以问句开头,或以问句结尾。选择条件句与选择句的优势是将主动权交给上司,随时给上司改变决策"留面子""下台阶"的空间。

【案例8-6】

【知识链接】

恒生商业集团公司召开总经理办公会议,专题讨论营销经理的流失问题。任诗诗作为记录人员参加了会议。散会后,见会议室只有李明总经理在,任诗诗决定向李明总经理"进谏"。

任诗诗:李总,关于营销经理流失这个问题,我个人有个想法,不知道说出来行不行?

李明:哦,没问题,你说吧。

任诗诗:刚才大家商量的对策我觉得很好,应该会对遏制营销经理流失带来良好的效果。这里,我还想提两点建议。一是建议公司对营销经理的流失原因及流失方向再进行深入的调查。据原来和我同宿舍的姚莉透露,她是被我们的同行有意挖走的,并且她在现在的公司已经升为主管了。所以我个人认为,营销经理的流失原因可能不单纯是待遇低这么简单。二是建议我们公司在人员聘用合同上增加保密条款,这样可以在一定程度上限制营销人员随意离职,我有一位同学,他们公司就是这么做的。当然,这些只是我个人片面的所闻所想,请李总参考。

李明:你提供的信息和建议很好,我会叫人力资源部再进一步落实的。谢谢你对公司的关心!

问题讨论:秘书任诗诗提建议的方法怎么样? 为什么会被采纳?

实　训

一、讨论分享

1.比较助理小王在口头向总经理汇报时提建议的两种说法,你认为哪种更好,为什么?

"您看,和他接洽的时间定在哪一天妥当,后天怎么样?"

"接洽的时间最好定在明天晚上。"

2.判断小迪在建言献策时的话语方式好不好? 好在哪里?

市场部的小迪和技术部的张经理商谈改进公司沟通流程的问题。小迪说:"张经理,最近和技术部一起合作项目,我学到了很多新知识,不过我发现,两个部门之间的沟通不是很顺畅。上周三,我向对接业务的小杨反馈了一位客户的问题,直到这周才得到回应。我想和您聊一下,看看有什么方法能提高沟通效率。"

3.在向上司提建议或劝说上司之前,需要作哪些铺垫? 如果劝说并不成功,你反遭到上司的训斥,怎么办?

二、情景实训

假设你是行政后勤处的一名工作人员,发现领导发布的某项决定与上级部署的"过紧日子"要求不符,想要建议领导在节约公务车使用经费方面做出改进,你应该如何跟领导开口? 在面谈过程中如何说服领导? 如何结束谈话?

要求:

1.请尽可能多地列举合乎下属身份的阻止领导的话语方式。

2.同学们自由分组,两人一组进行演练。

自测题

1.说服的难点在哪里?

2.劝说的基本原则是什么?

3."进谏"的方法有哪些?

项目九
与同事沟通

知识目标

- 掌握介绍技巧和基本礼仪。
- 掌握赞美技巧与适时、适度的批评技巧。
- 掌握拒绝的艺术。

能力目标

- 较好地介绍自己和他人,能为建立良好的人际关系打下基础。
- 较好地表达赞美和批评,能达到激励他人、促进个人成长的效果。
- 较好地运用拒绝的技巧,能让拒绝成为彰显尊重的沟通艺术。

素质目标

- 通过处理在职场中遇到的各类问题,做到清晰表达、积极倾听、解决冲突、控制情绪,提高与同事的沟通效率,融洽同事关系,提升整个团队的凝聚力和执行力。

案例导入

场景一:"嗨,大家都认识一下,这位是新来的销售经理小李,他刚从一段痛苦的恋爱中走出来,现在准备全身心投入工作,我觉得他在销售上一定能干出一番成绩。"

场景二:"小张,我看你昨天的报告写得一团糟,你到底会不会做啊?"

场景三:"哎,你们听说了吗? 人事部的小刘最近好像和老板闹矛盾了。"

场景四:同事A正在汇报工作进度,你突然插话:"你那个方案完全不行,我觉得应该……"

问题讨论:

1.以上案例的场景都涉及职场沟通中哪些问题?

2.如何理解实现有效沟通的前提是互相尊重?

> 企业管理过去是沟通,现在是沟通,未来还是沟通。　　　　——松下幸之助

任务一　介绍与交谈

介绍和交谈是人们日常生活中必不可少的社交活动,它是指两个或多个个体通过语言、文字、表情、肢体动作等方式交换信息、表达思想、分享情感的过程。

介绍是在交际场合中,通过简短明了的话语,将一个人或事物的基本情况呈现给其他人的一种方式。例如,在职场中,老员工向同事介绍新员工的到来;在社交活动中,主人可能会向客人介绍新朋友的基本信息;介绍时应确保内容真实客观,突出重点,并且尊重被介绍人的隐私。

交谈通常指的是面对面的语言交流,包括口头对话和非言语(如肢体语言、面部表情等)交流。在交谈中,参与者需要倾听对方的观点,尊重对方的情感,并通过有效的沟通技巧进行回应,例如清晰地表达自己的观点、适时提问、适时反馈等。成功的交谈有助于增进彼此的理解,建立良好的人际关系,解决冲突,甚至激发新的思考和创新。

总的来说,无论是介绍还是交谈,都是人际交往中的重要手段,需要遵循一定的礼仪规范,注重尊重、互动与反馈。

一、介绍的类别及相关礼仪

(一)介绍的类别

介绍分为自我介绍和介绍他人。自我介绍是在新环境中向他人展示自己的过程,比如在求职面试、社交聚会或学校活动中。介绍他人是你向某人介绍另一个人,你的目的是让他们能感到舒适并为他们搭建联系的桥梁。

（二）自我介绍的礼仪

在同事面前进行自我介绍时，需要注意以下几点。

1.简洁明了

避免过于冗长的叙述，着重介绍核心信息，如姓名、职务、工作背景和专业领域。

2.突出重点

强调与当前工作相关的经验和技能，让大家快速了解你能为团队带来的价值。

3.积极乐观

展现积极向上的态度和对新角色的热情，表达对团队文化的认同和对未来工作的期待。

4.适度谦逊

介绍自己时保持自信，但也应体现谦逊，避免给人留下自负的印象。

5.体现个性

介绍时可适当添加个性元素，如个人爱好或特长，以增加亲和力，但务必保持专业形象。

6.寻求互动

结束自我介绍时，邀请同事们提出问题或建议，表达愿意与大家交流和合作的意愿。

7.尊重文化

注意企业文化和职场环境，自我介绍的内容和风格应符合公司的一般规范和氛围。

8.身体语言

保持眼神接触，面带微笑，配合自然的身体语言，展示友好从容的姿态。

9.明确目标

如果你是新入职的员工，明确表达你在新岗位上的工作目标和期许。

10.遵守礼仪

选择合适的时机进行自我介绍，如初次见面、入职培训、团队会议等场合，并且要在介绍后对听众表示感谢。介绍时适时适度，保持职场礼仪，尊重职场和当地的文化氛围。

（三）介绍他人的礼仪

介绍他人是一种社交规范，它涉及在正式或非正式场合中向一方引荐另一方时应遵循的行为准则。以下是进行介绍时的一些基本礼仪要点。

1.顺序与优先级

在大多数情况下，应优先介绍地位较低或较年轻的人给地位较高或较年长的人认识。例如，将员工介绍给经理，或将晚辈介绍给长辈。在商务场合，通常先介绍客户给公司内部的人员，以显示对客户的尊重。

2.称呼与头衔

使用正确的头衔和全名进行介绍，如："这位是我们的总经理，张华先生。"如果对方有特殊的职业头衔或荣誉，也应该在介绍时提及，如"这是知名教授李明先生"。

3.详略得当

在介绍时简短介绍双方的身份、职业或其他相关信息，以便彼此了解共同话题，建立初步联系，而重点工作内容应详细介绍。例如："王总，让我为您介绍一下我的合作伙伴，赵女士，她是某公司的首席执行官。"

4.肢体语言

在介绍时，可引导被介绍者的目光接触对方，并略微转向对方，示意他们互相握手。握手应当坚定、适度，以示友好和尊重。可能的话，引入后稍微停留一会儿，确保双方有机会寒暄几句，再自然过渡到其他话题或活动中。

5.性别与文化差异

考虑到性别平等原则，男女之间的介绍并无特定先后顺序，但在某些文化背景下，可能会遵循特定的习俗。跨文化交流时，要注意不同文化中的礼节习惯，如鞠躬、亲吻脸颊等不同的见面礼节。

6.尊重隐私

在非正式场合，介绍时也要考虑保护个人信息，避免透露他人不愿意公开的私人情况。

综上所述，介绍礼仪的核心在于体现对他人的尊重和礼貌，以及促进双方良好的初次交流。在实际操作中，灵活运用并尊重当地文化和场合规则是至关重要的。

(四)介绍中应避免出现的问题

在介绍或交谈的过程中，如果处理不当，可能会出现以下反面案例。

1.不尊重他人

在介绍他人时，没有事先征求对方同意就公开其私人信息，比如透露他人的健康状况、家庭问题或者不愿意公开的成功或失败经历等。在交谈中，打断别人说话，不给别人充分表达观点的机会，或表现出明显的不耐烦或轻视的态度。

2.信息不清或误导

在介绍产品、服务或个人经历时，提供虚假或误导性的信息，让人产生误解。交谈过程中，表达含糊不清，逻辑混乱，导致听者无法准确理解你的意图或观点而形成误导。

3.缺失礼仪

介绍他人时，用语不当，缺乏礼貌，比如使用贬低或歧视性的语言。交谈时，过度关注自我，滔滔不绝地讲述自己的事情而忽视了他人的感受，或者在公共场合大声喧哗，影响他人。

4.沟通无效

介绍时未能抓住重点，过于冗长繁杂，让听者失去兴趣。在交谈中，只是一味说教，不倾听对方意见，无法达成有效的双向沟通。

这些反面案例都可能导致交谈效果大打折扣，甚至可能损害人际关系，影响合作与信任。正确的介绍和交谈应当基于互相尊重、真诚、有效传达的原则。

(五)运用幽默让自我介绍插上智慧的翅膀

在社交场合里,一个幽默的自我介绍如同一次令人刻骨铭心的广告。在介绍自己时如果只是简单地报出自己的姓名:"大家好!我姓×,叫××。"自以为介绍已经完成,这样的介绍肯定算不上有技巧,也许只过了几分钟别人就记不起你姓甚名谁了,这样也无法给别人留下深刻的印象。

幽默的自我介绍,可以让他人在最短的时间内留下最深刻的印象,为进一步的交往打下良好的基础。一段幽默的自我介绍,首先应该从介绍自己的名字开始。幽默地说出自己名字,一次成功的交际之旅将会让你收获颇丰。为了强化你的个人标签,现列举出以下几种对姓名的幽默介绍法。

1.组词式幽默

在新员工见面会上,艾茂如作自我介绍时,风趣地说道:"我一出生,我爸就赋予了我一个光荣的使命,那就是在漫长的人生道路上,不管富贵还是贫穷,作为一名自立自强的女性,时刻都要把自己收拾得貌(茂)美如花。"听到这样的介绍,大家一下子记住了"茂如"这个名字。

2.谐音式幽默

朱伟蕙在自我介绍中这样幽默地说:"我的名字读起来像'居委会',正因如此,大家尽管可以把我当成居委会,遇到困难的时候欢迎来找我聊一聊,本居委会努力为大家解决问题。"听到这样的介绍,大家都忍俊不禁。由此,朱伟蕙不仅让大家记住了自己的名字,更传递了她的智慧和热情的待人之道。

3.来源式幽默

一名女性员工张清宇幽默地自白道:"我还未出生,名字就已经在我父亲的心目中酝酿好了,并泼墨写下'清明宇宙'四个大字,寓意他的子女后代将永远生活在清新明丽的美好世界里。说无论男孩女孩,就叫'清宇'了。"

二、交谈的礼仪

交谈礼仪是指在社交互动中应遵循的一系列礼貌行为和沟通准则,它有助于建立和谐的人际关系,展现个人修养。以下是一些基本的交谈礼仪原则。

1.倾听

有效的交谈不仅仅是表达自己,更重要的是倾听对方说话。倾听时通过眼神交流、点头或简短的回应来表明你的专注度。

2.尊重

尊重对方的意见和感受,即使你不同意,也要避免使用侮辱性语言或进行人身攻击。在讨论敏感话题时尤其要谨慎。

3.清晰简洁

表达自己的想法时,尽量做到清晰、简洁。避免使用行业术语或复杂的词汇语法或复杂表达,在确定对方能准确理解前避开专业术语。

4.礼貌用语

常用"请""谢谢"等礼貌用语。

5.适时的沉默

适时的沉默也是交谈的一部分,给对话留出"呼吸空间",留足双方的思考时间。

6.非言语交流

注意身体语言,如微笑、姿态和眼神接触,运用这些细节传达你的态度和情感。

7.避免打断

让对方完整地表达完自己的观点后再回应,不要中途打断。

8.共享对话权

保持对话的平衡,不要一味地谈论自己,也要鼓励并邀请对方分享想法和经历。

9.正面反馈

给予对方正面的反馈,比如对他们的想法表示赞赏或兴趣。

10.了解文化差异

在跨文化交流中,特别注意不同文化背景下的交流习惯和禁忌,避免无心的冒犯。

遵循这些基本原则,可以帮助你在各种社交场合中展现出良好的礼仪,促进更加愉快和有效的交流。

【案例9-1】

案例一:不尊重他人隐私的介绍

错误做法:"嗨,大家都认识一下,这位是新来的销售经理小李,他刚从一段痛苦的恋爱中走出来,现在准备全身心投入工作,我觉得他在销售上一定能干出一番成绩。"

正确示范:应避免提及他人的私密信息,尊重他人的隐私权,可以这样介绍:"大家好,这是我们新加入的销售经理小李,他在业界有着丰富的销售经验和出色的业绩表现,相信他会是我们团队的重要力量。"

案例二:过于直接且带有批评色彩的交谈

错误做法:"小张,我看你昨天的报告写得一团糟,你到底会不会做啊?"

正确示范:应当以建设性和启发式的方式提出建议,如"小张,我看了一下你昨天提交的报告,有些地方或许我们可以进一步优化。例如数据部分的分析可以更深入一点,你觉得呢?"

案例三:在工作场合八卦闲聊

错误做法:"哎,你们听说了吗?财务部的小朱好像和老板走得很密切,关系不一般哦。"

正确示范:工作场合应专注于工作事务,减少非必要的八卦和传闻,保持专业度。

案例四:打断他人发言

错误做法:同事 A 正在汇报工作进度,你突然插话,"你那个方案完全不行,我觉得应该……"。

正确示范:耐心听完同事的完整发言,然后给出自己的见解,"谢谢 A 的分享,我想补充一点,或者换个角度考虑这个问题……"。

案例五:沟通情绪化

错误做法:同事 A 从小在家就是小公主,脾气任性,喜怒无常。走到工作岗位后,情绪波动比较大,总是把家庭里的不愉快、和朋友之间的不开心的情绪带到工作当中来,对同事们的态度一会儿春风拂面,一会儿冷若冰霜。

正确示范:一个人成熟与否的一个重要标志就是情绪是否稳定。情绪稳定的人往往把注意力放在事情的本身,就事论事。经常进行自我觉察,当情绪波动时,停下来,深呼吸,及时干预自己的情绪。

以上错误案例揭示了在与同事交谈和介绍时应注意的几个问题,包括尊重隐私、避免贬低或打断他人、保持专业性以及避免不必要的八卦。正确的沟通方式应体现尊重、理解和合作精神。

实 训

根据所给案例,完成相应的任务。

在公司组织的一次春游活动中,主持人组织来自集团各个项目不同岗位的同事进行一次自我介绍,让大家互相认识。

A 员工:大家好,我叫左军,很高兴认识大家。

B 员工,条理清晰地说道:大家好,我叫李光英,都说一寸光阴一寸金,所以大家也可以用"光阴"记住我的名字,让我们一起珍惜大好春光,玩得开心,游得尽兴。

任务实践:

1.请结合上述内容,邀请其他班的同学开展读书分享会,在主持人的组织下,首先开展自我介绍。

2.读书分享会后,每位同学写下你记住的陌生同学的名字,看谁写的名字多,并分析原因。

自测题

1.假设你第一天去公司上班,请为自己设计一个三分钟的自我介绍。

2.写出三位在工作生活中你最愿意交谈的对象,并列出他们在交谈中让你觉得很舒适的几项特征。

三、线上交谈礼仪

线上交谈沟通,无论是通过电子邮件、社交媒体还是视频会议,都已成为日常生活和工作中不可或缺的一部分。良好的线上沟通礼仪不仅能帮助我们有效传达信息,还能维护个人及品牌形象,促进和谐的人际关系。以下是一些重要的线上沟通礼仪原则。

(一)与人方便

与人方便是一种修养的体现,也是良好的交谈礼仪。在工作中,经常会有发送文件的时候,文件名要规范且有信息量。如,某单位组织演讲比赛,众多的参赛队员给组委会投稿,有的选手发送的文件名是"演讲稿"三个字,有的是"演讲题目",有的信息规范完整,即"姓名+单位+演讲题目"。类似前两种情况,这都是没有体现出职场人士的专业性,面对这种文件,组委会工作人员需要一个一个地将文件打开,然后再将文件名编辑成统一的"姓名+单位+演讲题目",无形中增加了大量的工作量。

(二)语言得体

现在网络上经常会冒出一些热词。在正式工作环境中,慎用网络热词是一个普遍的建议。这是因为网络热词往往具有时效性、非正式性,仅适用于一些特定的文化语境,可能不被所有受众理解,甚至可能给人以不专业或不得体的印象。以下是一些应当慎用或避免使用的网络热词类型。

1.时效性强的流行语

这类词汇可能迅速流行但也很快过时,如"盘他""skr"等,它们在正式场合可能会让人感到突兀或不解。

2.缩写和拼音词

如"nsdd"(你说得对)、"u1s1"(有一说一)等,这些用语在非正式交流中可能通行,但在正式工作沟通中可能不被广泛理解。

3.表情符号和颜文字

虽然在日常聊天中常见,但出现在正式文档或邮件中会显得业余。

4.夸张或戏谑的表达

如"惊不惊喜,意不意外""666"等,这类词汇含有较强的娱乐性质,不够严肃,不适合用于正式的工作报告或文件。

5.可能引起误解的词汇

"亲""亲亲""宝子"等,这种网络梗或热词可能带有双关或多种含义,容易在不同文化背景或年龄层的受众中造成误解。

6.敏感词或与边缘话题相关的词汇

在任何正式场合中都应避免使用可能触及政治、宗教、性别、民族等敏感话题的词汇,以免引起不必要的争议或冒犯。

（三）情绪稳定

线上沟通缺乏面对面交流的非语言线索，容易造成误解。因此，在表达不满或批评时，更需谨慎选择用词，尽量客观理性，避免使用攻击性或情绪化的语言。

任务二　赞美与批评

同事之间的赞美与表扬是构建良好工作氛围、增强团队凝聚力的重要方式。以下是正确表扬同事的例子，以及错误表扬的反例。

一、正确赞美事例

1. 具体化表扬

"小李，你上周负责的那个项目策划方案做得非常到位，特别是市场分析部分，逻辑清晰，数据详实，为我们后续决策提供了有力支持。"

2. 肯定努力与进步

"小张，看到你在处理这个复杂问题上的耐心和毅力，真的令人佩服。你的不断探索和解决问题的能力有了显著提升。"

3. 私下表扬与公开表扬结合

"小刘，我在会议上特意提到了你这次设计的UI界面优化，不仅美观而且用户体验非常好。私下我也想告诉你，你这段时间的努力我们都看在眼里，真心为你骄傲。"

二、错误表扬事例

1. 表面化与空洞

"哎呀，你真棒！工作做得真好！"这样的表扬过于空泛，未能明确指出具体值得赞扬的地方。

2. 不公正的比较

"小王，你比咱们团队其他人更擅长处理这类事情。"这虽表扬了小王，但也可能在无形中引发了团队内部的竞争与不满。

3. 只表扬结果而忽略过程

"小王，这次项目能够成功全靠你。"这忽略了整个团队的共同努力，同时也可能给小王带来过大的心理压力。

4. 过于私人化的表扬

"小赵，我觉得你性格很好，所以你做的任何事情我都觉得不错。"这样的表扬没有聚焦于工作本身，容易让人混淆个人情感与工作表现。

恰当的同事间的赞美与表扬应基于事实，具体、真诚，并注意场合与方式，以期有效激励同事、增强团队合作精神。

在进行批评时，我们应尽量做到具体、公正且具有建设性。以下是一个批评案例。

小王是公司的一名项目经理，他在最近负责的一个项目中出现了延误和预算超支的问题。

批评方式一（不恰当）：

"小王，你的工作态度真让人失望，这个项目因为你管理不善，不仅延期了，还严重超出预算，你这样做给公司造成了很大的损失。"

批评方式二（恰当）：

"小王，我注意到你在负责的这个项目中遇到了一些挑战，目前项目进度有所滞后，并且预算超出了预期。我了解到你一直都在努力推进各项工作，但我们需要深入分析一下问题所在。初步看，可能是在项目规划阶段的时间安排和成本预估上存在不足，以及在执行过程中对风险的反应不够及时有效。这是对你能力的一种考验，也是我们共同学习提升的机会。希望你能对问题进行反思，并与团队一起制定出改进措施，优化未来项目的管理流程，避免类似的状况。同时，公司也会提供必要的支持和培训，帮助你们团队更好地完成后续的任务。"

在这个恰当的批评案例中，批评者首先指出了具体问题，然后肯定了被批评者的努力，同时也给出了问题可能的原因分析，最后提出了改进的方向和具体的帮助措施，使得批评更具建设性和指导意义。

【案例9-2】

公司里有一位刚毕业参加工作的女性员工，性格开朗。她的上司是一位爱漂亮、会穿搭、着装讲究的女性领导，灵机一动，就能"变"出很多套衣服。

女领导每天一到公司，在公司的走廊里，这位小姑娘就盯着她打转："部长，又买新衣服啦？款式真不赖，今年最流行的小香风。""这裙子颜色真漂亮，做工好精致，很贵吧，在哪买的呢？您真是我们公司的一道风景线呀。"

女领导对她过分的"恭维"感到非常反感，只好告诉她："我是常常把旧衣当新衣，我的衣服十几年的都有，只是保养得好，稍一搭配就不一样了，你一嚷嚷，人家以为我有多奢侈，怎么天天买新衣服，以后请别再盯着我的衣服啦。"

赞美可以让人心情愉悦，适时适度的赞美才能让人容易接受并乐在其中。但赞美中过多的主观描述可能引发对方的不满。

问题讨论：你在现实生活中有遇到类似的因赞美别人或听到别人的不恰当的赞美而产生的尴尬情景吗？

请两位同学一组,在事先准备好的卡片上写上赞美对方的10个词语,然后送给对方。并完成以下任务。

1.别人收到你的赞美贺卡时,有什么样的表现? 请记录下来。

2.当你收到别人对你的赞美时,你有何感想,请记录下来。

自测题

三人一组,轮流赞美对方,看谁发现对方的亮点既多又贴合实际。

任务三　拒绝与劝慰

在职场中,难免会遇到超出自己能力与职权范围的要求,需要拒绝的情况就在所难免。会有人因为不懂拒绝,而弄得自己身心疲惫,还落下事情做得多结果不讨好的尴尬局面。所以,我们需要掌握一定的拒绝的艺术。

任何拒绝,一般都会令人不快。有的人觉得自己性格耿直,不拐弯抹角。但其实说话委婉,又把事办成让人开心是充满智慧和魅力的能力,更有助于你在职场如鱼得水。因为每个人都具有自尊心,因此在拒绝别人时,既要顾及别人的尊严,将对方的不悦降到最低,又要发挥才智,促成想法的达成。

一、正确拒绝与劝慰

同事之间的拒绝与劝慰也需要讲究方式方法,既要保持尊重又要传达真实意见。以下是一些例子。

1.婉转拒绝并提出替代方案

"张总,您说的这个事情其实难度不大,但牵涉面太广,我担心难以权衡。不过,我有个想法,我们可以先单独和您说的客户聊聊,说不定我们还有更好的办法,您觉得呢?"

2.理解并给予建设性反馈

"小李,我明白你对这个项目的热情,但是从当前情况来看,我认为我们可以先集中精力解决主要问题,然后再考虑这些附加功能。你的想法很好,我们可以在后续阶段加以应用。"

二、错误的拒绝与劝慰

1.直接否定而不给出理由

"不行,你的提议我不同意。"这样的表述过于强硬,未给出具体原因,容易打击同事的积极性。

2.过度同情或淡化问题

"别难过,失败没什么大不了的。"这种安慰忽视了同事可能面临的实际困扰,更好的方式是提供实质性的帮助和指导。

正确处理拒绝与劝慰的方法:首先,诚恳表达理解和尊重;其次,明确阐述拒绝的原因或提出问题所在,并给出合理的解决方案或建议;最后,给予适当的鼓励和支持,共同寻找最佳路径。

三、运用幽默让拒绝不再尴尬

如果想要拒绝变得更加轻松的话,我们还可以借鉴一下幽默拒绝的方法。

国际公司今天迎来了一批新员工报到,有一位员工小张头发留得过长,不太符合公司的仪容制度。人事部长对小张说:"我们对公司员工留头发还是比较包容的,但是你的头发的长度如果在我和老王的头发长度之间就最理想。"这时,老王把帽子取下来一看,他是个秃头。小张顿时明白了人事部长这句话背后的用意,会心应允了。

【案例9-3】

一位新入职不久的同事,感觉自己的工作前景很迷茫,特别是最近在考虑工作调动的问题,心情很沉重。

同理心倾听:我知道你现在的工作确实有点无助迷茫,对于刚刚从学校踏入社会,走上工作岗位的人来讲,现在的疲惫和焦虑是非常正常的反应,而不是因为你个人能力的问题。

情绪接纳:你的感受非常重要,你有权利表达这种疲劳和焦虑,并且不必为此感到愧疚。每个人都有承受限度,你现在的感觉恰恰说明你需要休息和调整。

积极肯定:我想告诉你,你之前完成的那些项目都非常出色,你的能力和付出我们都看在眼里。你能在如此高压下坚持这么久,这本身就证明了你的坚韧和专业素养。

提供希望:虽然现在公司的运营情况不是很好,但是领导们都在举全公司之力出谋划策,所以你要对公司充满信心。同时,这也是你积累经验的良好阶段。

陪伴与支持:记住,无论如何,我都会在你身边支持你。如果你需要,我们可以一起制订一个行动计划,帮你度过这段艰难时期。你不是一个人在战斗。你也可以尝试一些减压活动,比如运动或是冥想,一定会有改善的空间。

在这个过程中,你不仅提供了对同事当前困境的理解和支持,也传递了积极的态度和解决问题的实际策略,在劝慰过程中有效提供了情绪价值。

实　训

根据所给案例,完成相应的任务。

故事情景:在一家国企,一位因恣意喝酒导致身体积患成疾的老员工,失去了上岗的能力。公司考虑其年龄已大,已无谋生的技能,于是安排他休岗在家。但他会时不时回来公司吵闹,提出各种要求。如要求公司给他办理病退等。现在你作为公司一位接待他的员工,你如何对他进行劝慰?

新员工A:坐在电脑前一边忙着手头上的事情,一边和颜悦色地回答老员工的问题:"你这个问题,不符合政策,我们也无能为力。"

新员工B:立马停下手头上的工作,倒了杯水递到老员工的手里,赶紧说道:"大哥,最近身体情况如何?"然后认真聆听老员工的倾诉,然后时不时点头回应。这位新员工观察到老员工聊到儿子时,眼睛里显露出难有的光亮,新员工表示替老员工有一个优秀的儿子感到骄傲。这时,原本气哼哼的老员工,心情开始平复,新员工紧接着说:"您说的要求病退的事情,我们把资料准备好,到相关部门去,如果能办那当然最好,不能办理,那我们也只能遵循规章制度,对不对?"后来老员工不仅没有埋怨,还满怀感激地回家了。

任务实践:三人一组,互换角色进行演绎。其中一人扮演患重症的老员工,另外两人分别扮演接待老员工的新员工A和B,请将两位新员工的接待感受记录下来。

自测题

1.拒绝技巧自测题

工作中,如果上司给你分配了超出你能力范围的任务,如何恰当处理你的难处? 你会选择以下哪一项,说说你的理由。

A."我做不了这个,你应该找别人。"

B."我很感激您的信任,但考虑到目前的工作负荷和我的技能匹配度,我担心可能无法高效完成这项任务。有没有可能寻找其他解决方案或提供相关培训支持?"

C.默默接受,然后私下抱怨。

2.劝慰技巧自测题

面对一个因为工作压力大而焦虑的同事,你会怎样给他提供支持? 说说你的理由。

A."大家都这样,习惯就好。"

B."听起来你最近压力很大,需要帮忙分担一些工作或是找个时间放松一下吗?"

C.忽视其状态,避免谈及与工作相关的话题以免增加其负担。

项目十
与客户或群众沟通

知识目标
- 掌握拜访与接待的沟通技巧。
- 掌握调研与访谈的具体要求和沟通技巧。
- 掌握信访和危机处理的流程和具体要求。

能力目标
- 能通过有效沟通,妥善处理与客户的关系。
- 能做好调研和访谈,增强客户满意度。
- 能及时处理信访和危机,提升应急处置能力。

素质目标
- 学会换位思考,尊重和理解他人,与客户建立良好的关系。
- 注重礼节、讲求诚信,保持积极的态度和情绪。
- 培养爱岗敬业精神,勇于面对困难,增强服务意识和责任意识。

案例导入

《新晚报》曾有报道称：一客户丁女士不久前从超市购买的某品牌电热水器突然发生爆裂，热水洒了一地，幸亏事发当时主人不在家，没有伤到人。据丁女士所述，11月1日中午，她上学的女儿从学校回家，突然发现屋子里热气腾腾的，地面上全是积水。打开房门仔细查看，原来是挂在墙上的热水器的一侧开了一个口子，热水器里的循环水不断地流向地面，造成了房间积水。11月5日，有记者在丁女士家里看到，挂在走廊墙壁上的热水器一侧的下端裂了个大口子，家里地板有的地方已经鼓起来，墙壁纸也裂开了。

这样的热水器谁还敢用呢？于是，丁女士马上联系上了厂家售后服务部，并当面要求他们给予赔偿。

据了解，与丁女士家相同型号的该品牌热水器此前已出现了三起爆裂事故。丁女士要求厂家退货，并赔偿各种损失共计人民币5000元。

接待丁女士的是该热水器生产厂家售后服务部一位姓王的女经理，她在听了丁女士的陈述后毫不迟疑地回应道："出现这样的问题也不能全怪厂家呀，至于到底是什么原因我们需要拿回厂家做鉴定。我们可以给你退货，但得扣除一千多元的折旧费，所以最多只能给你3000元的损失费。"

对于这样的答复，丁女士很不满意，她表示："既然双方无法达成共识，那我就只能诉诸法律解决此事了。"

问题讨论：

1. 如何有效地进行客户接待，建立良好的客户关系？

2. 面对危机应如何处理来帮助公司摆脱现实困境？

3. 你怎么看待王经理在面对丁女士的投诉时的处理方式？

4. 如果你是该热水器生产厂家驻哈尔滨办事处负责人，遇到这样的突发事件，你会如何处理？

> 人与生俱来的两个天赋：聆听和微笑。
>
> ——乔·吉拉德

任务一　拜访与接待

日常拜访和接待，即迎来送往，是社会交往活动中最基本的形式和社交场景，也是公务交往、结交朋友、联络感情的重要环节，借此可以与客户或群众进一步建立链接，近距离向对方传递企业产品、经营理念和服务信息，收集客户或群众的意见和建议，了解客户或群众的期望，通过沟通交流与对方建立健康良好的关系。因此，它不仅是沟通企业内部的"桥梁"，更是联系企业外部的"窗口"。从某种意义上说，秘书的接待工作就是企业的门面和缩影,直接影响企业对外的形象。

在日常拜访和接待过程中,秘书除必须具备一些基本的社交礼仪知识外,更多的是需要掌握良好的语言沟通艺术,处理好与客户或群众的关系,这样才能及时发现客户或群众的需求,为对方提供优质高效的服务,从而赢得他们的认可和信任,增加他们的好感和满意度,使企业获得长期、稳定、持续的业务发展。

一、拜访

用语言接近对方是人际关系发生、发展的起点;对商务人员而言,也是业务工作的开始。如何通过拜访自然而巧妙地接近对方,可按以下惯例去做:简单自我介绍、主动问候与寒暄、深入晤谈交流、友好辞别等。面对面交谈是人际交往中最迅速、最直接的一种沟通方式,在传递信息、增进了解、加深友谊等方面起着十分重要的作用。在拜访交谈中不仅要注意表情、态度、用词,还要讲究交谈的技巧。

(一)拜访的四个环节

1.进门自我介绍

前期充分了解被拜访者的基本信息、需求和个人偏好等情况后,要提前与对方沟通确定好拜访的时间和地点,千万不要做不速之客;同时,准备好公司相关宣传资料、个人名片、合同文本以及产品报价单等,有时候还可以为对方准备一份精美的小礼品。待一切准备就绪,便可以穿着简洁大方、端庄得体的服装前去登门拜访了。

到了目的地,要先轻轻地敲门,或者短促地按一下门铃。即使门开着,也应该有礼貌地问一声,听到主人邀请后再进入,不要贸然闯入。当步入客户之门时,就要先简单作自我介绍,并对主人的让座、敬茶等真诚致谢,如:"王总您好!我是××公司的销售主管×××,非常感谢您能抽出宝贵的时间接受我的拜访。"或是微笑着和主人打招呼:"一直想来拜访您,今天终于如愿了!""不好意思,给您添麻烦了!""对不起,初次登门,让您久等了!"这是与客户建立好感的开始。

此外,表达时要注意把握分寸,不是特别熟的关系不可随意调侃,如"我又来了,您不讨厌我吧?"这样容易使主人感到尴尬。

2.寒暄表明来意

寒暄即嘘寒问暖之意,是会客中的开场白,是交谈的开始和感情的铺垫。寒暄不是简单地打招呼,而是沟通感情的桥梁。它能打破人际交往中的僵局,进一步拉近彼此的距离,在交谈中让对方感觉到自己的诚意,是给对方一个良好心理暗示的重要因素。对于初次见面的客户,使用合适的寒暄语句,能让双方的交谈更加愉快顺畅,同时也为以后的进一步交流打下了良好的基础。反之,若该寒暄的时刻一言不发则会导致场面尴尬或被视为无礼的行为。

寒暄的话题十分广泛,不涉及严肃的内容,但要切合情境。比如时下的天气冷暖、健康状况、办公环境、风土人情、行业发展、新闻大事等,都可以作为寒暄的话题。具体话题的选择要根据当时的环境、条件、对象以及双方见面时的感受来选择和调整,注意突出与面谈客户的共同点;话题的切入要自然得体,包括办公室的装饰、最近的新闻趣事等都可以引出寒暄语。例如,天气特别冷,可以从低温谈起;主人的小孩和老人在场,可以从询问小孩的学习情况,或者从询问老人的健康状况谈起。同时,要保持诚恳、热情的态度,尽量不要问对方年龄、体重、婚姻或收入等涉及个人隐私、令人忌讳的问题。这样,双方的心理距离就会有效地缩短,双方的认同感就容易建立起来。

3.晤谈深入交流

主客寒暄之后,客人首先应选择适当的时机,用言简意赅的语言说明自己的来意,以免耽误主人过多的时间。拜访交谈时的用语和口气,要顾及对方的辈分、地位等,还要看主客之间的关系。具体来说,晤谈要注意以下几个方面。

一是注意节制时间。谈话无节制是客人的大忌。一般来说,交谈的时间以半个小时为宜(朋友间的随意性拜访除外),千万不可东拉西扯,以免耽误主人的时间。若谈得太多,既可能影响拜访主旨的表达,又可能出现"言多必失"的情况,最终影响拜访目的的实现。

二是注意节制音量。客人谈话应降低音量,高低保持适度,语速快慢适中,切忌无所顾忌、高谈阔论,搅乱主人及其家人的安静生活,从而引起主人的反感。

三是注意言谈举止。交谈时要举止文明,避免手舞足蹈、频繁走动或指手画脚等不雅动作。未经主人允许,不要随意翻看东西、四处走动或参观居室等。交谈时还要眼神专注,精力集中,不要东张西望,心不在焉;如果是多人一起前去拜访,不要只顾一个人抢着说话,要让大家都有机会说话。

4.辞别结束拜访

拜访结束后有辞别语。辞别时要态度恭敬,殷勤致谢。辞别语的使用方式有以下几种。

一是与进门语相呼应。如礼仪性拜访的进门语:"初次登门,就辛苦您久等,真是不好意思。"辞别语可以说:"今天初次拜访,打扰您了,非常感谢您为我花了这么长的时间。"

二是表示感谢,请主人留步。如:"非常感谢您的盛情款待!再见!""就到这里吧,请您留步!还请您多多考虑咱们的进一步合作!"

三是邀请对方回访或来公司做客。辞别时,除了向主人表达感谢,还可邀请主人及其家人来公司做客,如:"您什么时候有空随时欢迎来公司指导!"

(二)拜访的注意事项

1.提前了解客户

【知识链接】

在与客户聊天之前,首先要了解他们的个人需求和兴趣爱好。通过市场调研、数据分析等方式,收集关于客户的信息,如他们的个人喜好、所在行业、公司规模、产品偏好

等,尽可能与客户建立有效的链接,这种链接可以是兴趣链接,也可以是情感链接,或是利益链接等。这样,你就能更好地把握话题,使交流更加有针对性和吸引力。

2.善于寻找话题

俗话说"话不投机半句多",选择好的话题是初步交谈的媒介,是深入细谈的基础,是纵情畅谈的开端,是交谈成功的关键。一个好话题的标准是至少一方熟悉能谈,大家感兴趣爱谈,能激发起双方的交谈欲望。寻找话题可以从以下三个方面入手:寻找共同点;就地取材;寻趣入题。当交谈中客户对产品或服务表示兴趣时,要抓住机会展示产品的优势,通过具体的案例、数据或客户评价等方式,向客户展示产品的独特之处和价值所在。在展示过程中,要保持真诚、自信和专业,同时也要注意客户的需求和反馈。

3.保持积极态度

积极的态度能够传递出你的自信和热情,从而感染客户。因此,无论遇到什么困难或挫折,都要保持乐观的心态,以积极的语言和表情与客户交流。这样,你就能在交流中占据主导地位,引导对话的走向。相反,如果只是一味地迎合客户、讨好客户,将自己置于弱势地位,客户就会更不重视你,这样反而不利于业务的推广和拓展。

【案例 10-1】

小王是一家软件公司的业务员,一天,他按照和客户电话预约的时间去拜访一家商贸公司的部门负责人刘总经理。这家公司涉及业务广泛,人脉资源丰富,是不可多得的潜在客户。在沟通的过程中,刘总经理向小王提出了自己的不同看法。以下是两人的对话。

刘总经理:"到现在为止,所有厂商的报价都太高了。"

小王:"所有的报价都太高了,真的是这样吗?"

刘总经理:"是的。"

小王:"不过,我想这应该不会让我们与您进一步的合作停止吧?"

刘总经理:"停止合作倒还不至于。"

小王:"那么如果我们有机会再次合作,难道您不觉得我们可以帮助您建立更广泛的客户群吗?"

刘总经理:"嗯,很有可能。"

小王:"您想大家平时购买质量优质的手机,不都是为了拥有更好的通话质量,是吗?如果我们的产品通过与你们的合作能被更多人看到并使用,那么那些受益者第一个想到的不就是贵公司的名字了吗?"

刘总经理:"嗯,那应该有可能吧。"

小王:"所以您不反对我们通过和你们的合作,帮助更多人提升通信质量和改善用户体验,对吧?"

刘总经理:"是的。"

　　问题讨论:很明显,小王与客户刘总经理实现成交的方式就是通过一步步地反问,将主题引到销售上来,让客户一直未对产品说一个"不"字。请问小王这样做有什么样的优势?

　　4.学会同理心倾听

　　日本推销之神原一平曾说:"与客户沟通,善于听比善于辩更重要。"倾听是与交谈过程相伴而行的一个重要环节,也是交谈顺利进行的必要条件。有的人习惯在任何场合都滔滔不绝地一个人夸夸其谈,而不太在乎别人的感受,这样一个人唱独角戏,一味地表现自己而不顾及别人的感受,只会让对方产生厌烦情绪,慢慢地原本建立的关系也开始瓦解。

　　因此,在与客户或群众沟通时,要尽可能做一个忠实的倾听者,先理解和感受对方,努力做到和客户同频,再进行表达。耐心的倾听不仅能够让你了解客户或群众的需求和想法,还能够展现出你对对方的尊重和诚意。在倾听过程中,要全神贯注地关注对方,看着对方的眼睛,时刻保持耐心和专注,不要随意打断客户的发言;同时可以通过点头、微笑等来反馈"我正在认真听您的讲话""我对您的谈话很感兴趣"等信息,给予对方积极的反馈和回应。如果有疑问可以用笔记本记下来,等对方表达完后再交流自己的想法,充分体现对对方的尊重和礼貌,做到同理心沟通。

【案例 10-2】

　　一位年轻热情的销售员正上门滔滔不绝地向一位老太太推销他们公司一款新型的吸尘器。为了证明这款新产品的超强功能,销售员快速地把随身携带着的一大包垃圾倒出来,把老太太家客厅地板上弄得满地都是垃圾。

　　不等女主人开口制止,这位销售员便自信满满地说:"您放心,只要您用我们公司这款新型的吸尘器,十分钟之内就可以马上把您家里清理得干干净净;如果做不到的话,我就自己把这些垃圾都吃掉!请问您家的插座在哪里呢?"

　　这时候,老太太终于有机会可以说话了:"很抱歉,我一直没有机会告诉你,我家上个月没缴电费,现在家里刚刚已经被断电了!"

　　问题讨论:从这个故事不难看出,沟通必须是双向的,作为销售者不能只是单方面不断地强迫对方听自己说,否则不但达不到沟通的效果,反而适得其反,造成意想不到的后果。这样的销售员你遇到过吗?如果你是他,你会怎么与老太太沟通呢?

二、接待

　　接待工作是指各种组织在公务活动中对来访者所进行的迎送、招待、洽谈、解疑、咨询等辅助管理活动,是秘书机构的一项经常性的事务工作,是组织联系上下左右和沟通内外的纽带和桥梁,也是展示一个单位形象的重要窗口。通过细致周到的接待服务,企业可以展示自身实力、提升自身形象,增强客户信任度,积累广泛的社会资源,同时可以吸引投资、扩大合作,从而促进公司持续健康发展。因此,接待也是企业的一种重要的公关行为。

作为办公室秘书,最日常的工作就是接待工作。除了电话交流,面对面的接洽和交流尤为重要。在这些接待过程中,秘书除必备一些基本的社交礼仪之外,更多的是需要掌握良好的语言沟通艺术和技巧,这样能帮助拉近与到访者之间的感情距离,迅速建立两者之间的信任感,为下一步深入接触打下基础。

(一)接待的三个环节

1.迎客

当门铃响起或听到敲门声时,应该马上站起来并同时主动应答"请进""请稍等"等。如果是陌生人来访,务必先问清其姓名及公司或单位名称,同时做好来访登记,核实一下客人是否走错了,切忌一开门就像审犯人似的:"你找谁?"对于来访者,应该用轻松、愉快的语言对其做礼貌、热情的应答。例如,"哎呀,您来了,我可真高兴!""真巧,我们也正想什么时候去找您交流呢,您就来了,快请进!""您看!上次已经打搅了,这还让您亲自再跑一趟,叫我怎么感谢您呢?"

到访者进门后,如果你正忙于其他的重要工作,应先向客人说明情况:"请您稍等一下,我安排好这边的工作,马上为您服务!"同时,在正式交谈前要有一些适当的招待,如给客人备座、倒茶、递饮料等。如果是来访者未预约而来拜见领导,不要直接回答领导在或不在,而要告诉对方:"请您稍等,我去看看领导是否在。"同时婉转地询问对方来意,以便进一步判断是否让他与领导会面或请示领导是否接见。如果到访者要找的负责人不能马上接见,要向对方说明等待理由和时间,若对方愿意等待,应该向对方提供饮料、杂志等。

2.交谈

在了解来访者的意图后就可以进入正式话题了。在与来访者谈话时要注意自己的语速、音量、音调及礼貌用语等,同时特别注意你的说话内容和语气要依据来访者的不同身份和目的而变化。战国时期的纵横家鼻祖鬼谷子就曾精辟地总结出与各种各样的人交谈的方法:"故与智者言依于博,与博者言依于辨;与辨者言依于要,与贵者言依于势,与富者言依于高,与贫者言依于利,与贱者言依于谦,与勇者言依以敢;与愚者言依于锐。"(《鬼谷子·权篇第九》)意思是说和聪明的人说话,要见识广博;和见闻广博的人说话,要依靠能言善辩;与能言善辩的人谈话,要依靠简明扼要;与地位高的人说话,说话要有轩昂之势;与富有的人说话,语言要豪爽;与穷人说话,要依靠具体利益;与地位低下的人说话,要态度谦逊;与勇敢的人说话,要果敢;与愚笨的人说话,要直率尖锐。

因此,要根据交谈对象因人而异地表达。对于前来求助的到访者,接待者应语气平和亲切,给人信任感。即使帮不上忙,也要给对方留下一线希望:"这个问题我可以去帮您再了解一下,只要有可能,我会尽力帮忙的。"对于上门投诉的到访者,要认真了解具体情况,尊重对方的意见和建议,创造一个良好的沟通环境,尽量满足对方的情感需求和专业需求。对于前来提供某种信息的到访者,应用热情的语言表达感激之意:"非常感谢,您提供的信息太有价值了!""您可真是帮了大忙了!"对于来商洽工作的到访者,则最好采用商量的语气:"您看这样行不行?""对这个问题您怎么看呢?"

要尽量站在对方的角度,让来访者觉得大家交谈的过程是一个愉悦、享受的过程。例如在日常接待过程中,有的置业顾问就喜欢用"您知道……吗"这样的句式问客户。比如:"您知道这是什么吗?""您知道我们一年的销量有多少吗?""您知道我们请了谁来代言楼盘吗?"当置业顾问说这些话的时候,他往往并没有意识到这些话可能会使客户感觉不舒服,因为客户很有可能不知道答案,而在多次被置业顾问这样询问后,往往会产生反感情绪。如果这样的问话方式替换成"您一定知道……""想必您知道……""可能您听说过……"等,即使客户本来不知道,这种故意把客户说成知道答案的表达方式,也能够让客户感到愉悦。这样化赞美于无形,会在不知不觉中让客户心旷神怡,如沐春风,乐于深入交谈。

3.送客

如果客户主动提出告辞,要等客户起身后再随领导相送,且应跟随在领导之后。切忌没等客户起身,先于客户起立相送,这是很不礼貌的。"出迎三步,身送七步",是迎送宾客最重要的礼仪。

送客人时要送到门外,要以恭敬真诚的态度,笑容可掬的表情鞠躬或挥手致意,并向客人说一些告别语恭送对方离开:"请您慢走!""谢谢您的拜访!""欢迎下次再来。""祝您一路平安,希望我们合作愉快!"送别客人不要急于回转,要目送客人走远,挥手再见,等客人完全消失在你的视野里,或电梯门关闭,或客人乘坐的车离开视线之后再回转。送别客人回屋时,关门的声音应轻一些,千万不要在客人刚出门时就将门"砰"地一声关上。

【案例10-3】

正大公司的业务经理张进因有事临时去拜见老朋友,在前台遇到秘书小许接待。

小许:请进!

张经理:你好,能不能麻烦你为我引见一下你们的总经理?

小许:请问您此前有没有预约?

张经理:哦,是这样的,我是他一位很要好的朋友,大家都很熟了,今天有重要的事情要见一下他。

小许:不好意思,麻烦您先告诉我一下您的姓名,我去通传一下好吗?

张经理:你放心好了,我们真的是很多年的老朋友了,我今天真是有点急事要见到他,麻烦你通告一下。

小许:不好意思,您如果没有预约,我真的很难帮到您。是这样的,我们老板现在正在开一个很重要的会议,一时走不开,要不请您留下联系方式,等我们老板有空的时候,再让他回电话给您。

张经理：这样啊？那好吧，是这样的，我是正大公司的业务经理，张进。我们之前有很多年的业务伙伴关系，今天是特地想来拜访一下他的。

小许：是这样啊，可是他现在正在开一个很重要的会议，走不开，您看？

张经理：要不这样，麻烦你告诉他一声我已来拜访过他，下次我会主动给他电话，好吧？

小许：正大公司张进经理是吧？好的，我记住了。

张经理：谢谢你。

小许：不客气，请您慢走。

问题讨论：秘书小许在接待来宾张经理的过程中有哪些表现得体的方面，有没有需要改进的地方？

(二)接待的注意事项

1.注重礼仪，微笑服务

秘书人员代表着公司或部门的形象，接待客户时要注意始终保持真诚的微笑，和颜悦色，对客户友善尊重，给对方留下美好的印象；要始终保持积极的态度，举止不要过于随便或拘谨，主动为对方提供服务。在交谈中，不仅要认真倾听对方的谈话，还要对谈话内容及时作出反馈，或点头微笑，或适时回应；要用柔和友善的目光注视对方，不要有意无意地流露出蔑视或敌意。即使客人说话时间太长，甚至离题太远，也不应该表现出不耐烦的情绪，对一些重要问题还应做好记录。接待言语不要涉及个人隐私，注意"三不问"：不问年龄、不问婚姻、不问财富。

如果是电话接待，在接听电话时，要主动问候来电者，并询问他所要找的人或所要办的事，语气要平缓，不能生硬。必要时要准确记录来电者的重要信息，并及时帮他转达或办理。

2.实事求是，换位思考

要坚持诚信为本的原则，如对客户有承诺必须兑现，更不能为了尽快打发对方而随意应承。对于不能及时为客户解决的问题，要实事求是地做好解释工作，如："由于这是技术复杂的产品，我们必须送到专业部门检修，具体完工的时间我们现在还不能答复您。"

与客户沟通时，要充分了解客户的想法和需求，注意倾听客户说什么，针对客户提出的问题真诚耐心地解答，有时需要站在客户的角度考虑问题，让客户感受到自己受重视，增加对公司的信心，从而促进双方更愉快的合作。在现实工作中，往往会经常遇到一些带有负面情绪的来访者，这时秘书人员首先要做一个忠实的听众，允许他们把心里话发泄出来，从中找出问题的症结所在。可以办理的，要与有关部门积极地协商，及时给予解决；因客观原因暂时无法解决的除了稳定来访者的情绪，还要动之以情，晓之以理，耐心做好解释，尽可能地使他们满意而归。

3.注重细节,严谨细致

细节决定成败。接待工作必须处处留心,用心表达,谨慎行事。接待语在不同的场合和环境中有不同的表达方式,要根据来访者的年龄、阅历、知识层次及表情达意的需要而定。与文化水平较高、理解能力较强的人交谈,要讲究语言的文采,讲究哲理。与文化水平不高、理解能力较差的人交谈,语言要通俗,尽量多用口语,不讲理论高深的话,要多举对方能理解的实例来说明。

同时,在接待过程中要"眼观六路,耳听八方",对客人的一个眼神、一个动作、不经意的一句话都要留意和体会,以及时采取应变措施。

实　训

活动一　测测你与客户的沟通能力

(一)情景描述

从下面每小题的四个选项中,选出一个你认为的最佳答案。

1.对于公司新开发的客户,你会通过什么沟通方式和客户进行相互了解?(　　)

　A.主动邀请客户多参与公司的活动。

　B.登门拜访客户。

　C.定期与客户进行电话沟通。

　D.通过邮件与客户保持沟通。

2.你给客户做产品介绍,但他并不感兴趣,这时你会如何激发他的兴趣?(　　)

　A.从客户的自身需求中寻找突破。

　B.宣讲自己产品给客户带来的好处。

　C.寻找新的客户。

　D.对客户的眼光表示质疑。

3.在进行产品演示的时候,你如何同客户沟通?(　　)

　A.让客户亲自体验。

　B.引导客户发表自己的看法。

　C.以向客户开展产品展示为主。

　D.以口头表达、交流为主。

4.针对客户提出的无理要求,你如何处理?(　　)

　A.表示能理解,但自己也无能为力。

　B.努力解释不能满足他要求的原因。

　C.直接拒绝客户的要求。

　D.先答应,后拒绝。

5.在接待客户时,面对客户提出的无理抱怨,你会怎么做?(　　)

A.认真、耐心地倾听。

B.认真倾听,并对客户进行解释。

C.以理服人,指出客户存在的问题。

D.不理客户,冷处理。

6.针对客户的误解,你怎么处理?(　　　)

A.认真倾听,耐心向客户做好解释工作。

B.认真倾听,委婉劝服客户。

C.直接指出客户的问题所在。

D.找到理由,驳斥客户。

7.在接待过程中,面对客户的无理投诉,你如何处理?(　　　)

A.记录投诉,安慰客户。

B.向客户做好解释。

C.直接反驳客户。

D.指出客户不合理的地方,以打消客户的念头。

8.在向不同的客户推销产品时,你如何运用你的沟通能力?(　　　)

A.因人而异,发现个性需求。

B.展示产品,引导客户参与。

C.注意语气,多赞美客户。

D.滔滔不绝,详细介绍产品优势。

9.你如何让客户再次向你公司购买产品?(　　　)

A.在与客户的交往中注重细节,表现自己的真诚,找到客户的需求,切实关心客户。

B.主动向客户充分展现公司的实力。

C.向客户积极展示公司产品的优势。

D.想办法找突破口打压别家公司的产品,抬高自己公司的产品。

10.你如何增加客户购买后的满意度?(　　　)

A.定期邀请客户参与公司的宣传展销活动。

B.定期向客户开展电话回访。

C.及时处理客户出现的问题。

D.顺其自然,等待客户自己上门要求服务。

(二)评估标准

选A得3分;选B得2分;选C得1分;选D得0分。

(三)结果分析

25—30分:你能在工作中很好地和客户进行沟通,讲究沟通方法,注重沟通效果。

15—24分:你已经掌握了一些沟通技巧,但是还需要继续改进,不断完善自己。

15分以下：你需要多学习一些和客户沟通的技巧，努力提高与客户的沟通交流能力。

活动二　拜访客户

业务经理李同去拜访一家手机外壳制作公司的采购部负责人刘洋经理，向对方推销他们公司的一款新型塑料产品。

业务经理：刘经理，您好！我是广州市方圆科技有限公司的业务员李同，请叫我小李好了。这是我的名片，非常感谢您抽出宝贵时间让我能拜访您。

刘经理：小李你好，请坐吧。

业务经理：真是闻名不如见面啊。之前就听您分公司的王经理说您是一个非常能干的人，今日一见果真如此，我刚才一走进咱们采购部就看到大家工作有条不紊，忙而不乱。您真是管理有方啊！

刘经理：过奖了。

业务经理：刘经理，今天我是专门来向您介绍我们公司的一种新型材料，能使贵公司在原有基础上节约百分之五的成本，我大概需要占用您20分钟的时间，您看可以吗？

刘经理：可以，你先介绍一下吧。

业务经理：我们公司最近采用AI人工智能技术，改进了生产工艺，研制出了一种比我们原先生产的材料更好的新型工程塑料。其性价比更高，但制造成本比原来更低。根据我们的调查，这种材料非常适合贵公司的产品，倘若贵公司长期与我们合作，我们愿意以比市场价低百分之三到五的价格提供给贵公司。这是我带来的样品，请您看看。

刘经理：嗯，看起来质量不错。

业务经理：既然这样，那我想问一下，贵公司使用这种类型的材料状况如何呢？

刘经理：你也知道，像我们这样的大公司，生产的产品都要使用这些材料，所以用量都是比较大的。既然你们的产品那么好，我想进一批来试试看。

业务经理：非常感谢。刘经理，我们的时间也差不多了。既然贵公司感兴趣，那我们再另外约个时间，到时我把合同样本给您带过来，您看怎么样？

刘经理：好的，那就下周二上午吧，到时到我们的会客厅再进行具体的合作谈判和签合同。

业务经理：好的，和您聊天非常愉快！那我就不打扰您工作了！非常感谢您在百忙中接见，祝您工作愉快！

刘经理：再见，请慢走。

业务经理：谢谢，请您留步！

任务实践：

请根据上述内容，分角色扮演业务经理小李和公司主管刘经理，进行情景模拟，同学互相点评。

【知识链接】

1.拜访有哪几个基本的环节？

2.在拜访客户过程中与对方晤谈要注意哪几个方面？

3.在接待来访者时，如何与不同的客户进行交流？

4.接待来访者时要注意哪几个方面？

任务二 调研与访谈

调查研究是人们了解情况、认识事物、掌握政策的基本方法，是实行科学管理的前提。秘书要有效地辅助管理，就必须对不断变化的实际情况进行全面、真实的了解和准确、透彻的分析，这样，参谋才能有质量和成效，因此，就必须深入实际开展调查研究和访谈工作。

在调研环节，秘书人员要负责收集并整理与工作相关的各类信息，确保信息的准确性和完整性。通过查阅资料、实地走访、与相关人员交流等方式，获取第一手资料，为领导决策提供有力支持。

在访谈环节，秘书需要协助领导进行访谈工作，包括预约访谈对象、安排访谈时间地点、记录访谈内容等。其间，一方面要确保访谈过程顺利进行，另一方面要能够准确捕捉访谈对象的观点和建议，为领导决策提供重要参考。

一、调研

(一)调研的具体要求

毛泽东同志曾在《反对本本主义》中提出："没有调查，没有发言权。"对于从事秘书工作的人员来说，没有调查就没有参谋权。调研是秘书工作中不可或缺的一环，贯穿于秘书工作的全过程，它旨在全面获取信息、深入了解特定情况，为组织决策提供有力支持。调研作为秘书工作中一项重要的系统性活动，需要遵循一定的原则和要求。

1.明确调研的目的和范围

首先，秘书需要明确调研的目的和范围。这有助于确定调研的方向和重点，避免在调研过程中偏离主题或遗漏重要信息。同时，明确调研范围也有助于秘书更好地安排调研时间和资源，提高调研效率。秘书调研的内容包括相关的法律、法规、制度等政策性调研，单位或部门基本情况调研，与企业生产、销售、发展现状有关的市场调研，对社会生活、具体事件及先进人物等进行的专业性调研，针对基层所关心的问题和舆论热点的调研，等等。

2.选择合适的调研方法

秘书需要选择合适的调研方法。不同的调研方法具有不同的特点和适用范围,秘书需要根据调研目的和实际情况进行选择。常见的调研方法包括观察法、访谈法、问卷法、实验法、座谈法、文献法等。例如,如果调研目的是了解员工对某项政策的满意度,那么采用问卷调查的方式可能更为合适;而如果需要深入了解某个问题的具体情况,则可能需要通过典型调查、访谈或观察等方式进行。在进行调研前,秘书可以通过编写调查问卷、制定访谈提纲等方式为调研提供框架和引导。秘书研究的方法也丰富多样,如归纳研究、综合分析、定量研究、统计研究和比较研究法等,秘书须根据实际全面掌握,灵活运用,才能获得高质量的调查研究结果。

3.运用恰当的语言进行沟通

秘书要善于沟通和交流,能够与各类人群开展深入的对话和调研,了解其真实的感受和需求。在调研过程中,要始终保持谦虚友好的态度,与受访者建立良好的沟通氛围,帮助受访者产生信任感,使其更愿意分享自己的真实意见。

具体来说,要尽量做到四个字:"低褒微感"。"低",就是调研时要保持虚怀若谷的"空杯心态",防止被自以为是的傲慢心理蒙蔽了双眼,尊重对方、平易近人、态度谦和;"褒",就是要适时地对受访者进行鼓励、表扬和赞美,提高对方参与调研的积极性和主动性;"微",就是要始终面带微笑,用真诚友善打开对方的"心门";"感",就是要及时对受访者表示感谢,感谢对方愿意抽出宝贵的时间回答问题,给予有关企业产品、服务或政策的反馈。无论调研过程是否顺利完成,都要用"低褒微感"的姿态面对顾客。

4.确保调研结果的准确性和可靠性

在调研过程中,秘书需要注意确保调研结果的准确性和可靠性。这包括确保调研样本的代表性和广泛性,减少样本偏差对调研结果的影响。同时,秘书还需要具备较强的分析和归纳能力,及时整理、分析和总结调研结果,形成有针对性和可操作性的建议。在数据处理和分析时,需要运用科学的统计方法和工具,能够将复杂的调研结果进行梳理和分析,以确保结果的客观性和准确性。如果调研结果不符合实际,就会浪费时间、人力和财力资源,可能导致在决策过程中出现偏差,进而误导组织的决策。

(二)调研的注意事项

1.提前做好准备

调研准备包括确定调研内容和对象、收集相关资料以及做好预案等。应从受访者的角度和关切出发思考和形成问题,找到受访者与企业的契合点。问题确定以后,就要物色调查对象。对象的选择要有典型性和代表性,这样既保证能代表大多数人的意愿,也能够使调查结果有说服力。确定了调研内容和对象,就要开始收集调研活动的资料。可以查阅相关文献、搜索相关信息,或者咨询相关人士等,资料尽可能详细、全面,便于熟悉调查目的和调查对象。如调查员工对公司管理的满意程度,那么秘书就要收集员工平时的工作反馈,熟悉公司在用的管理制度和管理措施等。秘书一旦明确了调研任务、内容及对象,调研时的口语表达就会更加高效和清晰。同时也要列出调研提纲或为调查时可能遇到的各种意外情况预先做出应对方案,避免调研时的交流陷入窘困和尴尬的境地。

2.态度亲切平和

秘书在与受访者交流时要用充满人情味的语言亲近对方,和受访者坦诚相对。在调研开始时,就要先主动介绍自己是谁,做这个调研的目的,数据和信息会用于何处,以及承诺保障受访者的个人隐私,等等。用开门见山的语言充分赢得受访者的信赖。在调研过程中,要始终注意自己的语言表达,如果措辞不当,很容易让受访者感到被冒犯,有被盘问、被质疑的感觉。同时,最好的调研不应该是冷冰冰的一连串提问,而应该是给受访者被聆听的体验。

3.尊重客观事实

真实准确是信息的生命,如果我们收集反馈的信息是偏听偏信的,或浮夸的、虚假的,那么就会贻误我们的工作,影响领导正确决策。因此,调查研究要坚持实事求是,解放思想,求真、求实、求准,从"实事"中寻求规律性认识。在此过程中,不能被表面现象迷惑,不能先入为主、以主观认识代替客观实际,也不能以片面僵化的思维推断复杂多变、生动活泼的现实。对于模棱两可的信息要亲临实际进行调查核实,对重要信息要反复验证,确定真实可信后再反馈到领导及相关职能部门,最大限度地减少因信息的不准确而造成的工作失误和带来的负面后果。

4.及时给予反馈

秘书作为企业决策者的助手,在理解和接受受访者或群众的信息的基础上,也有义务向受访者推介企业的管理理念和企业文化等,及时解答受访者的一些疑惑和问题,发挥好群众与企业管理者之间的桥梁和纽带作用。同时,作为负责专门收集受访者信息的调研人员,要真正深入群众,体察民情、倾听呼声,将受访者或广大群众反映强烈、迫切要求解决的问题或合理诉求反馈给企业领导或相关职能部门,为企业的科学决策提供依据。

【案例10-4】

某市机关办公室抽调一些秘书人员组成一个调查工作组,下到基层进行卫生工作调查研究。调查组在调查过程中了解到这样一个情况:有一大批麻风病人在一段相对集中的时间内先后从周围的几个地区流入该市,其中该市的一个县在两年多时间里就流入麻风病患者600多人。

这个情况迅速引起了调查组的高度重视。他们就此进行了认真细致的研究和分析,大家普遍认为麻风病是一种慢性传染病,其传染速度不会这么快,更不可能一个地区在短期内增加这么多的麻风病人。同样,其他省市也不可能让这么多的麻风病人到处流窜。为了弄清实际情况,他们又做了进一步的调查了解,结果发现,原来是一些不法之徒为了骗取民政部门的救助资金,欺诈、伪造证明材料假冒麻风病人流窜骗钱。

问题讨论:这个案例说明秘书人员在调查研究中应注意哪些问题?

二、访谈

访谈是与特定人员进行直接交流,获取受访者的观点、经验和态度等方面【知识链接】的信息,它包括集体访谈和个别访谈。作为一种常用的调研方法,访谈在各个领域都发挥着重要作用,它是秘书口才的重要组成部分,是秘书口才在调研工作中的具体体现。这种方法具有针对性强、信息详实的特点,有助于秘书更深入地了解受访者的真实想法和感受。为确保访谈的顺利进行和信息的有效获取,秘书需要具备一定的沟通技巧和倾听能力。

(一)访谈的技巧

1.做好访谈准备

秘书在访谈前需要做好充分的准备工作,包括了解受访者的背景信息,明确访谈的时间、地点、目的和主题,列出问题清单,制定访谈提纲等。这些准备工作有助于秘书在访谈中更加准确地把握受访者的意图和回答,提高访谈的流畅性和工作效率。同时,在开始访谈之前,要尽量试着与被访谈者建立沟通和联系,包括介绍自己、说明访谈目的等,向对方清晰地表达自己的意图和目的,使受访者在正式访谈时能更为深入、有效地谈论相关话题。

2.创造友好气氛

访谈中常会出现受访者一言不发、场面沉闷的气氛,为此,要设法消除对方的心理障碍因素。可以给出一个具体话题,引导对方理清头绪;也可以针对一个问题指明具体发言对象,以此为突破口,打破尴尬的局面;还可以讲一些风趣幽默的话,活跃现场气氛,创造轻松愉快自由的访谈氛围。

有时候在访谈过程中会涉及一些敏感问题,有时可能与公司的制度流程有关,也可能是与个别员工的个人利益或表现有关,这时候及时说明保密事宜可以让对方从内心打消一些顾虑。如:"您好!我是×××,非常感谢您能够在百忙之中抽出时间来接受本次访谈,我们这次访谈的目的是……您提供的信息将会给我们带来重要的价值输入,我们本次交流大概会占用您20分钟时间。访谈过程中您所提到的任何信息我们都将严格保密,我们仅记录其中与人事改革需求相关的内容,不会作为其他用途使用,请您放心。"

3.注意有效倾听

在进行访谈时,秘书应该具备良好的倾听能力。不要随意打断对方,不要主观评价,也不要随意控制对话进程,应时刻保持专注,充分尊重对方的观点和经验,避免攻击对方或使用贬低性语言。耐心倾听受访者所想所急所盼,及时捕捉其话语中的关键信息和观点,尝试理解和接受对方,并适时给予复述确认或建设性反馈,真正把受访者面临的问题发掘出来,把他们的意见反映上来,把他们创造的经验总结出来。

4.巧妙启发引导

要保持开放和积极的态度,聚焦问题与受访者积极互动,少提封闭式问题,因为这样所有的问题答案是根据你对现有已知信息而设置的;尽量使用开放式提问,鼓励受访者自由表达他们的想法和观点。比如问"您对我们产品的使用体验有什么感受和建议?"这样的问题可以帮助受访者发表独立的观点,从而获得更加真实和深入的意见。如果受访者不愿意回答某些问题或泛泛而谈、表述不清时,秘书要运用适当的策略进行引导或追问。如通过一些提示,使被访者从纷繁的事务中找到头绪,帮助被访者清晰陈述,避免其一言不发或离题千里。常用的话术如:"您刚刚提到客户经理的首要工作任务是寻找目标客户群,在这方面他们表现如何? 有什么困难吗?""您可以具体描述一下刚才所说的这个问题吗?"

【案例 10-5】

晓洁是一家大型科技有限公司的行政部秘书,公司有员工 200 余人,公司的内部餐厅因为没有排队系统,所以在午餐高峰期经常出现人满为患的现象。对此,行政部刘经理要晓洁就此去开展一次调研,了解有关开发线上排队系统的业务。

晓洁在接到任务后,自行了解了一些同类型企业内部餐厅的排队系统设置情况,并确定了首先要访谈的对象:公司餐厅店长。在正式访谈前,晓洁围绕业务流程、消息传递、管理方式等业务需求和在执行过程中宾客和员工可能遇到的问题等业务痛点认真准备了访谈的提纲。

在约定的时间,晓洁和店长开展了正式访谈。简单的寒暄后,晓洁开门见山地向店长介绍了本次访谈的目的:公司要设计一个线上排队系统,以及落实有关就餐排队业务和预订业务的交叉细节的思路。随后,双方就如何设计电子排队系统展开了深入交流。

访谈结束后,晓洁对访谈内容进行了简要总结,并和店长进行了确认。同时认真整理了记录的访谈内容,将其填在下面的表 10-1 中。

表 10-1　用户访谈表

用户访谈表			
访谈人员		所在公司	
部门职务		联系方式	
访谈时间		访谈地点	
访谈目的			
访谈记录	包括访谈总结出的业务流程、信息结构、消息传递等内容。		
主要问题	用户提出的痛点问题,以及要提升的价值点,如服务、效率、成本等。		

问题讨论:结合上面这个案例说说晓洁是如何做好访谈工作的?

(二)访谈的注意事项

1.举止自然轻松

要对受访者保持亲切友好的微笑,以及适当的眼神接触,积极营造轻松友好的交谈气氛,努力增加受访者的好感,消除其紧张和戒备心理。在访谈过程中,可以采用一些诙谐有趣、形象生动的话题或提问方式进行发问,以消除对方的陌生感,拉近双方的心理距离。在结束访谈的时候,充分感谢对方,履行自己的承诺,再次解释保密的具体约定。

2.语言平实友善

访谈是访谈者与受访者进行双向交流、双向沟通的过程。访谈者要用平实友善的语言取得受访者的信任和理解,所提问题要具体明确、通俗易懂;千万不能用盛气凌人、高高在上的言行,这样无法得到对方的支持,也就难以得到真实的调查材料。要多给对方正面表扬和肯定,鼓励对方提供更多有效信息。

3.目的清晰明确

秘书始终要清楚访谈需要达到什么目的,准备提哪些问题,重点是什么,防止访谈偏离调查提纲。提问时表述要明确,注意问题的顺序及前后衔接,注意引导和归纳,避免漫无边际的闲谈,导致无效沟通。适当的时候可以对交流的信息进行提炼确认,如:"您看经过刚才的分析,我们的人事管理工作是不是在以下这些方面需要完善?""基于您刚才所说的,我们的员工是否应该加强以下这些方面的技能?"

实　训

根据所给的案例,完成相应的任务。

周宁是信达律师事务所行政部的一名文字秘书,近日,市中级人民法院召开2024年度法院十佳调解案例新闻发布会,并表彰了一批优秀调解员。事务所的黄欣律师,因在2023年多元解纷工作中表现突出,被市人民法院评为"2023年全市人民法院优秀调解员"。行政部主任交给周宁一项任务,要她写一篇有关黄欣律师的专题新闻报道,宣传她的先进事迹,尤其是她在维护社会和谐稳定、服务经济社会高质量发展方面贡献的智慧和力量。

接到任务后,周宁认真阅读了手头上已有的一些文字材料,她觉得挖掘的深度还不够。于是决定在事务所内开展一次有关黄欣律师平时工作表现的调研活动,以及与黄欣律师本人进行一次面对面的访谈。

任务实践:

1.为周宁理清调研程序,分角色扮演模拟调研座谈会。

2.分角色扮演黄欣和周宁,练习面对面的访谈技巧。

1.调研有哪些具体要求?

2.调研前有哪些准备工作?

3.如何提前做好访谈的准备工作?

4.在访谈过程中如何巧妙启发引导受访者深入交流?

任务三　信访和危机处理

信访和危机处理工作也是秘书工作中至关重要的环节。秘书作为接待人员需要保持客观公正的态度,依法依规认真处理来信来访,及时回应客户或群众的关切和诉求,维护企业和组织的形象和声誉,确保组织信访渠道的畅通。同时,面对危机,秘书需要迅速响应、果断应对,协助领导制定应对方案,密切关注事态发展,及时收集并报告相关信息,确保危机得到妥善解决,为领导提供决策支持。

一、信访

信访工作就是负责处理群众来信、接待来访的工作,它不仅是接待人员与公众之间沟通的桥梁,更是连接组织与公众的重要纽带。通过信访工作,接待人员能够深入了解公众的需求和意见,为领导决策提供有力的参考依据,为组织的发展提供重要的信息支持。在工作实践中,信访者往往因为各种原因而产生不满、抱怨,甚至是愤怒的情绪,这给信访工作带来了一定的挑战。为了化解信访矛盾,作为信访工作者,秘书应了解信访接待的过程,具备良好的沟通技巧和心理素质。

(一)信访接待的流程和技巧

1.认真倾听,把控局面

在信访接待中,秘书首先应当态度亲和,热情周到,积极倾听民意,化解民怨。树立"进门一个微笑,开口一个'你好',让一个座位,递上一杯茶水,离时一句'慢走'"的服务理念,使信访人在心灵上得到慰藉,情绪上得到缓和。对于来访者,秘书要学会察言观色,甄别情形,以不同的心态和方法做好接访工作。对正常来访,应做到语言平和,和颜悦色;对少数缠访、闹访,要尊重事实,义正词严。面对不同的对象,调整自己的语气和语速,以便更好地与信访者沟通。在倾听过程中,要认真听取信访者的诉求和问题,并及时做好记录,以便后续进行跟进和处理。

2.分析问题,找出症结

在耐心倾听信访者的诉求和问题后,秘书要对问题进行全面分析,找出问题的症结所在,努力从杂乱的问题中发现并寻求化解问题最简单、有效的途径,以更好地解决问题。在分析问题的过程中,做到客观公正,不偏不倚,不得有私心杂念。

3.提出建议,做好解释

在分析问题之后,秘书要给出解决问题的方案和建议,并耐心细致地向信访者解释清楚,让信访者理解并接受问题的原因和解决方案。在给对方解答问题的过程中,要注重与信访者的沟通和交流,让信访者明确解决问题的步骤和时间,感受到组织的关心和努力,从而增加信访者的理解和信任。因此,解释时不能急躁冲动、生硬拒绝,要委婉含蓄、耐心劝解,比如要用"我建议"代替"你必须",要用"我再去了解一下"代替"我回答不了",否则的话容易造成更大的对立和冲突。

4.总结梳理,上报方案

在分析问题后,秘书要对接待过程进行总结和梳理,如实记录信访者的诉求和问题,并将解决方案和建议反馈给相关职能部门,以便及时解决问题。同时,还要对接待过程中存在的问题和不足进行反思和总结,以便进一步改进和提高接待工作的质量和效率。在梳理问题的过程中,要有一定的思维能力和分析能力,要善于从群众的表述中捕捉问题的关键信息,深入挖掘问题背后的成因和影响,提出有针对性的解决方案。

5.解决问题,妥善处理

在梳理问题后,秘书要及时采取措施解决问题。可以通过调解、协商、调查、仲裁等方式,也可以通过政策宣传、法律援助以及行政执法等手段来解决问题。无论以何种方式,都要能与信访者产生共情,站在信访者的角度换位思考,理解对方的感受和需求,从而建立起情感上的联系和信任。以群众利益为重,以法律法规为依据,坚持公正、公平、公开的原则,协调有关部门,积极主动地解决问题,让群众满意。同时,要及时向信访者反馈解决情况,让对方知晓处理结果,增强群众对组织的信任和认可。

(二)信访接待的注意事项

1.强化责任,注重细节

在处理信访事项时,秘书需要展现出高度的责任感和耐心细致的工作态度。要能够耐心、专注地听取信访者的诉求和意愿,深入了解问题的背景和细节,并积极协调相关部门进行解决。在处理过程中,信访工作者需要保持客观公正的态度,不偏不倚地处理各种信访问题,确保公众的合法权益得到保障。

2.以心相待,注重交流

作为信访工作者,秘书需要具备良好的语言表达能力和情感沟通能力。能够用温暖、关切的语言与信访者进行交流,传递出关心和支持的信息。要耐心向信访者解释政策规定,说明处理进展和结果,及时反馈处理情况。通过有效的沟通交流,秘书可以更好地了解公众的需求和意见,进一步完善信访工作,提高组织的服务水平和公众满意度。同时,信访工作者还需要具备一定的情绪管理能力,能够在面对信访者的负面情绪时保持冷静、理智,不被对方的情绪左右。

3.举止得体,言语稳重

秘书的着装要正规,举止要得体,言谈要稳重,接访工作要规范。如要通过目光注视表达重视,言语中多使用"五请":请进、请坐、请喝水、请说、请走好等。遇事不慌乱,镇定自若,灵活应对。让来访者感受到工作人员在设身处地从来访者的角度解决问题,更容易让来访者进行理性思考。

通过信访工作,秘书不仅能够提升个人的沟通能力和协调能力,还能够增强对公众需求的敏感度,为组织的发展贡献自己的力量。同时,信访工作也是秘书工作的重要组成部分,需要得到充分的重视和关注。组织应该加强对秘书信访工作的培训和支持,提高秘书处理信访事项的能力和水平,为公众提供更加优质的服务。

【案例10-6】

小莉是×市信访接待大厅的一名实习生。一天,一名因小儿麻痹症后遗症造成身体障碍的男士,看到邻居领取的生活补助比他多,心理不平衡,前来信访。

小莉在向这位男士了解了具体情况后,耐心和他解释政策,但他仍不满意小莉的答复,扯着嗓子说:"你们这样不行,我一定要向政府申请享受帮扶,你们不给解决,我就吃住在这信访接待大厅!"

于是小莉开始耐心地与他"拉家常":"大叔,您这么大岁数又这么老远跑来,确实不容易啊!这天气又热,您先喝点水。"

男士端起水杯抿了抿嘴,说道:"我来这也是遭罪啊,我也不想往这跑,可同样是救助,为啥标准不一样呢?"

见来访者情绪逐渐变得理智,小莉便以通俗易懂的方式向他解释政府救助的标准及规定,引导他进行理性思考,并重新作出理性选择。来访男士的心情终于平复下来,也不再大声嚷嚷了。

问题讨论:对民政业务法规不够了解甚至有所误解,常会使来访者产生不满,情绪化地来访。对此,小莉是如何接待群众来访,化解对方心结的呢?

二、危机处理

危机处理是秘书工作中最具挑战性和要求最高的一环。在秘书的日常工作中,不可避免地会面临各种突发事件或紧急情况,这些事件往往会给组织带来不小的冲击和损失。因此,秘书需要具备快速应对、果断处理的能力,以便在危机发生时能够迅速作出反应,采取有效措施应对挑战。

(一)危机沟通的步骤和策略

1.尊重事实,倾听客户诉求

沟通是化解危机最重要的工具,它贯穿于危机管理的每一个环节。当危机发生时,人们通常会感到恐慌和紧张,此时秘书需要保持冷静,尊重事实,坦诚面对,采取积极、开放、包容的沟通方式,要认真倾听对方的意见和感受,用温和、鼓励、平等的语气与对方进行交流,以促进对方的理解和建立信任。如果一味地采取敷衍塞责或无可奉告的态度,结果就会适得其反甚至雪上加霜。

2.理解客户,认同客户感受

当客户处于情绪化状态的时候,此时可能他们最想做的就是两件事:一是想表达他们的感情;二是想使问题得到解决。如果处理不好一个客户的问题,可能会引发更多客户的问题,从而给公司和自己带来更大的麻烦。因此,对客户要理解,而不是同情,同情是你过于认同客户的处境。如果一个生气的客户说:"你们公司太不重视售后服务了!"站在理解者的角度,你可以说:"我能明白您为什么很生气。""我理解您的感受。""我要是处在您的位置也会感到非常遗憾!"

3.主动道歉,避免负面评价

道歉是危机公关中非常重要的一环。诚恳、及时和公开是道歉的三个基本原则。在危机发生时,组织需要采取及时、真诚、有效的道歉措施,主动承认错误、承担责任,并向公众和消费者表达歉意,以缓解公众的不满情绪,挽救组织形象,力求赢得公众的信任和支持。苹果公司的产品 iPhone 4 曾因信号问题被大量用户投诉,对此,苹果 CEO 乔布斯马上在一场新闻发布会上公开道歉,并承诺为客户提供免费的保护套,苹果承认错误的诚实态度和积极的补偿措施赢得了用户的理解和支持。

4.积极行动,协商解决方案

道歉后,组织需要采取积极措施,确保问题得到解决,这可能包括为客户提供赔偿、完善产品或服务、改进流程等。作为危机处理者,秘书要清楚客户会针对你有可能做到的一些事情提问,这时要避免在提问过程中给客户造成压力,用开放式问题和封闭式问题相结合的方式,确认并核实客户所阐述的情况。可以先征求客户的意见,询问客户需要什么样的结果,判断组织能够承诺的程度,做到"先小人,后君子"。不能立即解决的问题或不知道何时能解决的问题,可以告知客户我们什么时候能给予回复信息。

5.表示感谢,及时跟踪服务

在危机处理过程中,诚实、透明、积极的态度是关键,因此需要持续的努力和行动来实现与客户或群众的和解和关系修复。秘书要按照预定好的计划,用面对面、电话、传真或 E-mail 等方式告知客户进展情况,这一点对建立关系非常有帮助。在危机处理后,要及时总结经验教训,客观分析危机产生的原因和不足之处,并针对这些问题进行改进。同时也要对危机沟通策略进行评估和反思,以便更好地应对未来的危机。

【案例 10-7】

某大型饮料公司有一天突然接到客户的投诉电话,一位女士在电话那头气冲冲地说:"我刚才打开你们的饮料产品竟然在里面发现了一枚别针,这到底是怎么一回事?我希望你们马上给我一个合理的解释,否则我将去法院起诉你们!"

客户投诉无小事,这家大型饮料公司迅速成立了调查组,对该女士所投诉的饮料的分工厂进行调查。经过完整的生产流程调查,调查组并没有发现任何生产操作问题。但为了积极维护公司形象,保护企业品牌声誉,调查组最后还是非常诚恳地回复那位女士:"我们的生产流程管控很严格,发生这样的事情确实出乎意料。今后我们一定加强管理,杜绝这样的事情再次发生。我们对我们的疏忽给您带来的影响表示真诚的歉意,同时我们决定补偿您1万美元的精神损失费,并真诚地欢迎您到公司总部来参观。"

公司如此真诚的反馈,一下子消除了那位女士心中的怒气,一场即将可能爆发的冲突就这样平息了。

问题讨论:在这场危机事件中,面对客户的诉求,饮料公司是如何化解危机的?

(二)危机处理的注意事项

1.快速反应,冷静面对

在处理危机时,秘书首先要保持冷静和镇定。他们需要快速分析事件的性质和影响,并制定相应的应对方案。同时,秘书还需要展现出果断的特质,以便在关键时刻能够迅速作出决策,避免事态进一步恶化,化危机为转机。2018年,两位黑人男子在美国费城市的一家星巴克店内被捕,引发了全球范围的抗议活动。星巴克迅速做出反应,CEO凯文·约翰逊亲自出面道歉,并宣布美国所有门店关闭半天,进行反歧视培训。星巴克的快速反应和积极行动赢得了公众的广泛赞誉。

2.内部协调,共同应对

除了个人能力的展现,秘书还需要与相关部门密切协作,共同应对挑战。他们需要与其他部门保持沟通畅通,了解各部门的资源和能力,以便在危机处理过程中协调资源、优化流程。同时,秘书还需要根据危机的性质和影响,协调各部门之间的合作,形成合力,共同应对挑战。

3.灵活处理,见机行事

此外,在处理危机时,秘书还需要时刻关注事态的变化,灵活处理,见机行事。要善于利用媒体资源,及时发布信息,向公众传递组织的态度和立场,避免不实信息的传播和误导。同时,秘书还需要通过媒体渠道引导舆论,维护组织的形象和声誉。要根据危机的性质和影响,制定合适的公关策略,加强与媒体的合作,以便在危机处理过程中更好地展现组织的形象和实力。

实 训

请根据所给的案例,完成相应的任务。

一位奔驰女车主在西安利之星奔驰4S店首付20多万元购买了一辆奔驰车,但车还没有开出4S店,女车主就发现车辆发动机存在漏油现象,于是女车主便和4S店进行沟通,但结果不如人意。4S店既不能退款,也不能换新车,只同意更换发动机。于是女车主被逼无奈开始了自己的维权之路。最终,4S店被西安高新区市场监管部门依法处以100万元罚款,奔驰女车主也和西安利之星汽车有限公司达成换车补偿等和解协议。

任务实践:

1.设想如果你是奔驰销售,你会在第一时间如何处理事件? 如何和这位女车主进行沟通?

2.分角色扮演女车主和4S店接待人员,进行情景模拟。

自测题

1.信访接待的流程有哪些?

2.危机沟通有哪些步骤?

3.危机处理要注意哪些方面?

项目十一
求职面试沟通

知识目标

- 认识到良好的语言表达能力对求职成功的重要意义。
- 掌握求职面试前如何在心理、礼仪以及材料等方面进行细致的准备。
- 掌握在求职面试中进行得体自我介绍的方法和技巧。
- 掌握应聘面谈中与主考官沟通交流的方法和技巧。

能力目标

- 能在面试之前,做好各方面的准备工作。
- 能针对所求岗位进行突出个人优势的自我介绍。
- 能在面试过程中与面试官进行有效沟通。
- 能够礼貌得体地退场。

素质目标

- 培养自己实事求是、诚实守信的做人理念。
- 培养自己周到细致、稳重得体的处事风格和工作作风。
- 提高自身综合职业素养,塑造符合社会角色要求的职业形象。

案例导入

<h3 style="text-align:center">李开复给中国学生的信(节选)</h3>

我在苹果公司工作时,曾有一位刚被我提拔的经理,由于受到下属的批评,非常沮丧地要我再找一个人来接替他。我问他:"你认为你的长处是什么?"他说:"我自信自己是一个非常正直的人。"我告诉他:"当初我提拔你做经理,就是因为你是一个公正无私的人。管理经验和沟通能力是可以在日后工作中学习的,但一颗正直的心是无价的。"我支持他继续干下去,并在管理和沟通技巧方面给予他很多指点和帮助。最终,他不负众望,成为一个出色的管理人才。现在,他已经是一个颇为成功的公司的首席技术官。

与之相反,我曾面试过一位求职者。他在技术、管理方面都相当的出色。但是,在谈论之余,他表示,如果我录取他,他甚至可以把在原来公司工作时的一项发明带过来。随后他似乎觉察到这样说有些不妥,特作声明:那些工作是他在下班之后做的,他的老板并不知道。这一番谈话之后,对于我而言,不论他的能力和工作水平怎样,我都肯定不会录用他。原因是他缺乏最基本的处世准则和最起码的职业道德"诚实"和"讲信用"。如果雇用这样的人,谁能保证他不会在这里工作一段时间后,把在这里的成果也当做所谓"业余之作"而变成向其他公司讨好的"贡品"呢?这说明:一个人品不完善的人是不可能成为一个真正有所作为的人的。

在美国,中国学生的勤奋和优秀是出了名的,曾经一度是美国各名校最欢迎的留学生群体。而最近,却有一些学校和教授声称,他们再也不想招收中国学生了。理由很简单,某些中国学生拿着读博士的奖学金到了美国,可是,一旦找到工作机会,他们就会马上申请离开学校,将自己曾经承诺要完成的学位和研究抛在一边。这种言行不一的做法已经使得美国相当一部分教授对中国学生的诚信产生了怀疑。应该指出,有这种行为的中国学生是少数,然而就是这样的"少数",已经让中国学生的名誉受到了极大的损害。另外,目前美国有很多教授不理会大多数中国学生的推荐信,因为他们知道这些推荐信根本就出自学生自己之手,已无参考性可言。这也是诚信受到损害以后的必然结果。

……

中国学生大多比较含蓄、害羞,不太习惯做自我推销。但是,要想把握住转瞬即逝的机会,就必须学会说服他人、向别人推销自己或自己的观点。在说服他人之前,要先说服自己。你的激情加上才智往往折射出你的潜力,一个好的自我推销策略可以令事情的发展锦上添花。

例如,有一次我收到了一份很特殊的求职申请书。不同于以往大多数求职者,这位申请人的求职资料中包括了他的自我介绍、他对微软研究院的向往,以及他为什么认为自己是合适的人选,此外还有他已经发表的论文、老师的推荐信和他希望来微软做的课题等。尽管他毕业的学校不是中国最有名的学校,但他的自我推销奏效了。我从这些文件中看到了他的热情和认真。在我面试他时,他又递交了一份更充分的个人资料。最后,当我问他有没有问题要问我时,他反问我:"你对我还有没有任何的保留?"当时,我的确对他能否进入新的研究领域有疑虑,于是就进一步问了他一些这方面的问题。他举出了两个很有说服力的例子。最后,我们雇用了这名应聘者。他现在做得非常出色。

问题讨论:

1.在李开复写给中国学生的信中,作者谈及了现代社会对人才要求的若干重要理念,无疑这些重要理念对于求职者的自我提高与完善是很有帮助的。仔细思考,其具体内容是什么呢?

2.在李开复写给中国学生的信中,涉及了两位求职者,其结局截然不同,他们在面试过程中的哪些具体表现是他们最终走向成功或失败的原因?

> 不为明天做准备的人,永远不会有未来。对于每个人来说,只有时刻准备,才能有所作为。
>
> ——戴尔·卡耐基

任务一　做好面试前的准备

一、良好的心理状态

面试成功与否关系到求职者在未来能否顺利发展,每个人在这种关键时刻都容易产生紧张情绪。紧张是求职者在面试官面前精神过度集中的一种心理状态,适度的紧张可以让面试者在某种程度上将压力转化为动力,从而发挥出更好的水平,但其中也不乏由于过度紧张而面试失败的案例。所以到底应该怎样调整好自己,争取使自己的情绪保持在恰到好处的状态呢?

(一)接受紧张,管理好情绪

竞争面前,无论是谁都会紧张,要认识到这是一个普遍规律,坦然接受这一客观事实,同时进行积极的自我暗示,轻声地告诉自己"我不紧张",提醒自己镇静下来;也可以用一些巧妙的方法缓解内心的紧张情绪,比如握紧双拳、闭目片刻、放空思想、放慢讲话节奏;也可以借助外界环境转移自己的注意力,如和身边的人轻声说话聊天,把对面的考官当熟人对待。这些方法都有助于消除紧张感。万事开头难,只要自己能以正常的状态进入到面试过程中,紧张的情绪也就消解了一半。

(二)看轻得失,重视过程

做任何一件事情,如果得失心太重,都容易让自己陷入过度紧张的情绪之中。要这样提醒自己:"胜败乃兵家常事",这次不成,还有下一次机会;这个单位不聘用,还有下一个单位面试的机会等着自己;即使求职不成,也不是一无所获,可以在失败中总结经验教训,这次失败的经历焉知不是在为下一次的成功做铺垫。从而以新的姿态迎接下一次面试。

(三)考官不神秘,对手不可怕

考官或许是经验丰富的专业人才,是一些领域内的专家,但同时也是普通人,可能在陌生人面前他们也会紧张,在抱有这种心态的同时,把应聘中的面谈当作你和朋友、同事、领导的一次普通谈话。在应聘面谈中既要抓住机会,展示自己,同时也要学会在交流中关照他人,学会在交流中做出恰当的反应。他言谈幽默时,你的笑声会增添他的兴致;他说话严肃时,你屏住呼吸则强化了气氛。这种自然坦率的反应既可以缓解你内心紧张的情绪,也能够表现出你自然率真的性格。在面试时也可以寻找一个你认为比较随和的面试官,多看着他进行交流。这也能够有效地帮助你缓解紧张的情绪。

面对人生的重大转折点谁会不紧张呢,这样想,你和每一位求职者又都回到了同一起点。认清这些事实,精神自然也会放松许多。

(四)善用假想方式,增强自信心

求职面试是人生的重要转折点,此时,我们要迎接来自多方的挑战,因此难免会紧张。临近面试的几天,我们还可以利用"假想"的方式,调整好自己的情绪。不但可以假想面试的场景氛围,而且还可以设想在面试的每一个环节可能发生的事情和细节,并引导自己冷静应对。

面试中可能出现的一些情况,都可以从积极角度去设想,比如在面试过程中,考官们可能会对你的表现小声议论,你可以想象这是他们对你的关注,而不要把它当成精神负担;面试中考官的提问很有可能会涉及你的缺点和不足,这更是不足为奇,每个人都会有自己的缺点和不足,坦然接受和承认它们的存在,不合事实的也可婉言解释,这一过程正是考验我们对问题的理解能力和应对突发事件能力的好机会。

二、适当的礼仪准备

求职面试的过程就是一个自我推销的过程,要想告诉面试官你就是最适合公司、最适合这个岗位的人,除了做到"慧中",还要切实达到"秀外"的要求。当你推开门的那一刻,留给对方的第一印象一定要是你得体的礼仪细节。

(一)仪表装扮要得体

1.身份不同,着装不同

就仪表服饰而言,很多面试者认为求职面试是非常重要的正式场合,所以西服套装才是这种场合的不二选择,其实情况并不尽然。很多面试者都是刚刚走出校门的大学生,经济上相对拮据,想要为自己购置一套有品位的西服套装是不太现实的,但是如果为了面试随便穿一套廉价的西装,往往会适得其反,收不到预期的效果。所以这个时候倒不如从自己现有的服饰中选择一套能够与自己身材、身份相符的着装,既能让面试官感受到应届毕业生的朴实、明快,也给人自然、协调之感。

2.岗位不同,风格不同

一般说来,服饰要给人以整洁、大方得体的感觉,穿着应以保守、庄重为好。反之,衣着过于华丽、过于暴露、浓妆艳抹、珠光宝气,都会给用人单位留下华而不实的印象,影响面试成绩。

面试时到底什么风格的着装最合适,还得看我们具体的求职目标。比如应聘的职位是机关工作人员、教师、律师等,打扮就不必华丽,而应选择庄重、素雅、大方的着装,以显示出稳重、严谨的职业形象。对于女生来说,素色的连衣裙、大衣,半高跟的皮鞋,棕色或黑色的手提包,都是很好的选择;对男士而言,深色西装适合任何面谈,还可以搭配白色或者浅灰、浅蓝色的衬衣,款式简洁的领带。

如应聘的职位是导游、服务员等职位,则可以穿得时尚、明艳一些,以表现出热情、活泼的职业特点,休闲服、运动鞋也是不错的选择。

3.穿着方法正确,细节到位

当然,如果衣服的面料、品牌都挺好,却不够整洁,不能按正确的方法穿着,也容易给人一种精神不振的感觉。因此,选择合适的着装,掌握得体的搭配技巧都非常重要。

同时还要注意一个关于发型和妆容的细节,头发务必梳理整齐,尽量做到前发不覆盖额头。男士注意清洁面部,女士适当化淡妆会更加得体。

(二)面试时间要遵守

现代社会中,大多数人都会有很强的时间观念,也把守时当作现代交际的【知识链接】一个重要原则。因此在面试中,最忌讳的一点就是迟到。毫无思想准备地等待尤其会使人产生焦虑烦躁的情绪,从而制造不够融洽的面谈气氛。为了确保不迟到,面试时最好提前十分钟到达面试地点,给自己充分的时间休息,调整好情绪,整理好着装,理清思路,从而让自己以最佳的状态去应对面试。当然如果在我们做出合理预判的情况下,还是因为某种不可抗力造成迟到的结果,那我们也一定要设法与招聘单位取得联系,告知并解释清楚自己的情况,求得谅解,并努力争取再次面试的机会。

(三)礼仪细节要关注

来到面试现场,在等候面试的过程中,不要与其他求职者高声交谈,不要擅自到考场外东张西望,以免影响他人思考或应试。最好的做法就是抓紧时间熟悉可能被问及的问题,积极做好应试准备。

敲门得到允许后,方可进入,敲门的同时也可主动打招呼:"您好,我是某某"。进门时表情自然、面带微笑,在对方请你坐下时应说声"谢谢",坐下后要保持良好的坐姿,不要因为紧张而出现挠头皮、抠手指、拽衣角等严重影响个人形象的小动作。对于女生来说,动作更应得体,任何轻浮的表情或动作都可能会让面试官对你产生不满。

面谈时要真诚地注视对方,专注于面试的谈话之中,表现出自己对这次面试的重视,对这个岗位的渴望。不可以不停地看手表、东张西望、心不在焉,这样不仅表现出你对面试官的不尊重,更是让面试官感到你对这次面试、这个岗位抱有一种无所谓的态度。

三、个人资料须完备

"凡事预则立,不预则废",实践证明,面试时准备得越充分,紧张感就越少,成功率也会越高。

面试之前首先要准备一些必要的文具,比如记录用的笔和本子,将它们放在手提包的外层,方便随时取用。不至于需要使用时现场翻找,浪费时间又显得缺乏组织能力。除此之外,还要准备好完备的个人资料。

1.准备完整的履历表

这项材料需要多准备几份,如果在公司需要填写相关表格时,可随时取出作为参考;必要情况下,可以将材料直接呈给面试官;另外面谈后如果需要也可以留给公司。

2.文凭和各类证书

这些是我们求职面试的敲门砖。如果担心丢失,可以随身携带复印件,到关键的确认环节再呈上原件。

3.照片和身份证

照片和身份证不一定真的能够派上用场,但在这种正式场合,这两者是必备材料,以备不时之需。

4.报纸或杂志一份

有时等候面试的时间很长,拿出有一定品位的报纸杂志来阅读,比闷头刷手机还是略胜一筹。不过千万不要携带"八卦"类报刊杂志,最好携带相关专业杂志,可以显现出你始终关注这个领域的最新动向。

5.公文包一只

若要携带上述物品,女士们也需要准备一只适合自己的公文包,一般的手袋是装不下这些东西的,况且其中有些文件一旦折损,再拿出来呈给别人就会很失礼。

【案例11-1】

招聘主管谈招聘

在一次校园招聘活动中,我们公司的招聘展位被学生们围得里三层、外三层,招聘工作人员和学生们都在忙碌着,或咨询相关问题,或发放书面资料,或提交求职材料。这时我看到一只手从人群的缝隙中艰难地伸到了我面前,手里握着一张纸条,显然是想要递给我们的。我取下纸条,展开,看到上面两行秀气的字体:"贵公司在招聘海报上并没有提及要准备一张两寸证件照,但是现场又要求在表格上贴上证件照,是不是工作上的疏漏呢!"很显然,这个学生说得没错,的确是我们工作上的疏漏,但是为什么现场这么多学生在没有得到提示的情况下,都自行准备了证件照,你却没有呢? 自己的事情如果自己都不能做出妥善安排,难道还要依赖别人为你安排妥当吗?

无论什么时候都要牢记:准备也是一种能力。

四、背景了解须详尽

俗话说"知己知彼,百战不殆",面试者在对自己的情况进行合理定位的基础上,还应该尽可能地熟悉可能任职的新公司,因为你对公司了解越多,越表明你渴望进入公司,得到这份工作。此外,对公司了解越多,也越能增强自己面试时的信心,从而在面试中表现得游刃有余。

(一)抓住机会,做深入了解

一般公司通知面试有两种方式,一是电话通知,二是发送信息或电子邮件。如果是电话通知,我们除了详细记下对方公司名称、面试时间、地点,还可以通过这次通话,尽可能弄清如下问题:

1.面试的方式

是多人同时进行面试,还是个人单独面试? 这一点很重要,因为多人同时面试和个人单独面试在形式和时间分配上都会大有不同,提前了解,可以做好各方面的准备。

2.面试的内容

面试的同时有没有笔试? 这会对我们面试准备方向产生一定影响,也是我们需要提前了解的。

3.面试官的情况

如果能提前了解面试官的姓氏和职位,是人事主管还是部门负责人,这些具体情况,都能帮助我们提前做好准备,在应聘面谈中做到有的放矢、针对性强。

如果是书面通知,我们也可以在合适的时间主动致电及时了解相关情况。

(二)多种途径,做具体调查

随后必须要做的自然是通过各种途径了解该公司的具体情况,如公司的规模、性质、创办年月、做什么产品项目、年营业额、成长幅度、人事制度、企业文化、在行业中的排名等等,尽量多了解一些。进入公司网站,了解相关信息,可以帮我们省下不少力气。当然如果有同学、朋友在该公司就职的,则可以帮助我们获得公司的很多第一手资料,从这个途径获得的信息往往更加真实、具体。你要知道,一个对所面试公司很熟悉的应聘者,往往较容易获得面试官的认同;反之,一个对公司做什么产品都不去了解的人是很难取得面试官信任的。

(三)理解企业文化,了解领导风格

了解公司的企业文化也是很重要的环节。一个有一定规模和发展历史的企业,一定会形成自己独有的企业文化,面试前熟知、理解并接受这一文化理念,并在面试的过程中表现出你对这种文化在思想上的认同,和面试官形成一种精神上的契合,也是非常重要的。而且如果能够了解公司的文化氛围,对你准备合适的穿着和谈吐也是十分有用的。

如果面试的是一家规模较小、创办时间较短的企业,了解主考官,了解这个企业的创办者,包括他们的性格、奋斗经历、从业理念等,就显得非常重要了。因为对于小企业来说,主要领导者的风格往往就是企业本身的风格。

(四)全方位了解所求职的岗位

要尽可能全方位了解你所申请的职位。如果你熟悉职位的性质,知道这一职位所应当具备的各项技能和职业素养,你将会成为非常有竞争力的求职者。因为在整个应聘面谈的过程中,无论是自我介绍环节,还是回答主考官提问环节,再或者是向主考官提问环节,我们都可以紧紧围绕着职业技能和职业素养这一中心进行自我展示。

五、地点路线要熟知

万事俱备,只欠东风。做好以上种种准备之后,还要通过地图确定到达面试地点的路线,一定要弄清楚从所在地到对方公司的交通状况,多准备几套方案,有备无患。条件允许的话,最好能先行踩点,一是可以确定最佳的出行方案,另外还可以观察一下公司周边的环境,进一步探知对方公司的具体情况。【知识链接】

在这一切都准备妥当之后,你就不再感觉四顾心茫然。向着自信满满的状态,你又跨出了关键的一步。所以求职面试之前,一定要从各个方面做好细致的准备,这样才有信心成就自己未来的梦想。

实训

活动一　搭配服装

每个学生从自己现有的服装资源中,搭配出两套适合面试场景的着装,进行现场展示。对搭配出的服装提出以下要求:

1.选择搭配的服饰,同时要适合自己的身材、脸型、肤色等基本条件。

2.指出两套服装分别适合在什么单位、应聘哪种类型的岗位。

活动二　制作思维导图

以教学班级为单位,将学生每五人分为一小组,小组讨论后,制作出缓解紧张情绪的思维导图。图中应包含以下内容:

1.面试前和面试过程中会因为什么原因而导致什么样的紧张情绪？

2.每种紧张情绪用哪种具体方式能够缓解？

自测题

1.大学生求职面试一定要穿西服套装，这才是讲究仪表礼仪的表现。这种说法对不对？为什么？

2.面试前可以采取哪些方式缓解自己紧张的情绪？

3.面试之前，一定要了解自己所面试的公司、所求岗位的详细情况，包含哪些内容？

任务二　面试中的自我介绍

在求职面试时，大多数面试官会要求应聘者做一个自我介绍，千万不要以为面试官只是想要听到你对自己简单的文字描述。其实面试官更想借此机会考查应聘者的语言表达、临场应变、逻辑思维和心理承受等各方面的能力。所以，面试的自我介绍环节不容小觑，这个环节是推销自己、打动面试官的敲门砖，因此一定要好好把握。

一、态度自信大方，语言精练流畅

自我介绍时，态度要自然友善、亲切随和，整体上讲求落落大方。要敢于正视对方的双眼，显得胸有成竹、从容不迫。清晰地报出自己的姓名、年龄、毕业学校等具体情况。语速正常、语气自然，语音清晰、内容精练。语气生硬冷漠、语速过快过慢，或者语音含糊不清，都将严重影响自我介绍者的个人形象。

自我介绍要力求表达清晰流畅，语义简洁明了，通常以两到三分钟为宜，为了提高自我介绍的效率，在作自我介绍时，可以配合纸质资料，比如可以适时地递上自己的求职简历、荣誉证书、各类相关证明等，让面试官可以在较短时间内，尽可能地接受和认可你所介绍的内容。

二、内容真实诚恳，优缺点衔接自然

在一切语言表达技巧中，真诚始终是排在第一位的。有了真诚打底，我们掌握越多的表达技巧，越能帮助我们改善、提高表达效果。所以在进行自我介绍时所表述的各项内容，一定要实事求是。过分谦虚，一味贬低自己去讨好别人，或者自吹自擂、夸大其词，都是不可取的。

在应聘面谈的过程中，尤其是自我介绍时如何谈论自己的优缺点是非常重要的。面试时，与职位相关的优点是一定要充分展示的，但是我们也不得不承认，人无完人，在这

一过程中我们又应该怎样安排和化解自己实际存在且无法回避的缺点呢？

(一)不谈严重影响工作质量的缺点

不同职业对人的素养要求大相径庭,某个特点对于这种职业是缺陷,对于另一种职业可能就无足轻重,并不会对其造成太大影响,比如,马大哈的毛病,对于从事会计工作的人来说是一个致命的缺陷,但是如果你从事导游工作,这种马大哈的作风就成了小毛病,说不定还可以理解为大大咧咧、性格开朗、很好与人相处。所以,在面试时,当被问及有什么缺点之类的问题时,可以说,也必须说,但是千万不能提及严重影响工作质量的缺点。这样的缺点将会使你最终错过这个机会。

(二)不让过多的缺点掩盖自身的优势

有些年轻的求职者,思考问题不全面,面试时过于紧张,被问及缺点时,生怕自己哪点没说到,这样,本来应该展示优势的自我介绍却成了自我检讨的过程。如果过多涉及自身缺点,缺点再小,也会掩盖一个人的优点,从而影响个人形象,最终导致面试失败。

(三)将缺陷自然转化为优势,彰显个人魅力

在自我介绍的过程中,有的缺点的确是我们无法回避的问题,既然无法回避,就坦然面对它,并说明自己可以将这一缺点自然转化为优势,这不失为一种高妙的方法和策略。比如被问及缺点时,你谈及自己性格内向,不善与人相处,但是可以马上做出解释,但正是因为我内向的性格,使得我做事稳重,能够静下心来独立完成一项工作。这就是把缺点自然转化为优点的典型案例。

三、铺排巧妙自然,特点鲜明突出

任何语言表达形式都要讲究谋篇布局,自我介绍作为一种特殊语境中的语言表达形式也是如此。在谈这个问题之前,我们首先要弄清楚,面试时的自我介绍不同于一般礼节性的自我介绍,其主要目的就是要让听者在听取我们的自我介绍之后,可以进一步衡量,我们是不是他所需要的人才。因此,在保证内容真实的基础上,我们可以用不同结构来安排具体内容,以达到给对方留下深刻印象的目的。

(一)自我介绍的基本要素

作为一种目的明确的推介性自我介绍,求职中的自我介绍一般包括以下基本内容:

1.基本信息

包括姓名、年龄、性别、籍贯等。通过这些内容,简洁明了地介绍自己,让面试官对你形成一个初步的印象。

2.教育背景

阐述自己的学历、专业、毕业学校等。这里需要重点突出与应聘职位相关的专业技能和优势。

3.实践经验与技能

简要介绍自己的实践经验,如参与专业实习、参加志愿者活动的经历等。同时,突出与应聘职位相关的技能,如计算机技能、外语能力等。在所有内容中,这应该是最能够吸引面试官的部分,因此可以重点突出,最好可以选择实践经历中一个有代表性的项目,详细介绍过程及其收获。

4.工作经历

概括性地介绍自己的工作经历,包括公司名称、职位、工作时间等。有过往工作经验的求职者一定要着重强调在工作中取得的成绩和解决问题的能力。

5.性格特点与兴趣爱好

这部分内容是最有趣的,选择一些对工作生活有积极影响的兴趣爱好加以介绍,既能够让面试官了解一个真实的、个性鲜明的你,也能够让面试官感受到你积极的生活态度。

(二)巧妙安排结构

以上我们了解了面试时自我介绍的基本要素,但要想自我介绍的内容给面试官留下深刻印象,还要学会巧妙安排结构形式。想让对方记住的东西,我们一定要把它放在一个最显眼的位置,所以我们在安排自我介绍结构时可以借鉴以下两种方式。

1.优势在前,依次介绍

这是以时间或材料类型为标准将材料进行分类,再按照一定的顺序把基本素材铺排开来的一种结构方式。如果想要采取这种结构方式,我们可以按照传统的时间先后顺序或材料类型顺序进行介绍,也可以打破常规,将最吸引人的部分放在最前面进行详细介绍。比如,如果你想要以时间为线索来介绍自己的大学生活,常规的办法是按照大一、大二、大三、大四的顺序依次进行介绍。但实际情况是,大学期间,可能我们在大三或大四时,才会有更多参与学校社团活动并在其中起到关键作用的机会,也才会有更多的涉及专业知识的实践活动,所以这段时间的内容往往更精彩,更吸引人。所以我们就可以考虑将这部分内容放到最前面来详细介绍,其余内容放到后面简单介绍。这样就是把最吸引人的内容放到了最显眼的位置,自然会给面试官留下良好的印象。

2.能力主线,材料支撑

我们知道,求职面试的整个过程就是为了完整地展示自己,将自己打造成符合当今社会用人观,符合所求岗位对人才各项能力素质要求的人,自我介绍当然也是如此。所以,我们在自我介绍的过程中,完全可以以所求岗位的职业素质和技能要求为主线,用各项能力要求搭起整个自我介绍的框架,然后,将自己的基本素材作为具备这些能力素养的佐证材料,分别有效地填充进去,这样,当完成自我介绍的时候,也就向面试官展示了一个完整的、具体的、符合职业能力要求的个人形象。

但是,这种方法显然适用于专业能力较强且全面的求职者,如果专业能力本身就存在短板,反而会在介绍的过程中让自己的短板显露无遗。所以如果在专业能力上存在短板,一时又难以弥补的情况下,建议采用"优势在前,依次介绍"的结构方法,将自己最突出的能力、时段或材料类型放到前面,其余内容,弱化处理,这样也能收到很好的效果。

(三)针对社会需要、岗位要求选择基本内容

这里需要强调的是,无论我们采取哪种结构方式,都一定要针对社会的需要、岗位的要求选择安排自我介绍的内容。否则我们的介绍做得再好都无法与用人单位和社会的需求点相契合,也就无法真正打动对方。

四、结尾致谢,留下良好印象

自我介绍结束后一定要向面试官表示感谢,感谢他们耐心听完你的自我介绍,一段短短的自我介绍,就是为下一阶段更深入的自我展示做好准备,你的应聘面谈才刚刚开始。

【案例11-2】

面试自我介绍例文一

尊敬的面试官:

早上好!我叫××,是××学院人力资源专业20××届的毕业生。在校期间我努力学习专业知识,并能够熟练运用电脑办公软件,已取得英语×级、××等技能证书,并通过了人力资源师三级的考试。我注重理论与实践的结合,积极参加学校与社会的各项实践活动。大二开始到现在,我一直在校学生会实践部担任部长。我熟悉组织同学们参与具体实践活动的整个流程,尤其是在活动现场调度上积累了丰富的经验。这段宝贵的经历,让我确信了自己未来的发展方向,希望能加入贵公司担任人力资源助理一职。我性格开朗、乐于与人沟通,不怕吃苦、愿意坚持,我相信一定能在最短的时间内适应工作环境,掌握相关工作技能,也一定能很好地完成公司交给我的任务。谢谢各位老师!

面试自我介绍例文二

各位老师:

上午好,我叫×××,就读于××大学××专业。我的求职意向是银行信贷经理一职。本人拥有较强的学习能力,能快速适应工作环境,兴趣爱好广泛,积极参与各类活动,独立生活能力强,同时富有团队精神和责任意识!大学期间担任班干部、校学生会干部,曾经在××银行实习,担任微贷客户经理助理,熟悉整个贷款的基本流程,有陌生客户拜访、客户调查等经历,实习期间我积极寻找目标客户,整理客户资料,制作表格,对客户进行放款,与客户签订合同等。积极主动的学习精神和相关的工作经验,都让我相信自己能够

胜任这份工作。我愿意从最基本的银行信贷业务做起,为银行的业务发展贡献出自己的一份微薄之力。我的自我介绍就到这里,非常感谢各位老师给我这次机会。

实 训

活动一 自我介绍

学生每人独立完成一次自我介绍,具体活动要求如下:

1.每个学生为自己设定一个具体的求职单位和求职岗位。实训活动前将具体内容报送至指导教师处。

2.在自我介绍之前说明该用人单位和岗位对求职人员在能力素养方面的整体要求。

3.针对单位和岗位的具体要求进行自我介绍,时间以2分钟左右为宜。

活动二 讨论与评议

以教学班级为单位,将学生五人分为一小组,小组内部先对之前班级同学在自我介绍阶段的表现进行讨论评议,每个小组再派出一名代表,在班级内部将讨论结果进行具体阐述。具体要求如下:

1.每个小组选出5名本小组认为表现比较典型的同学(可以针对其优点和缺点两方面)进行针对性讨论和评议。

2.点评内容应包括该生的仪表是否符合面试要求,自我介绍内容是否能够贴合所求职单位和岗位的具体要求;是否能够流畅、清晰、自然、简洁地进行语言表达;能否关注到自己面部表情的变化,并注意用眼神和面试官进行交流。

自测题

1.自我介绍时可不可以涉及自身的缺点? 如果能涉及自身缺点,要注意什么问题?

2.自我介绍时要根据社会对人才的总体要求、用人单位的具体要求来安排介绍内容,具体说说如果你分别要应聘秘书和导游这两个职位,社会和用人单位会对你提出怎样的要求。

3.如果你是一个在专业能力上有短板的求职者,那么你的自我介绍可以采取什么样的方式安排整体结构? 为什么?

任务三　应聘面谈

一、巧妙应对各类问题

在面试中,招聘者想要获得与应聘者相关的各方面的情况,就要对他进行全方位的测评,如心理特点、行为特征、能力素质等,这就要求主考官根据评定内容的不同来设置不同的提问内容,采取不同的提问方式。

(一)按提问方式分

1.连串式提问

主考官向面试者提出一连串相关的问题,要求面试者逐个回答。这种提问方式主要是考查面试者的临场反应能力、思维的逻辑性和条理性。但也可以用于考查应试者的注意力、瞬时记忆力、情绪稳定性、分析判断力、综合概括力等各方面情况。

例如,主考官想问面试者三个问题:第一,你为什么到我们公司来? 第二,到我们公司后有什么打算? 第三,你入职工作几天后,发现实际情况与你原来的想象有很大出入,你怎么办?

再如:"你在之前的工作中有没有出现过重大失误? 如果有,说一下具体情况? 从这件事中你吸取了什么教训? 如果今后再遇到类似情况,你会如何处理?"

回答这类问题,首先要保持镇静,不要被一连串的问题吓住,这些问题一般都有相关性,要回答后一个问题必须以前一个问题的答案内容为基础,这就要求应试者必须听清题目及其顺序,纵观全局一一作答。

2.开放式提问

这类问题要求应试者不能仅仅使用简单的"是"或"否"来回答,也不能只用简单的一个词或一句话来回答,而必须另加解释和论述才能算完整圆满。面试中的提问一般都应该是开放式问题,以启发面试者的思路,激发面试者的潜能与素质,然后再对大量的输出信息进行测评,真实地考查面试者的素质水平。那么,什么样的题目是开放式的呢? 比如:你在大学期间,从事过哪些社会工作? 你认为学校开设的主要专业课程对工作会有什么帮助?

这种提问方式常用"如何……""什么……""为什么……""哪个……"等特殊疑问词构成特指问句,为求职者指明了回答问题的方向,划定了回答范围。有效地鼓励面试者主动回答问题,以便从面试者那里获得大量丰富的信息。

对于这类提问,面试者应该开阔思路,对主考官提出的问题尽量给予全面回答,同时要做到思路清晰、说理透彻,充分展现自己各方面的能力。

主考官提出这种开放式问题时,确实明确地给面试者划定了回答问题的范围,但是这个范围或大或小,有时候我们可以按照面试官给定的范围直接作答,但有时候因为主考官给定的范围过大,可能造成面试者一时无从下手。这时千万不要紧张,尽量在短时间内判断出面试官的提问目的,以面试官的提问目的为引导作答。也可以通过追加提问的巧妙方式,通过和主考官的互动,进一步明确主考官提问的意图,即对方想了解的具体内容。比如被问到:说说你的大学生活吧。很显然,这个问题给定的范围太大了,如果我们面面俱到地进行作答显然是不合理的。这时候,我们就可以根据自己的理解,判断主考官到底对哪个方面感兴趣,然后作答,或者也可以向主考官追加提问:请问您是想知道我在社会实践活动方面的表现吗?这种追加提问的方式既可以为自己赢得思考的时间,引导主考官去听一些你准备充分、表现优秀的内容,同时,通过和主考官的自然互动,也可以赢得主考官的好感。

3.封闭式提问

封闭式提问与开放式提问相反,只要求面试者用"是""否"来简单作答,也可以仅用一个词、一个简单的句子来说出答案。这类问题主要用于征询面试者的某些意向,需要面试者给出一些较为准确的回答。

举例来说,主考官问:"你们班级有多少人?在你担任班长期间,班级有没有被评为优秀班集体?"这就是典型的封闭式提问,应试者表面上看只要回答一个数字,一个是或否,而不必作出其他任何解释。

但需要注意的是,对于这些问题中的大多数,如果你仅仅给出了简单的肯定或否定的回答,是没办法满足面试官的提问需求的。这时,我们可以自行灵活处理,自己做深入一步的解析,而不是让面试官再次追加提问,以免给人一种回答问题像"挤牙膏"的感觉。例如被问到:你是学生党员吗?很显然这个问题如果你仅作"是"或"否"的回答是远远不够的。主考官一定不是只想知道一个简单的答案,他希望做进一步的深入了解,如果是学生党员的话,可以进一步说说自己是凭借什么优势,在众多学生中脱颖而出的;如果不是学生党员,可以说说是什么原因,认为自己是因为哪些方面存在不足,而没有能争取到这个机会。只有这样的回答才算圆满。所以,看似简单的问题,不同的处理方式会收到完全不同的效果。

总之,无论我们面对哪一类问题,都不能回答得太过抽象简单,适时地拿出有说服力的具体案例和材料往往更令面试官信服。所以,这就要求面试者在面试材料准备阶段,就要准备大量真实具体的、优秀的、有说服力的案例。

(二)按提问内容分

我们还可以以提问内容为标准,把面试问题分为以下几种。

1.自我评价类问题

主考官提出这类问题,主要是为了初步了解应聘者的学习、工作、生活情况,以及求职动机。自我评价类问题一般被安排在应聘面谈的初始阶段,是在面试中被问频次非常高的问题类型。它不但可以考查面试者对自身的认知,还可以考查面试者的语言表达能力和逻辑思维能力,为面试的核心环节作铺垫。最典型的问题就是"你认为你最大的优势是什么""你如何评价自己"等。

这类问题看起来简单轻松,实则又让很多人不知道从何说起。在面试前做好功课,对自己形成全面且深入的总结性评价,并分析出自己的优点、缺点等内容,且每一点都要能找出一个相应的事例佐以证明,这样会让你在面试中的自我评价更有说服力。

2.专业类问题

这类问题往往比较具体地考查面试者对自己所在领域的某些专业知识的掌握情况。从而了解面试者的专业能力水平。应聘者需要提前复习与应聘职位相关的知识,这样才能在被提问后快速准确地作答。这些问题的答案往往是唯一的,所以如果你的确不知道怎么回答,最好态度谦和、诚实相告,并且表明自己会继续学习。可以这样说:"这个问题我的确不是特别清晰地知道答案,但我一定会抓紧学习,逐步完善自己的专业知识结构。"

3.经验类问题

这类问题是通过对求职者以往经历的大致了解,判断出你具备哪些能力、素养,是否符合用人单位的招聘要求。最典型的问题就是"在你大学几年中,有没有哪项活动或工作让你印象深刻? 你具体是怎么做的?"

这些内容或许在简历中也会有概括性反映,但是要想充分展示自己的实力,就要学会通过语言沟通向面试官直接传递更多有价值的信息。所以,在被问及这类问题时,你最好能将过往的经历细化,找出一件自己做得特别出色的事情具体讲述前因后果以及自己的处理方式,这样才会让面试官透过经历对你形成更直观、更清晰的认知。

4.情景假设类问题

这类问题是将应聘者置于一个具体的、与应聘岗位有关的情境中,要求应聘者给出可操作的处理办法,这类问题一方面考查求职者的心态和价值取向,另一方面测试求职者有没有随机应变的能力。相对来说这类题目更加灵活,需要应聘者提前了解应聘岗位所需的各项能力,灵活运用这些能力解决工作中可能遇到的具体问题。比如被问到:你在拜访客户时,客户总是找各种理由拒绝与你沟通,你应该怎么办? 这类问题的随机性很大,几乎无法提前做准备,我们能做的就是调整好情绪和心态,根据自己的经验和理解从容作答。

5.个人素养类问题

这类问题涉及面比较广,表面看起来并不涉及专业知识,但实际上又是对个人素养的综合考查,比如:某某热点新闻,你有什么看法? 在面试时如果遇到类似问题,应该仔细聆听问题内容的细节,抓住细节,以小见大,扩散开来,有条理地作答。

6.个人规划类问题

应聘者要想回答好这类问题,需要在对应聘职位有一定了解的基础上,对自己的未来进行思考,并提出明确的设想。比如:你未来三年的目标是什么? 这类问题要求面试者准备全面,能充分流畅地表达出自己的见解,给出与应聘职位高度匹配的答案内容。

二、回答问题的实用技巧

(一)准确判断提问意图

准确判断主考官的提问意图,这是我们准确作答的前提,因为只有知道了对方的诉求点,我们才能够一语中的,否则就有可能答非所问。

1.问题内容太过宽泛时

面试中,如果主考官提出的问题太过宽泛,一时摸不清头绪或难以理解,以致不知从何答起时,可以诚恳地说明情况,请求对方给自己30秒的思考时间;也可以先谈自己对这一问题的理解,请教对方以确认回答方向;也可以先针对这个问题举一个小例子,以小见大地说明问题。切记,不得要领的长篇大论一定不会收到好的效果。

2.面对奇葩问题时

在面试中我们还有可能遇到一些奇葩问题。比如被问到:如果你是一只动物,会是什么动物? 如果你能改变地球上的一件事,你会改变什么? 怎么给小朋友摘到天上的月亮?

这些问题看似和所求岗位毫无干系,并且让人难以作答,但这时保持冷静并从专业角度回答依然是很重要的。这类问题说到底还是为了考查求职者随机应变、解决问题的能力以及是否能够从大局出发考虑问题。所以站在你的职业角度,将自己融入一个团队,再去考虑解决问题的方案,可能会更好。

总之,面对一时难以下手的问题,很多方法和技巧从来都不是孤立的,要学会综合运用各类方法和技巧,多思考、多学习,才能真正做到举一反三。

(二)讲究逻辑,避免抽象

为了更好地表明自己的观点,回答问题时最好采用逻辑性较强的表达方式,即结论在先、议论在后,先提炼要点,再展开阐述。比如,"对这个问题,我有三点看法,第一是……第二是……第三是……",这种"总、分、总"或者"总、分"的问题回答模式最能够体现你清晰的思路,即使内容并不十分出彩,也会给对方留下良好的印象。

(三)表达己见,突显特色

针对每个问题的回答,说出自己最真实的观点和看法,才能显示出你鲜明的个人特色。主考官有时一天内要接待多名应试者,相同的问题要问很多遍,类似的回答也听了很多遍。在这种乏味枯燥的对话中,你独到的个人见解一定会引起对方的注意和兴趣,你真诚朴实的回答一定能打动主考官,为自己的面谈加分不少。

(四)不装不作,善于请教

应聘面谈的主考官中一定不乏专家、骨干,在行家里手面前,一切滥竽充数的行为都将无所遁形。在回答问题时,对未听清的问题可请求对方重复一遍或解释一下;偶然出现的错误也不必因此耿耿于怀,打乱后面问题的思路。问题一时回答不出可以请教考官,切不可默不作声、含糊其辞、牵强附会、不懂装懂。诚恳坦率地承认自己的不足,反倒能够赢得面试官的信任与好感。

(五)扬长避短,显示潜能

"金无足赤,人无完人",每个人在性格或专业上,都会有自己的特长和不足,因此在面试时一定要注意扬己长、避己短,将自己的潜力充分发挥出来。

面试的时间通常很短,求职者不可能把自己的才华一一展示出来,因此抓住时机,巧妙自然地显示潜能是一种非常机智的行为。例如,面试秘书工作时可以把自己的相关信息写在准备好的纸上,适时顺手递上去,以显示自己能写得一手漂亮的书法;应聘导游时可以将自己参加校园歌手大赛并获奖的事项漫不经心地说出来,可以使对方见识到你的多才多艺。当然,展示潜能时要实事求是、简单快捷,不占用过多时间,否则就会弄巧成拙。

【案例11-3】

王艳中专毕业后在一家企业当打字员,企业效益滑坡,王艳就辞职去了南方,辗转求职,均因学历太低没有成功。她带着失望的心情向一位成功的朋友请教。朋友说,中专文凭是派不上用场的,但并不意味着你的身上就没有过人的地方。王艳大受鼓舞,去一家公司应聘电脑文秘。她发现求职者中有好几位是本科生,心里又一次打起了退堂鼓。但听到招聘负责人说电脑文秘的工作量相当大时,王艳就主动上前自我介绍说,我想我可以干下来,因为我打字速度快,一分钟能打200个字。对方听后转问其他几个人,他们只说可以打字,但速度没王艳快,结果王艳被录用了。

从王艳求职成功的案例中可以发现在求职场合烘托自身优势的重要性,王艳的脱颖而出就是运用比较来烘托自己优势的典型成功案例。

问题讨论:假如你现在去面试一个秘书岗位,你将怎样介绍你的个人优势呢?

三、适时提问解疑惑

一般在面试快收尾时,面试官会问"你有什么想要向我了解的吗?"。很多面试者认为这一环节,就是面试官走过场,并没有什么实际作用,所以敷衍了事,不做认真应对,这样显然是不可取的。面试官其实是想通过这个环节来进一步考查面试者,确认面试者对这份工作是否真的有兴趣,判断面试者在面试前有没有认真准备,以及在求职过程中面试者真正的关注点是什么。所以面试者在这个环节中要表现得胆大心细,这样既能够有机会深入了解招聘公司和所求岗位，又能进一步展示自己的良好形象。

（一）可以问的问题

1.提问内容要过渡自然

在这个环节，你所提及的问题最好跟之前谈到的内容有一定的关联性。比如，你可以问面试官，刚才听到您说公司明年会调整一个新的战略，那我可以请教一下，这个战略的具体目标吗？这样的问法跟之前的内容就能够比较自然地衔接起来。

2.提问内容要与公司密切相关

公司在招聘时，比较关注的，一个是求职者是否对公司和岗位抱有强烈的兴趣和热情，一个是求职者能否为企业带来价值。所以你的问题也可以从这两方面展开。比如可以问与一个公司业务发展密切相关的问题，但是切记不能问得太过宽泛。也可以直接问：这个岗位的新人培训多久之后可以独立开展工作？这些问题都表现出你对公司和岗位的关注，面试官也能从中感受到你加入公司的真诚意愿。

3.与面试官本人相关的问题

如果我们想要问及一些与面试官本人相关的问题，那最好是跟他的专业有关的，你可以问：作为行业当中的资深前辈，长期以来，您依然坚持热爱和提升自己的专业。对我们这些后辈，您有什么样的建议吗？

（二）不能问的问题

1.不要问过于简单的问题

因为有些问题，完全可以通过公司网站或招聘海报得到答案。如果你再提出类似问题，就会让人觉得你要么获得信息的能力太差，要么不够用心。

2.不要问薪酬福利

切记：不要过多涉及薪酬、福利、人事安排等问题。会让人感觉你对工作本身不关心，反而过于关心切身利益，给人斤斤计较之感。更何况，通过面试后，会有专门的环节讨论确定薪酬福利的问题，到时再一次性问清楚会更好。

3.不要问明显和工作无关的问题

有的求职者为了拉近和面试官的关系，会问：听您的口音像是广东那边的，您是广东人么？您工作之余有什么兴趣爱好？甚至会毫无边界感地打听有关公司的一些小道消息。其实这种行为在大多数面试官眼里都是幼稚可笑的。

4.不要给人被质问的感觉

有的求职者出于好奇心，会问：你为何愿意待在这家公司这么久呢？问题一出就给人被质问的感觉。其实如果你真的想了解其中的原因，完全可以换一种问法：以您的资历和经验，会有很多更好的选择，这家公司到底哪里吸引了您，让您愿意在这家公司工作这么久呢？这样的问法会收到更好的效果。

5.纠缠面试官打听面试结果

面试结束时最好不要直接询问面试官自己表现得怎么样,能不能被录用,这样的问题会让面试官很为难,一则最后录用的结果面试官之间还要做好沟通、交换意见后才能最终确定,另外,可能有的公司真的明文规定了不可以在所有面试环节结束前单独给求职者反馈信息。所以这个时候,面试官也的确没有办法给出准确答复。

6.不要问卖弄类的问题

有人自作聪明,想要向面试官提出有挑战性的问题,然后借机说出自己准备好的观点,来体现自己思维认知的高度,这种做法显然是不可取的。如果你问的问题让面试官无法作答,陷入尴尬,那基本意味着你的求职行为,已经走到了穷途末路,因为没人愿意招一个让自己下不来台的人;同时你的这种做法也会让面试官怀疑你求职的诚意。

总之,要想很好地应对这个环节,向主考官提出合适的问题,面试者还是要提前做好准备,毕竟准确掌握相关信息才是提出好问题的基础;面试时也要用心聆听,面试官在面谈期间也可能会对公司的情况做简要介绍,此类信息都可以作为求职者之后提问的素材。

四、礼貌退场不大意

(一)关注退场细节

面试结束后,起身,面带微笑,对面试官行15度欠身礼,说"谢谢",将椅子放回原处,拿好随身携带的物品,往后退两步,再次表示感谢,然后微笑转身离开。到刚进门时的位置,先打开门,在出门之前要转向屋内,再次微笑点头致意,侧身退出面试场地,再轻轻将门关上。

(二)保持专业素养

面试结束后的礼仪细节也要特别关注。有些应聘者对面试官彬彬有礼,走出门却对其他人和普通员工傲慢无礼。要记住,一旦进入公司,我们就要接受所有人的面试。一个得体的结尾,尽管不能完全掩盖你之前的缺点,但对你塑造良好的面试形象一定大有裨益。

(三)一封邮件表示感谢

面试后第二天,向面试官发邮件表示感谢,不仅仅是出于礼貌,也能够加深面试官对求职者的印象与了解。可以设想,在这个时间点,面试结果一般都没有尘埃落定,求职公司也还在继续对各位求职者进行综合考量,这时候发送感谢邮件无疑是一件可以加分的事情。

本着人岗匹配的原则,邮件一定要围绕着自己所应聘的岗位来写。除了要写清楚自己所面试的岗位、面试时间以及自己的姓名,表达对面试官的感谢,还可以谈及自己对应聘岗位和今后工作的思考。

实 训

【知识链接】

活动一　模拟面试

将教学班级每五人分为一组,第一小组作为面试官对第二小组进行面试,第二小组对第三小组进行面试,以此类推,最后一个小组对第一小组的同学进行面试。活动具体要求如下。

1.每个小组的同学分别都要承担两个角色任务:一是要作为招聘单位,制作一份招聘海报,提前3天发送给本小组的面试对象,仅限于告知对方招聘海报上的基本内容,面试的基本内容不可以透露给对方。二是作为被面试者,收到面试海报后,要根据面试单位要求、岗位能力要求,准备相应的面试内容,包括自我介绍、回答主考官提问、向主考官提问、礼貌退场等内容。

2.面试情景模拟环节结束后,先由被面试者和大家交流自己面试过程中的经验教训。

3.再由担任面试官角色的小组公布录用信息,并给出录用理由。

整个过程确保每个学生都可以积极参与,有效互动。指导教师根据学生现场综合表现打出分数。

活动二　案例讨论

某公司招聘一名前台接待人员,要求对方具备一定的情绪管理能力。因为前台接待人员在工作过程中需要和不同的人打交道,接打不同的电话,接待不同的人,还经常有一种被人呼来喝去的感觉,没有一定的情绪管理能力是很难做好的。某位求职者前来面试,简历中明确写到自己具备良好的情绪管理能力。

面试官:请用一件事情说明一下,您确实具备良好的情绪管理能力。

求职者:别人冤枉我或指责我的时候,我一般会冷静处理,不会直接和对方发生冲突。

面试官:能否请您说说具体是一件什么事情以及当时的情形。

求职者:我在上家公司做前台时,有一天有一个人吵着要见董事长,我很冷静地拒绝了他的要求,最后打发他走了。

面试官:为什么要拒绝他的要求?

求职者:按公司的规定,必须提前预约或事先接到通知才能见董事长。作为前台,这是我的职责。

面试官:您当时具体是如何做的?

求职者:当时我和他说了公司的规定,对方说他是董事长朋友,一定要进去,我再三和他说明公司的规定,然后请他在候客室休息,并打电话给董事室确认是否有预约,董事室回复没有。客人依然不依不饶,一定要见董事长,并骂我不长眼睛,当时我很生气,但还是冷静地对他说,公司的规定请他能理解。对方又说我要收钱才让他见董事长,并将一百元丢在接待桌上,硬要往里面走。我一边冷静地请他遵守公司规定,一边打电话给保安,最后保安将此人带走了。

面试官:最后这件事是如何收场的?

求职者:最后经确认此人确实是董事长的一个朋友,当天因为和董事长有误会,董事长怕他在公司闹事就没有让他进来。后来,这位朋友又来公司,我主动向他道歉,他有点不好意思,并说我这个前台很称职。

这是一则面试现场沟通的典型案例。在这则案例中,面试者表现出了在面试前所做的周到细致的准备工作以及面试过程中得体流畅的应答过程。分小组对案例内容进行讨论分析,并回答下列问题。

1.面试前周到细致的准备工作体现在哪些方面?

2.在整个事件的处理过程中,面试者在哪些方面采取了得体的应对方式?(可以从情绪管理、处理突发事件、处理善后等几方面去做深入思考)

3.你认为面试者在回答问题的过程中还有没有需要改进的地方?

自测题

1.应聘面谈的过程中,求职者会遇到哪些不同类型的问题,应该分别采用怎样的应对策略?

2.面试提问环节,求职者可不可以详细询问有关薪金福利的问题,为什么?

3.面试结束环节,要关注哪些礼仪细节?

项目十二
推销与谈判

知识目标

- 了解产品特点、目标市场和客户需求,掌握产品介绍技巧。
- 熟悉商务谈判流程,掌握谈判步骤和策略。
- 掌握谈判策略和技巧,理解影响谈判的主要因素。

能力目标

- 能有针对性地介绍产品,制作并展示专业材料,自信解答客户疑问。
- 能独立准备和引导商务谈判,灵活应对突发情况,达成互利结果。
- 灵活运用谈判策略,处理谈判冲突,提高谈判成功率。

素质目标

- 培养自信心和表达能力,提升客户服务意识和责任感。
- 强化团队合作和时间管理能力,保持冷静和理智的判断。
- 增强灵活性和应变能力,提升耐心、职业操守和诚信意识。

推销课程中的决胜之道

李先生是一位资深的销售经理,他的职业生涯充满了各式各样的挑战和成功。最近,他收到了一项艰巨的任务:为公司的一款新型产品打开市场。这个产品是公司耗费巨资研发的,希望通过它来占据市场领先地位。李先生知道,要在竞争激烈的市场中夺得一席之地,必须有高效的推销策略和强有力的谈判技巧。他开始着手准备,为这场战役制订详细的计划。

李先生首先分析了市场和竞争对手。他发现,新产品在功能和技术上具有明显优势,但价格较高。市场上存在许多价格更低但功能稍逊的产品。面对这种局面,李先生决定采取差异化策略,主打产品的高端定位。他联系了几个潜力客户,预约了销售展示会和几次面谈。

在与客户的第一次面谈中,李先生展示了产品的优势和技术特点,尤其强调了它在提升效率和减少成本方面的独特功能。然而,一些客户表示,产品的高价格是一个重大的障碍。李先生知道,这是一个谈判的好机会。他并没有立即回应价格问题,而是引导客户讨论他们关心的其他问题,如售后服务和产品的升级路线。通过这次面谈,他深入了解了客户的需求和痛点,为之后的谈判做了充分准备。

在接下来的谈判中,李先生展示了高超的谈判技巧。他首先通过详细的数据和成功案例,进一步证明了产品的独特价值。他还承诺,为客户提供长期的技术支持和定期的产品升级,从而消除了客户的后顾之忧。最关键的是,李先生灵活运用价格策略,提出了一些特别折扣和分期付款的选项,最终赢得了客户的信任和订单。

问题讨论:通过这个案例,你受到哪些启发?

> 谈判的目的是达成协议,而不是打败对手。　　　　——安东尼·罗宾斯
>
> 谈判的关键在于双方都能够获得利益。　　　　　　——斯蒂芬·柯维

通过上面的案例,不难看出,在推销过程中,谈判和推销技巧是至关重要的。

推销与谈判是现代商业活动中不可或缺的两个重要环节,二者尽管有些联系,但其本质与应用也存在显著区别。通过全面分析与对比,我们可以更好地理解这两个概念,以及如何在实际业务中有效运用它们。

推销是指企业通过各种方法和手段,将自己的产品或服务介绍给潜在客户,以促成交易的一系列活动。推销的主要目标是提升产品的市场占有率和企业的盈利能力。推销活动通常包括市场调研、客户分析、产品展示、广告宣传以及销售策略的制定与实施。在推销过程中,推销员扮演着至关重要的角色,他们不仅要具备丰富的产品知识,还需要熟练应用沟通技巧和心理学原理,以吸引客户的兴趣和需求。

谈判则是一种对话和磋商,是以达成双方都满意的协议为目的的活动。谈判通常发生在利益存在分歧或冲突的情境中,参与方通过交流意见和立场,寻找共同点,最终达成互利共赢的结果。在商业谈判中,双方不只是关注眼前的利益,还需要考虑长期合作关系的维护。因此,谈判员不仅要具备高度的专业知识,还要有敏锐的洞察力和良好的情绪控制能力。

从概念上看,推销与谈判都涉及沟通和交流,但二者在具体应用上存在明显差异。推销更多的是单方面的信息传递,推销员主动向客户介绍产品或服务的各种优点,并通过诱导和说服策略,最终促成销售。而谈判则是双向互动的过程,双方都需要提出自己的诉求和底线,并在此基础上进行磋商和妥协,直到双方达成一致意见。

尽管推销与谈判在形式和目的上有所不同,但它们之间也有着密切联系。推销活动中,推销员常常需要与客户进行谈判,以解决客户的异议和疑虑。例如,客户可能对产品的价格、质量或售后服务提出问题,此时推销员需要通过谈判技巧,与客户沟通并达成双方满意的解决方案。此外,在大宗交易或复杂商业交易中,推销与谈判往往是交叉进行的。推销员在介绍产品和服务的同时,需要快速反应并应对客户的各种谈判请求,促成交易的成功。

为了更清晰地理解推销与谈判的异同,我们可以从以下几个方面进行对比:目标、过程、技巧和结果。

1. 目标

推销的主要目标是促进产品或服务的销售,增加企业收入。而谈判的目标是达成双方都能接受的协议,实现利益的最大化和风险的最小化。推销偏重单方面的说服,而谈判是双方的妥协与合作。

2. 过程

推销过程通常较为主动,推销员需要积极向客户推介产品或服务,并通过各种销售技巧激发客户的购买欲望。谈判则更多的是互动与交流,需要双方提出各自的条件和要求,并在此基础上达成共识。

3. 技巧

推销注重沟通技巧、心理学原理和销售策略的运用。推销员需要了解客户的需求、兴趣和购买动机,从而采取相应的销售手段。而谈判技巧则包括语言艺术、情绪控制、利益分析和妥协策略等。谈判员需要具备灵活应变的能力,从容应对各种复杂局面。

4. 结果

推销的结果是顾客决定购买产品或服务,完成交易。而谈判的结果是双方在各种条件和条款上达成一致,签订协议或合同。推销的成功主要体现在销售量和市场占有率上,而谈判的成功则体现在双方合作关系的建立和维持上。

综合来看,推销与谈判在商业活动中的地位和作用虽有不同,但它们均是企业获取竞争优势的重要手段。企业在实际运作中,既需要高效的推销策略以扩大市场份额,也需要熟练的谈判技巧以维持和拓展合作关系。因此,推销员和谈判员的专业素养和能力直接影响到企业的经营成果。在不断变化的市场环境中,企业应注重培养综合型人才,通过系统的培训和实战演练,提升推销和谈判的综合应用水平,以应对各种挑战,实现可持续发展。

总之,推销与谈判有其独特的内涵和外延,二者之间既有紧密联系,也具有显著区别。在现代商业环境中,企业要成功地开展业务,不仅需要精湛的推销手段,还需具备娴熟的谈判技巧。通过两者的有效结合,企业可以更好地满足客户需求,实现自身的战略目标。

那么,何为推销技巧?如何在推销过程中进行高效谈判?以下内容将对此进行深入探讨。

一、推销的基础——建立关系与信任

推销的第一步是建立与客户的关系和信任。客户购买的不仅是产品,更是对于推销人员和公司的信任。在这个数字信息泛滥的时代,客户很容易获得产品的信息和竞争对手的报价,但他们更需要的是能够提供优质服务和真诚态度的推销人员。因此,推销人员应具备优秀的沟通能力和情商,懂得倾听客户的需求和担忧,积极回应客户的疑问和顾虑,从而赢得客户的信任。

二、推销的核心——展示价值与差异化

在竞争激烈的市场中,如何让自己的产品脱颖而出?关键在于展示产品的独特价值和差异化优势。推销人员需要深入了解产品的功能和技术特点,明确产品相较于竞争对手的优势所在。同时,通过详细的数据和成功案例,论证产品在提升效率、降低成本等方面的显著效果。特别是在面对价格竞争时,推销人员应强调质量、服务和长期效益等非价格因素,从而树立产品的高端定位。

三、推销的技巧——高效谈判与灵活应对

谈判是推销过程中的关键环节。成功的谈判不仅需要推销人员具备良好的口才和说服力,还需掌握谈判策略和技巧。例如,在面对客户提出的价格问题时,推销人员可以通过引导客户讨论其他关心的问题,来了解他们的真实需求和痛点,从而找到切入点,灵活运用价格策略和服务方案,达到双方满意的结果。同时,推销人员应有灵活应对的能力,能够根据实际情况调整策略,以求在谈判中占据主动。

四、推销的延续——售后服务与客户维系

推销过程并不在客户签订合同的一刻结束,相反,这是一个新的开始。优质的售后服务是维护客户关系和提升口碑的关键。推销人员应关注客户的使用体验,及时解决他们的问题和困难。此外,可以通过定期回访、提供技术支持和培训等方式,维系客户关

系,提升客户满意度和忠诚度,从而实现长久合作和二次销售。

推销不仅是一门技巧,更是一门艺术。通过建立关系与信任、展示价值与差异化、高效谈判与灵活应对以及优质的售后服务,推销人员能够在竞争激烈的市场中取得成功。从李先生的简单案例中,我们清晰地看到,推销和谈判是相辅相成的过程,掌握这些关键要素,定能在推销战场中取得佳绩。这正是推销课程中,大家需要深耕细作,不断提升的方向。

下面围绕三项任务,具体说说谈判与推销。

任务一　做好产品介绍

在现代商业环境中,产品介绍已经成为市场营销和企业品牌塑造中不可或缺的一环。一份出色的产品介绍不仅能够简明扼要地传达产品的核心价值,还能激发潜在客户的兴趣,促使他们采取进一步的行动。

撰写一篇针对某新型智能手表的产品介绍,要求如下。

①产品名称:先锋智能手表X1

②核心功能:心率监测、GPS定位、音乐播放、智能通知

③目标市场:18—35岁的科技爱好者

④目的:吸引目标市场群体的注意力,介绍主要优势,推动购买行为。

分析与解答如下。

一、了解产品及其潜在市场

在撰写产品介绍之前,首先需要对产品本身及其目标市场有充分的了解。具体到先锋智能手表X1,我们应当重点突出其核心功能:心率监测、GPS定位、音乐播放和智能通知。同时,还需考虑到18—35岁的年轻科技爱好者这一特定群体的需求和喜好。他们通常注重科技感、实用性和个性化体验,对新技术充满兴趣,并具有较强的购买力。

二、撰写产品介绍的结构

一篇成功的产品介绍通常包括以下几个部分。

1.引言

简明扼要地介绍产品,吸引读者的注意力。

2.产品功能和优势

详细说明产品的核心功能及其带来的益处。

3.用户体验和情感连接

阐述产品将如何改变用户的生活,创造情感共鸣。

4.社会证明

引用用户评价或专家意见,增加产品的可信度。

5.号召行动

鼓励读者采取购买行为或进一步了解产品。

三、具体示例

基于上述结构,我们可以撰写以下产品介绍。

先锋智能手表X1:引领未来科技,掌控你的时刻

随着科技的飞速发展,智能手表已经逐渐成为现代生活中不可或缺的一部分。先锋智能手表X1,以其卓越的技术和时尚的设计,成为年轻科技爱好者不可错过的精品。

(一)核心功能与优势

1.心率监测:健康守护,时刻关注

先锋智能手表X1搭载先进的心率监测技术,可以24小时实时监测您的心率变化,帮助您更好地掌握身体状况。无论您在工作学习还是在运动锻炼,它都能为您的健康保驾护航。

2.GPS定位:精准导航,畅游世界

强大的GPS定位功能,让您在任何时候都能轻松找到方向。不论是城市探索还是户外探险,先锋智能手表X1都将成为您得力的导航助手。

3.音乐播放:随心畅听,乐在其中

内置高品质音乐播放器,支持多种音乐格式,让您在运动或休闲时都能享受美妙音乐。告别手机的束缚,自由自在地享受每一个律动时刻。

4.智能通知:信息掌控,效率提升

先锋智能手表X1支持智能通知提醒,重要信息第一时间掌握。无论是工作邮件还是社交动态,您都可以在手腕上一览无余,提高工作与生活的效率。

(二)用户体验与情感连接

先锋智能手表X1不仅仅是一款智能设备,更是您提升生活品质的好助手。它现代简约的设计、便捷的操作体验,将为您的日常生活带来无穷乐趣。想象一下,您的腕间不仅多了一件时尚配饰,更增加了一位无微不至的贴心助手。

(三)社会证明

多家科技媒体与用户对先锋智能手表X1给予了高度评价。"先锋智能手表X1是真正结合了功能性和时尚性的杰作",《科技周报》如此点评。一位年轻用户也表示:"使用

先锋智能手表X1后,我的生活变得更加井井有条,健康也得到了显著改善。"

(四)号召行动

心动不如行动! 现在就访问我们的官方网站,了解更多关于先锋智能手表X1的信息,并享受限时优惠。让先锋智能手表X1,陪伴您走过每一个重要时刻!

通过这个练习,希望能够帮助相关从业人员更好地掌握产品介绍的技巧,加深对目标市场需求的理解,并能够创造出更有吸引力和说服力的产品介绍内容。无论是企业营销团队还是个体销售人员,皆可通过不断练习与优化,提升自己的产品介绍能力,从而在激烈的市场竞争中脱颖而出。

产品介绍是企业市场营销活动中的一种重要工具,它用于向潜在客户展示和解释产品的功能、优势、用途以及相关信息。一个成功的产品介绍不仅需要对产品本身有深刻的理解,还需要了解目标市场的需求,能够有效地吸引客户的注意,激发其兴趣,并最终促成购买行为。通过产品介绍,企业可以增强品牌知名度,提升市场竞争力。那么,如何才能做好产品介绍呢? 在此过程中,应该注意哪些方面?

四、如何做好产品介绍

下面将从理解产品的核心特点及优势、了解目标市场和客户需求、掌握产品介绍的基本要素和技巧三个方面,详细阐述如何做好产品介绍。

(一)理解产品的核心特点及优势

产品的核心特点和优势是吸引客户的重要因素。只有充分理解这些特点,才能有效地向客户传达产品的价值。

例如,iPhone作为苹果公司最具代表性的产品之一,它的核心特点包括优秀的硬件设计、强大的iOS生态系统、安全性和用户体验。这些特点使得iPhone在众多智能手机中脱颖而出。在介绍iPhone时,销售人员需要重点突出其一流的硬件品质,如Retina显示屏和A系列处理器,这些硬件的优势直接影响到用户的使用体验。此外,苹果公司一贯重视隐私问题,iPhone在数据保护上的优势也应被强调。通过深入理解并解析这些核心特点和优势,销售人员可以更有效地打动潜在客户。

(二)了解目标市场和客户需求

了解目标市场和客户需求是成功的产品介绍的第二个关键要素。不同的客户群体有着不同的需求和期待,因此,针对不同市场,产品介绍的侧重点应有所不同。

以电动汽车特斯拉为例,其目标市场主要集中在环保主义者和高端消费群体。对于前者,销售人员应重点介绍特斯拉在环保方面的优势,如零排放、能源效率和可持续性。而对于后者,则需要强调其高性能和科技感,如Autopilot自动驾驶技术和豪华内饰。此外,通过市场调研了解客户的具体需求,比如续航里程、充电速度等,销售人员才能在介绍中提供有针对性的解决方案,从而增加客户的兴趣和信赖。

（三）掌握产品介绍的基本要素和技巧

掌握产品介绍的基本要素是确保信息有效传达的最后一步。一个优秀的产品介绍,应包括产品的核心特点介绍、市场定位、客户受益点以及实际使用案例等内容,并通过良好的表达技巧将这些信息生动地呈现出来。

以软件产品 Slack 为例,其产品介绍通常包括如下几个基本要素:首先,明确 Slack 的核心功能,如团队沟通、文件共享和集成第三方应用等。其次,强调市场定位和客户受益点,比如提高办公效率、简化沟通流程。最后,通过具体的使用案例,如某科技公司使用 Slack 后,员工沟通效率提高了 30%,从而验证产品的实际效用。在表达技巧上,可采用简洁明了的语言、图形化的展示（如图表和视频）以及互动性介绍（如现场演示和问答环节）来增强说服力。

做好产品介绍是一个综合性的工作,需要深入理解产品的核心特点及优势,充分了解目标市场和客户需求,并具备扎实的介绍技巧。通过具体的案例,如 iPhone、特斯拉和 Slack,我们可以看到成功的产品介绍不仅能清晰传达产品信息,还能有效地打动客户,最终促成销售。因此,企业和销售人员必须不断提升自身在这三方面的能力,以应对日益激烈的市场竞争。

五、产品介绍过程中需要注意的方面

（一）信息真实准确

产品介绍必须基于真实的信息,不能夸大或虚假宣传。只有确保信息真实准确,才能获得客户的信任,建立良好的企业形象。

（二）突出产品卖点

在产品介绍中,企业应重点突出产品的独特卖点和优势,帮助客户迅速理解产品的价值。这些卖点可以是功能上的创新、质量上的优越性或是价格方面的竞争力。

（三）以客户为中心

产品介绍的内容和形式应以客户体验为核心,帮助客户解决问题,满足他们的实际需求。通过提供有用的信息和建议,企业可以有效提升客户的购买意愿。

（四）多渠道传播

为了最大化产品介绍的影响力,企业应利用多种传播渠道,将信息传递给更多的潜在客户。例如,可以通过官方网站、社交媒体、电子邮件和线下活动等途径,进行全方位的推广。

(五)数据分析和反馈

在产品介绍发布后,企业应及时进行数据分析,了解客户的反馈和行为。通过分析客户的点击率、转化率等数据,可以评估产品介绍的效果,并根据客户反馈进行改进。

(六)持续更新和改进

市场环境和客户需求在不断变化,因此产品介绍也需要持续更新和改进。企业应收集客户的意见和建议,跟踪市场动态,不断优化产品介绍的内容和形式,保持其新鲜感和吸引力。

产品介绍是企业与客户之间沟通的桥梁,它不仅能够展示产品的优点,还能帮助客户做出购买决策。做好产品介绍需要系统的流程和细致的准备,包括市场调研、目标受众分析、多媒体材料准备、文案编写、优化测试和广泛传播等。与此同时,企业还需注重信息的真实准确、突出产品卖点、以客户为中心、多渠道传播以及做好数据分析和持续改进。只有通过科学的方法和不断的优化,企业才能真正实现产品介绍的目的,赢得市场和客户的认可。

实　训

在做产品介绍时,非常重要的是能清晰、简明地传达产品的核心特点和优势。请在200字以内,用简洁的语言描述一种你熟悉的产品。重点需包括以下几方面内容:产品名称和类别,简要介绍产品的基本信息;核心特点,突出产品独特之处及其与竞争产品的差异;功能和优势,说明产品的主要功能及能为用户带来的好处;目标用户,指出此产品的主要目标群体及其需求。

自测题

1.如何做好产品介绍?

2.产品介绍中,需要注意哪些事项?

任务二　掌握商务谈判的基本程序

商务谈判是指两方或多方在商业活动中,就某一特定议题进行交流和协商,最终达成共识或协议的过程。商务谈判不仅包括面对面的沟通,还涵盖电话会议、电子邮件和其他形式的交流。其核心在于合作与博弈,目标是达成双方都能接受的互利协议。商务谈判的重要性不可小觑。它不仅决定了企业间合作的成败,还会影响企业的竞争力和市场地位。在全球化深度发展的今天,商务谈判的质量和效果直接关系到企业在国际市场上的生存与发展。

商务谈判作为商业活动中的核心环节,直接关系到企业的战略发展和经济效益。成功的商务谈判不仅要求谈判者具备专业知识和谈判技巧,还需要严格遵循一定的程序。商务谈判的基本程序可以大致分为八个步骤:准备阶段、开场阶段、提案阶段、磋商阶段、协议阶段、签约阶段、执行和监督阶段以及总结和评估阶段。

一、准备阶段

准备阶段指在正式谈判开始前,双方进行的所有筹备工作,这是商务谈判的起点,也是决定谈判成败的关键。主要目的是确保谈判双方都清楚谈判的目标和限制条件,准备充足的信息和数据,以便在谈判过程中占据主动地位。这一阶段主要包括以下几部分内容。

1.资料收集

全面了解对方企业的背景、经营状况、市场表现、谈判目标等信息。这可以通过公开资料、行业报告、咨询公司、网络等多种渠道获得。

2.目标设定

明确本次谈判的目标和底线要求,包括期望达成的协议条款、价格范围、合作形式等。

3.策略制定

根据对方企业的情况以及自身的目标,制定出一套谈判策略和应对方案。这包括应急预案、让步空间、谈判技巧等。

4.团队组建

一个优秀的谈判团队通常包括法律顾问、财务专家、技术人员和经验丰富的谈判代表。各成员需明确分工、统一认识,以便在谈判中配合默契。

二、开场阶段

开场阶段是正式谈判的开始,通常由双方的主要谈判人员进行正式会面和寒暄。这个阶段的主要任务是建立信任关系和良好的沟通氛围,为后续谈判奠定基础。

1.自我介绍和议程规划

双方首先进行自我介绍,接着明确谈判的议程和时间安排,确保双方对谈判流程有清晰的认识。

2.开场发言

双方都有机会进行开场发言,简要阐述各自的合作意向和期望,以便相互了解,逐步建立信任关系。

三、提案阶段

在提案阶段,双方正式提出各自的初步方案或具体的报价。这个阶段的目标是通过陈述各自的立场和期望,促进彼此的理解和互动,为磋商环节做铺垫。本阶段的策略包括:

1. 第一报价

双方依据前期准备提出各自的初步方案,这些方案一般包括合作内容、价格、时间表、责任分工等关键条款。通常会采取较高或较低的初始报价,以留出谈判空间。

2. 解释报价

清晰地陈述报价的依据和理由,以便对方理解。

3. 提出问题

在听取对方提案后,双方有权提出问题,并要求对方进行解答,以便更深入地了解对方的立场和需求。

4. 耐心等待

初始报价后,要耐心等待对方的回应,不宜过早调整报价。

四、磋商阶段

磋商阶段是整个商务谈判中最为关键也是最为复杂的部分。这个阶段的目标是通过深度沟通和多轮谈判,寻找双方利益的平衡点,从而达成共识。

1. 讨论与协商

双方围绕提案展开详细讨论,明确各自的关注点和重点,探讨可能的解决方案。

2. 让步与妥协

谈判过程中不可避免地会出现利益冲突,双方需根据实际情况进行合理让步和妥协,努力寻找彼此利益的交集,以便在主要利益上达成一致,实现共赢。

3. 条款修订

根据讨论结果,对初步方案进行修订和优化,逐渐形成一个更具可行性的初步协议。

五、协议阶段

在磋商阶段达成共识后,双方已经就主要条款达成一致,商务谈判进入协议阶段。这个阶段的任务是将达成的共识和具体方案以书面形式确定下来,确保没有遗漏或误解。

1. 协议草案

根据磋商阶段的结果,起草一份详细的协议草案。这份草案应包括合作内容、价格条款、时间表、责任分工、违约处理等各项细则。

2.法律审核

协议草案需经过法律顾问的审核,以确保其合法性和可执行性。如果有必要,双方可以进行进一步的修订和确认。

3.正式签署

双方在确认无误后,正式签署协议。这一步不仅标志着谈判的成功结束,也是合作正式启动的开始。

协议阶段需要注意以下几点。

(1)细节确认:仔细核对协议中的所有细节,避免产生争议。

(2)法律审查:请法律顾问对协议进行审查,确保合法合规。

(3)签署准备:确认协议文本的准确性,为签约做好准备。

六、签约阶段

这是谈判的最后阶段,双方正式签署协议,达成最终共识。主要目的是以书面形式确定双方的权利和义务,从而使协议具有法律约束力。签约阶段的工作包括:

1.正式签署

在双方代表的见证下,正式签署协议。

2.交付文件

确保所有协议文件都已妥善交付和存档。

3.开启合作

签约后,立即开始执行协议内容,推动实际合作的开展。

七、执行和监督阶段

协议签署后,随之而来的是协议的执行和监督阶段。这个阶段的目标是确保协议内容得到全面落实,从而实现双方的合作目标。

1.项目启动

按协议中的时间表和计划启动项目,确保各项工作有序进行。

2.监督管理

建立定期沟通和监督机制,监控协议执行过程中的各项指标和进展,对出现的问题及时进行调整和解决。

3.绩效评估

对执行效果进行评估,确保项目按计划推进,并达到预期的合作效果。

八、总结和评估阶段

在项目结束后,进行总结和评估是提升谈判和合作水平的重要环节。通过这一阶段的工作,可以发现问题、总结经验,为未来的谈判和合作奠定更好的基础。

1.总结报告

撰写总结报告,详细记录谈判过程、执行情况和最终结果,包括成功经验和不足之处。

2.经验分享

通过内部培训和交流会,将谈判中的经验和教训传递给团队其他成员,以提升全体员工的谈判能力。

3.后续跟进

对合作过程中的未尽事项进行跟进,确保各项条款的最终落实,并为下次合作奠定基础。

综上所述,商务谈判的基本程序不仅是一个系统的工作流程,更是实现双方互利共赢的有效路径。只有在每一个环节上都予以充分重视和精心准备,才能提高谈判的成功率,达成最佳的合作协议。

自测题

商务谈判的基本流程包括哪些?

任务三　掌握商务谈判的策略

在现代商业环境中,商务谈判作为一种重要的商业活动,起着决定性的作用。成功的商务谈判使企业能够达成共识、签订合同、建立合作关系,不仅能为企业带来丰厚的经济收益,还能增强企业的市场竞争力,提升企业的品牌形象。成功的商务谈判离不开科学的策略和专业的技巧,以下将着重分析几种常见的商务谈判策略。

一、充分准备

俗话说,不打无准备之仗。在商务谈判中,充分准备是获得成功的关键之一。首先,谈判方应对即将谈判的议题进行详细研究,了解对方的背景、需求和底线,以便在谈判过程中有的放矢。其次,谈判方应准备好各种备选方案,以应对谈判中可能出现的各种情况。此外,还需准备好相关的数据和资料,以便在谈判中用事实说话,增加谈判的说服力和论据的可靠性。通过详细的准备,我们可以在谈判过程中占据主动地位。例如,一家电子产品公司在与供应商进行价格谈判前,深入了解了原材料市场价格趋势以及多个供应商的报价情况。通过事先的市场调查,公司掌握了谈判的主动权,成功以较低的价格签订了供应合同,从而获得了更高的利润空间。

文化差异是一个显著的因素。在国际商务谈判中,不同文化的价值观、行事风格和沟通方式可能大相径庭。例如,中国文化讲究"和而不同",在谈判中更倾向于维护和谐关系,注重人情,而美国文化则更注重效率和直接,倾向于直截了当地表达需求和意图。这种差异在具体谈判中可能导致误解和矛盾。因此,跨文化谈判中应特别注意了解和尊重对方文化,避免因文化差异引起的冲突。

谈判对手的背景和意图也是重要因素。例如,对手企业的历史、经济状况、市场定位等背景信息,以及对手在谈判中的具体需求和长远目标,都会直接影响谈判策略和进程。如果对手是一家新兴企业,可能希望通过低价格快速占领市场;如果对手是一家成熟企业,可能在意品牌价值和长期合作。了解这些信息,有助于有的放矢地制定谈判策略,从而更有效地推进谈判进程。

例如,在一次国际采购谈判中,中国企业需要向一家美国企业采购高科技设备。美国企业在这次谈判中的意图是希望能获得长期合作关系,而中国企业则希望在价格上获得更多优惠。在这种情况下,如果忽视了美国企业注重长期合作的意图,单纯在价格上讨价还价,可能会导致合作失败。但反之,如果中国企业在谈判中强调双方的长期合作前景,并展现出对未来合作的信心和承诺,则更容易获得对方的让步和支持。

二、建立良好的关系

建立良好的关系是商务谈判成功的重要基础之一。在谈判过程中,建立信任关系能有效促进信息的流通,加强互相理解。首先,要尊重对方的立场和观点,表现出理解和包容。其次,可以通过一些社交活动拉近彼此的距离,比如在正式谈判前安排一场非正式的见面会,增加彼此的了解和信任。通过建立良好的关系,谈判双方可以更加流畅地交流意见和达成共识。

三、掌握和运用信息

信息是商务谈判中极为重要的战略因素。谈判方应尽可能多地掌握对方的信息,同时,合理运用这些信息,为己方争取更多的利益。在谈判中,通过提问、侧面了解等方式获取对方的真实需求和底线。有效的信息策略包括充分了解谈判对手的信息、合理披露自己的信息,以提高谈判的透明度和公信力。例如,一家汽车制造商在与零部件供应商进行谈判时,事先掌握了对方的供货能力、历史表现及市场声誉。在谈判过程中,汽车制造商合理披露了自己的采购计划和需求,增加了对方的信任,促使对方在供货价格和交付时间上做出了让步。谈判方掌握了更多的信息,就能够更好地评估形势,进而制定出有利的谈判策略。此外,在信息运用过程中,还应注重信息保密,避免泄露己方的关键信息,从而影响谈判结果。

四、灵活应变

谈判中往往会遇到各种变化和突发情况,这就要求谈判者具备灵活应变的能力。保持灵活性并不是妥协的代名词,而是在确保核心利益的前提下,通过调整方案和策略达到谈判目标。针对不同的情况,谈判者应选择不同的谈判技巧,如让步、反问、引导讨论等。灵活应变不仅体现在应对突发情况上,还体现在对谈判节奏的把控上。通过有效的节奏控制,谈判者可以在关键时刻造成压力并争取更多的主动权。具体来说有以下几点。

1.开局策略

开局是商务谈判中至关重要的环节。一个良好的开局可以为整个谈判奠定坚实的基础。在开局阶段,要营造友好的谈判氛围,建立信任关系。同时,也要明确双方的谈判立场和目标。例如,一家广告公司在与客户进行项目谈判时,首先向客户展示了公司以往优秀的合作案例和项目成果,通过这些成功案例建立了客户对公司的信任和好感,随后再具体讨论项目的细节,从而顺利达成合作协议。

2.妥协策略

在商务谈判中,双方的立场和利益往往存在差异,因此妥协和让步是不可避免的。妥协策略的关键在于找到双方利益的平衡点,实现双赢。在这个过程中,我们需要灵活调整谈判策略,适时做出让步,以换取对方的妥协。例如,一家服装制造商在与客户进行价格谈判时,客户要求大幅降低价格,但制造商则坚持产品质量和成本无法大幅降低。最终,制造商同意在价格上做出一些让步,同时客户则承诺增加订单量,从而达成了双方都能接受的协议。

3.封锁策略

封锁策略是指在谈判过程中,通过设定底线或者红线,明确表明自己的立场和底线,拒绝对方的过分要求。此策略的目的是保持我们自身利益的最大化,避免在谈判中处于被动。例如,一家技术公司在与合作伙伴进行技术转让谈判时,明确表示某些核心技术不在转让范围内,并且不会在价格上做出更多让步,从而有效地保护了自身的技术优势和市场竞争力。

4.时间策略

在谈判过程中,时间的控制和管理也至关重要。时间策略包括合理安排谈判时间,适时进行暂停或延期等。利用时间策略可以缓解谈判中的紧张气氛,给双方留出思考和调整的余地。例如,一家房地产公司在谈判过程中,发现对方在某些问题上态度坚决,双方难以达成一致。在这种情况下,房地产公司建议暂时停止谈判,给双方一个冷静思考的机会。经过一段时间后,双方重新进行了谈判,最终达成了共识。

五、制定清晰的目标和底线

在谈判过程中,明确的目标和底线是不可或缺的战略因素。谈判者应在谈判前明确自身的目标和底线,以确保谈判全过程中目标明确、思路清晰。目标应包括最优目标、次优目标和最低可接受目标,通过明确这些目标,谈判方可以在谈判过程中灵活调整策略。

此外,底线则是指谈判过程中能够接受的最低条件,一旦对方的条件低于底线,谈判者应果断中止谈判。明确的目标和底线不仅有助于谈判者保持坚定的立场,还能防止因情绪波动而做出错误决策。

六、关注对方的利益

在商务谈判中,只有关注对方的利益,才能最终达成双赢的结果。单纯追求自身利益而忽视对方需求的行为,往往导致谈判的失败。在谈判过程中,谈判方应积极倾听对方的意见,关注对方的需求和关切,寻找双方利益的平衡点。在此基础上,提出双方都能接受的解决方案,使双方都能从谈判中受益,从而增加合作的可能性和持久性。

七、运用谈判技巧

掌握和运用专业的谈判技巧,也是商务谈判成功的重要保证。

第一,让步策略是商务谈判中的一种常见技巧。让步可以在谈判的关键时刻发挥奇效,达到破冰的效果。让步要遵循一定的原则:首先,小幅度让步比大幅度让步更能展示诚意但不中伤自身利益;其次,有条件让步可以增加对方的满意度,比如在价格上让步,但要求对方在付款方式上作出调整;最后,逐步让步是逐渐拉近双方距离的有效手段,每次让步后可以要求对方也做出相应的让步,以确保谈判的平衡。

第二,谈判风格的调整是一种重要策略。不同的谈判风格可以适应不同的谈判环境和对手。例如,在与强势谈判对手交锋时可以采取强硬的风格,以彰显自己的底线和原则;而面对温和的谈判对象时,可以采取柔和的风格,营造友好和信任的氛围。有时,善于结合强硬和柔和的谈判风格,灵活调整,能够起到出其不意的效果。此外,根据谈判的阶段和进展调整谈判风格也是至关重要的,在初期可以试探对方底线,而在后期可以显示出更多的诚意。

第三,心理战术在商务谈判中也占据重要位置。心理战术包括抓住对方的心理弱点,施加压力,以及利用时间和信息不对称等方式。抓住对方心理弱点,例如,利用对方对时间的急迫感,在最后时刻提出条件;施加压力,例如在谈判过程中忽然表示撤退或中止谈判,给对方造成心理压力并提高他们的紧迫感;利用时间和信息不对称,例如掌握更多的市场信息和数据,在关键时刻提交有力证据,增强自身话语权。

第四,有效的沟通和说服技巧是商务谈判成功的关键。有效的沟通需要明确表达自己的观点和需求。要做到以下几点。

一要具备良好的语言表达能力,能够通过简明、准确、逻辑清晰的语言传达信息。同时,非语言沟通也是至关重要的,面部表情、手势和眼神等非语言信号能够辅助语言表达,增强信息传递的效果。比如,在陈述观点时保持自然的眼神接触和适度的微笑,可以传达出自信和友好,增加对方的信任感。

二要倾听对方。积极倾听不仅仅是听取对方的话语,还包括理解对方的立场、需求和情感。在听取对方发言时,可以通过点头、回应等方式显示出关注和理解,并适当提出问题以澄清细节,展示出尊重和诚意。这种互动不仅可以赢得对方的好感,还可以获取更多有用信息,为谈判提供有力支持。

三要运用逻辑和数据来说服对方。在谈判过程中,用事实和数据来支持自己的观点,可以大大增强说服力。例如,在谈判价格时,如果能够提供市场调研报告或者竞争对手的报价数据,就能有力地支持自己的出价。

四要通过情感共鸣来打动对方。讲述一些真实的案例或者分享个人经历,能够引发对方的情感共鸣,拉近与对方的心理距离,使对方在情感上认同你的观点。比如,在谈判中若能谈及双方共同面对的挑战和机会,强调合作的意义和价值,能够更容易地赢得对方的认同和支持。

五要利用权威劝说。引用权威人士、专家的观点,或者展示受人尊敬的第三方机构的认证和评价,可以有效地增强你的说服力。例如,在推销新产品时,可以引用业内专家的评测报告,或者展示获得的各类认证和奖项,以增加产品的可信度。

此外,谈判技巧中的"开高走低"策略,指的是初次报价时报出较高的价格,为后续的谈判留出空间;"分而治之"策略,指的是通过将复杂问题分解成多个小问题,逐个解决,降低谈判难度。

实 训

顾客异议处理训练。

操作步骤:(1)将班级同学分成每5—7人一小组,每组确定1名负责人;(2)到某商场模拟购物,每小组进行分工,2人扮演顾客,其他同学进行观察和记录;(3)购物过程中,扮演顾客的同学与导购员接触,要求表现出购买兴趣,并有意识设置购买障碍,其他同学记录各组导购员接待顾客的态度、举止及处理顾客异议的方法;(4)每个小组上交一份观察记录,并写一份短评,包括自己对该导购员的基本看法,对导购员在导购过程中使用技巧处理顾客异议的评价;(5)教师点评和总结。

自测题

商务谈判的策略包括哪些?试举例说明。

参考文献

[1] 柏莹.秘书口才与人际沟通[M].2版.北京:中国人民大学出版社,2019.

[2] 崔西.高效会议[M].王琰,译.北京:中国科学技术出版社,2021.

[3] 卡耐基.卡耐基沟通的艺术与处世智慧[M].王红星,译.北京:中国华侨出版社,2012.

[4] 贾厚林,曾海娟.沟通技巧:微课版[M].北京:人民邮电出版社,2023.

[5] 廖永麒,程燕.秘书礼仪[M].北京:教育科学出版社,2013.

[6] 史锋.商务礼仪[M].2版.合肥:中国科学技术大学出版社,2012.

[7] 斯坦顿.沟通圣经:听说读写全方位沟通技巧[M].罗慕谦,译.北京:北京联合出版公司,2015.

[8] 踢米尼.四步说服法[M].北京:中国法制出版社,2022.

[9] 汪念明,钟卫红.秘书实用口才[M].北京:电子工业出版社,2009.

[10] 王达峰.即兴表达[M].杭州:浙江大学出版社,2020.

[11] 王允,刘晓燕.人际沟通实训教程[M].大连:东北财经大学出版社,2017.

[12] 王志刚,梁志刚.口才艺术与人际沟通[M].北京:北京大学出版社,2010.

[13] 武洪明,许湘岳.职业沟通教程[M].北京:人民出版社,2010.

[14] 项前.60秒社交口才与口才礼仪训练[M].北京:中华工商联合出版社,2015.

[15] 杨文丰.高职应用写作[M].5版.北京:高等教育出版社,2021.

[16] 张莉,王海燕.沟通实务[M].上海:立信会计出版社,2021.

[17] 陈昭明.谈谈手机短信文化[J].时代文学(下半月),2010,(09):200-201.

[18] 何丽芳,赖大彬.手机短信:从人际交流到大众传播[J].青年记者,2010,(27):81-82.

[19] 胡哲琼.微信平台在与用户沟通方面的应用探讨[J].新媒体研究,2016,2(09):38-39.

[20] 李晓军.基于微信平台的大型复杂项目内部沟通管理研究[J].中国管理信息化,2016,19(05):46-49.

[21] 李晓霞.论商务沟通中的非语言沟通技巧运用[J].中国外资,2013,(12):137-138.

[22] 李跃.高职演讲与口才课程教学的实践与探索[J].南京广播电视大学学报,2013,(01):56-58.

[23] 梁斌,胡京林.非言语沟通及其作用[J].南京林业大学学报(人文社会科学版),

2007,（04）:73-76.

[24] 刘君.沟通在项目管理中的重要作用[J].中国管理信息化,2015,18(24):106.

[25] 路鹃,刘逸帆.手机传播:从人际沟通到危机管理[J].新闻战线,2013,（04）:96-98.

[26] 路鹃,刘逸帆.手机媒体的危机舆论传播策略分析[J].中国广播电视学刊,2013,
（01）:72-73.

[27] 石亚娟.基于SWOT分析法的邮件营销策略[J].合作经济与科技,2015,（07）:
123-125.

[28] 孙庆民,傅绪荣.言语沟通与非言语沟通:概念厘定与相互作用分析[J].心理学探
新,2016,36(04):372-377.

[29] 王远清,吕彦颖.微信传播背景下医院应对危机事件的策略研究[J].江苏科技信息,
2016,（28）:67-68.

[30] 张兴柱.非语言表达在跨文化交际中的特点和作用[J].科技信息,2010,（13）:439.

[31] 朱本琳,王蕾.非语言交际中肢体语言浅析[J].决策与信息,2015,（33）:93.